本译著为国家社会科学基金项目
"英国殖民时期非洲豪萨语和斯瓦希里语本土文学嬗变研究（1900-1960）"
（16BWW085）的阶段性成果。

亚非译丛

〔圭亚那〕沃尔特·罗德尼 / 著
（Walter Rodney）

李安山 / 译

欧洲
如何使非洲
欠发达

How
Europe
Underdeveloped
Africa

社会科学文献出版社
SOCIAL SCIENCES ACADEMIC PRESS (CHINA)

How Europe Underdeveloped Africa, by Walter Rodney

This edition is an authorized translation from the English language edition.

© Patricia Rodney

本书根据 Black Press 2011 年版译出

沃尔特·罗德尼基金会

沃尔特·罗德尼 (Walter Rodney, 1942 – 1980) 是一位历史学家、民族主义者、教授、作家和学术活动家。罗德尼的著作挑战了西方历史学家对于非洲历史的成见，针对如何解决非洲大陆及其人民的不发达状况和分析被压迫民族历史提出了一种新的框架和标准。他的著述是综合性的历史资源。

沃尔特·罗德尼基金会 (WRF) 是 501 (c) (3) 非营利组织，是由罗德尼家族建立，为了与学生、学者、研究者、活动家和世界各地社区分享沃尔特·罗德尼的生平及作品。沃尔特·罗德尼基金会旨在推进罗德尼在学术研究、政治行动和觉悟以及社会变迁等方面实践所做的贡献。

主要作用和活动

罗德尼论文：沃尔特·罗德尼论文由罗德尼家族于 2003 年赠给位于乔治亚州亚特兰大的亚特兰大大学罗伯特·伍德拉夫中心图书馆。这里关于沃尔特·罗德尼在世界各地发表的或相关的著作、演讲、信函、照片和文件的收藏是最多且最全面的，可供观看和研究。可获得旅行奖励。联系方式：404 – 978 – 2052 或 archives@

auctr. edu。

出版：罗德尼撰写了超过 9 本书和 50 篇文章，包括《欧洲如何使非洲欠发达》《上几内亚海岸的历史》。保存了一个由沃尔特·罗德尼撰写或关于他的所有书籍、论文、期刊和文章的最新书目。

沃尔特·罗德尼遗产项目：正在进行的世界范围内的收集、记录和保存有关沃尔特·罗德尼博士的信息和回忆的项目。

沃尔特·罗德尼专题讨论会：自 2004 以来，每年在沃尔特·罗德尼诞辰（3 月 23 日）的一周里在乔治亚的亚特兰大举行的研讨会。目的是汇集学者、研究人员、活动家、学生和社区，从罗德尼的角度来讨论当代问题以及为什么罗德尼的方法论今天仍然适用。

沃尔特·罗德尼主讲人系列：一年一度的春季讲座系列从 2013 开始，注重以沃尔特·罗德尼博士的生活和遗产为基础。讲座与亚特兰大地区的学院和大学合作，本科生和研究生可以注册课程部分并获得学位学分。

联系方式

电话：678. 597. 8754

传真：404. 601. 1885

地址：The Walter Rodney Foundation

3645 Marketplace Blvd. , Suite 130 – 353

Atlanta, GA 30344

Email：walterrodneyfoundation@ gmail. com

Website：www. walterrodneyfoundation. com

Twitter：@ WR_ Foundation

Facebook：https://www. facebook. com/TheWalterRodneyFoundation/；https://www. facebook. com/WalterRodneySpeakersSeries/

献给帕特、穆托尼、玛夏卡等人的大家族

前　言

　　本书的写作出于对当代非洲局势的关注。作者之所以深入探究过去，是因为舍此则不可能理解为何会出现目前的状况及不久的将来的发展趋势。在寻求理解什么是现在被称为非洲的"欠发达"时，我们应将调查的时限范围往前设定为15世纪，往后设定为殖民主义终结之日。

　　比较理想的情形是，应将对欠发达现象的分析延续到接近当前，而不是殖民主义结束时的20世纪60年代。新殖民主义现象强烈要求展开广泛的调查，从而为非洲的解放与发展制定战略和战术。这项研究并未走那么远，但至少在对历史进行正确评价时已隐含某些解决方案，正如在对一位病人的病情做出正确诊断并准确了解病史时，医生已经决定或是否决了一种医疗救治方案。在过去的500年，国际资本主义体系一直是致使非洲欠发达的主要作用机制，非洲的发展只有建立在与这一体系进行彻底决裂的基础上才有可能。我希望，下面陈述的事实和解读能为这一结论做出微薄的贡献。

　　读者可能会注意到，曾根据上述观点积极参与制定坦桑尼亚政策的前经济事务与发展计划部长 A. M. 巴布（A. M. Babu）在本书的最后一章简略地谈到发展战略的问题（未包括在这一版本）。他的章节是在坦桑尼亚写的，而正是在坦桑尼亚，对发展问题更为关注，且比非洲大陆其他一些地方更为积极地行动。

很多同事和同志们参与了这一著作的准备工作。特别要感谢达累斯萨拉姆大学的卡里姆·希尔基（Karim Hirji）和亨利·马波鲁（Henry Mapolu）同志，他们带着建设性的批评精神阅读了全部手稿。然而，与大部分前言的时尚表述不同，我并未加上"所有的错误和缺点皆由本人负责"这一句。那纯粹是一种资本主义的主观主义。事实上，这种类型的责任往往是集体的，在弥补缺陷方面尤其如此。我也要感谢坦桑尼亚出版公司和博格尔－卢维图尔出版社（Bogle-L'Ouverture Publications）以最简便和便宜的方式出版这本书，以便让更多愿意进一步探索其受剥削实质的非洲人买得起，而不是去满足那种由我们的压迫者和他们在学术界的发言人所制定的"标准"。

沃尔特·罗德尼

于达累斯萨拉姆

再版前言

新版的《欧洲如何使非洲欠发达》的变化包括新的封面、新的前言和关于沃尔特·罗德尼基金会的使命与目的的简介。实际文本除了打字错误外没有任何改动和变化。

罗德尼的著作与现今的相关性和他最初写作时一样,这是非同寻常的。非洲大陆仍面临着他当时深刻阐述的那些问题。这一著作提供了一种对发达国家的作用以及非洲形成自身关系与继续依附于西半球进行考察的框架。这些教训对其他欠发达/发展中国家,在当前这个全球化时代考察自身与发达国家之间的"剥削关系"时也同样适用。

《欧洲如何使非洲欠发达》最早是由坦桑尼亚出版公司和博格尔–卢维图尔出版社于1972年出版。最近的文本在1989~2011年一直由霍华德大学出版社出版。2011年,罗德尼家族决定与黑人经典出版社和黎明出版社合作,以保证全世界更多的读者在探讨他们受剥削的性质时可以得到这一著作及其启示。

帕特里夏·罗德尼

目　录

引 言

首先，在写任何其他东西之前，我们需要公开承认，要忍受对于我们而言不可否认的这一事实是多么困难：沃尔特·罗德尼，我们的兄弟、朋友和同志，去世了。1980年6月13日，这一无与伦比的历史性分析著作的作者，在圭亚那，成为遭受他自己家乡统治者实施的一系列暗杀活动和其他形式的残酷镇压的最著名的受害者。

结果是可以预见的，因为沃尔特已经认定，对于他自己国家的广大人民而言，获取真正人类发展和解放的唯一道路就是通过在转变自己生活的斗争中更换和重塑这个主导其社会和规定其存在的新殖民主义政府。然而，圭亚那总统福布斯·伯纳姆（Forbes Burnham）曾多次明确表示，在这场争取民众人心和思想的斗争中，他"消灭反对力量"的决心是没有限制的。许多人认为，毫无疑问，夺去了沃尔特·罗德尼生命的炸弹是伯纳姆的死咒所致。

尽管难以接受和承受他逝世的事实，但我们必须从这里开始，主要不是出于感情或政治谩骂的目的，而是因为如果不与罗德尼这位革命的学者、有学识的革命者、为人正直并给人希望的人进行严肃和直接的接触，就不可能产生《欧洲如何使非洲欠发达》的新引言。相比其流派的大多数书籍来说，这本书显然汇聚了作者的精神、智力和承诺，作者在三十岁之前就进行了无畏和广泛的研究，而且在他短暂的岁月中信仰坚定，矢志不渝为之奋斗。

欧洲如何使非洲欠发达

对于罗德尼米说，生活即写作，他的生活把我们带回到这部作品的基本主题。除却其标题，这并不只是一部简单描述欧洲压迫者和非洲受害者的作品，它还是一种武器，在鞭挞剥削者的同时在他们自己的智力游戏中将其打败。（当然，就那种有限的作用而言，它已经做了出色的工作。）更确切地说，这一经典的研究中承载着更多的内容，在其最深刻的水平上触及了我们每一个人。

在这一点上，在这本书的前面，罗德尼就总结出了其基本思想：

> 关于谁或什么应该对非洲的欠发达负责这一问题，可从两个层面回答。第一个回答是帝国主义制度的作用应该对非洲经济的延缓承担主要责任，因为这一制度榨取了非洲财富，使它不可能更快地开发这个大陆的资源。第二是那些巧妙地控制着这一制度的人和那些不是代理人就是无意中成为这个制度帮凶的人。正是西欧资本家阶级积极地将他们的剥削制度从欧洲内部延伸并覆盖到整个非洲。近来，他们参与了美国的资本主义，或是在某种程度上被后者所取代。很多年以来，这些宗主国的工人们也得益于对非洲的剥削和非洲的欠发达状况。（第27～28页）

沃尔特为所有这些提供了丰富的有创见的支持以及从各种资源、不同时间和地点选择的精确的例子。然而，虽然他是这方面的专家，但是他并不满足于将收集到的记录倾倒给压迫者。同时他也未充分说明在美国生活的黑人，心甘情愿分享剥削非洲获得的利益。相反，他对于本书中心主题的总结，超越了指控或内疚。他说，

> 这些评论无意将发展的最终责任从非洲人的肩上免除。不仅在帝国主义制度内部存在着一些非洲帮凶，且每一位非洲人有责任理解这一制度并致力于推翻这一制度。（第28页）

引　言

不像我们许多人说出和写出这样的话，沃尔特认真对待这样的说法。他知道，这些话对他的意义所在，对那些在加勒比海和美国的非洲孩子；对欧洲人控制下的印第安人、亚洲人以及对于那些在许多其他欠发达国家的人来说的意义所在。事实上，他也知道这些话对于所有那些声称团结第三世界、为发展和解放而斗争的欧洲人和美国人的意义所在。

罗德尼设想和研究了这样的假设，即非洲人的新发展和处于"外围"的其他相关人民需要他所谓的"与国际资本主义制度的一种根本性的决裂"，这是对于目前世界秩序"中心"失败的一种勇敢的挑战。当然，他也知道，任何这样的决裂或严重的争论都会导致中心本身深刻的革命性的变化。因此，从他的角度来看，至关重要的，绝对必要的是对于主宰了世界近五百年的一系列政治、文化和经济力量的基本转变。

这是一个了不起的愿景，尤其是因为沃尔特敢于说出来同时相信这样的一个巨大转变必须由非洲人民和其他受剥削的处于底层的人民来发起。然而，他对自己的分析所产生的影响没有退缩。相反，他继续——特别是通过他自身的例子——鼓励我们所有人，走向彻底改变我们自己和我们的能力、改变我们的生活和我们的客观条件的愿景。静静地，不断地，他敦促我们要在从事一个新的世界秩序的斗争中担负起所有的责任。

没有人能忽视沃尔特的工作或怀疑他的号召，因为他以身作则，为自己设定了应承担起的这一令人敬畏的责任中的那部分。这就是为什么他1980年6月在圭亚那。这就是为什么他自1974年以来就在那里发展劳动人民联盟（WPA），为了支撑家庭而奋斗，想方设法找时间继续写作和研究他的国家和加勒比海的其他地区劳动人民的历史。这就是为什么他被谋杀。

在悲痛和愤怒中，坦率地说，对于我们这些知道沃尔特的人，没有谁会对他去世的消息感到惊讶。因为在他的生活中存在着一种不可忽视或否认的坚持和正直。事实上，在他短暂的一生中，某种模式在他生命的早期就已形成。罗德尼出生于1942年3月13日，长在当时英属圭亚那的首府乔治敦。从一开始，他就属于一个十分重视政治转型的家庭。他的父母，特别是父亲，深深地卷入人民进步党（PPP）的发展过程。这是一个多元种族的政党，是当时加勒比海地区唯一使普通人认识马克思主义/社会主义思想世界的群众政治组织，致力于提高未来其他发展的可能性，即超越仅仅在英联邦中谋求独立的可能。

因此，甚至在进入青春期之前，沃尔特就已经在散发传单，参加党的会议，同时聆听就在他家里进行的数千小时的政治讨论。然后，当他进入皇后学院这一当时在乔治敦受到高度重视的中学，这位年轻的政治活动家也成为非常熟悉当时西印度生活的"学术型男孩"之一。智慧聪明、充满活力和思维清晰的他在学术和体育方面都很擅长（他打破了学校的跳高纪录），当他赢得进入位于牙买加莫纳的西印度群岛大学学院的令人垂涎的圭亚那奖学金时，通往学术声望和荣誉的传统路径是向他敞开的。

1963 年，罗德尼以历史系最优等生的荣誉从西印度群岛大学学院（UCWI）毕业，同时获得伦敦大学的奖学金，并进入东方和非洲研究学院攻读非洲历史方面的博士学位。沃尔特在政治方面的本能和早期的熏陶使他不能安居于传统的学术生涯。相反，在伦敦的那些年（1963～1966 年）是他的政治和学术持续发展最重要的时期。他立刻成为年轻的西印度群岛研究组成员，他们在当时革命知识分子的典范 C. L. R. 詹姆斯（C. L. R. James）的指导下定期会晤，詹姆斯是特立尼达的马克思主义学者，其最出名的著作是海地革命史《黑人雅各宾派》（*Black Jacobins*）。

与詹姆斯的交往和在研究组的经验是罗德尼早期接触日常的加勒比激进政治生活的一种补充，也是他在日后的学术界站稳脚跟的一个重要来源。1966 年，当罗德尼离开伦敦去坦桑尼亚时，正准备写一部历史著作，他后来形容其为"一部革命性的，以社会主义者和以人为中心视角的历史著作"。（以学术论文为标准，他出色的博士论文《上几内亚海岸的历史，1545～1800》切中主题，本身也正是从这一观点出发的。)①

　　1966～1967 学年，沃尔特在坦桑尼亚的达累斯萨拉姆大学学院教授历史。1968 年，他回到牙买加，在母校教历史，并开发了他计划成为主要课题的非洲和加勒比研究。更重要的是，他想测试自己关于革命知识分子仍需植根于人民生活的信念。沃尔特在这两个方面都获得了初步的成功，但正是由于这一成功，尤其是他在牙买加街头、丘陵和沟壑区与普通民众的工作，导致他待在那个国家的时间大幅缩短。在不到一年的时间里，罗德尼已经联系并帮助那些对现实表现出深刻不满和不安的人，填补了牙买加的普通人以及许多大学生的精神生活。当他们开始在一起认真倾听和述说关于组织起来进行变革的方式时，当他们听到和思考有关黑人权力在这个国家的崛起这一号召带来的强大影响时，显而易见，一种深刻的和不可预料的骚动正在孕育，同时保守的牙买加政府很容易确定沃尔特为不受欢迎的外国元素。因此，在 1968 年 10 月，罗德尼在蒙特利尔出席一个黑人作家的发布会时被正式驱逐出牙买加。政府的这种行为导致了在金斯敦持续了数天的抗议活动，但罗德尼被拒之门外。

　　正是这一政治活动以及他在蒙特利尔会议上的积极参与，第一次引起了我们在美国的许多人对于这位 26 岁的加勒比史学家的关注。然后，在牙买加政府的行动之后，沃尔特在伦敦的 C. L. R. 詹姆斯研究小组的成员与其他加勒比活动家要求沃尔特找机会发表他在牙买加所讲授的内容。以此为目的，他们创办了博格尔－卢维图尔出版社，1969 年出版了沃尔特第一本广为传阅的书《与兄弟们为伍》（*Grounding with My Brothers*）。② 沃尔特回到达累斯萨拉姆，

---

　　①　本文是由科学出版社（Clarendon Press）1970 年出版，最近再版平装本由每月评论出版社（Monthly Review Press）出版。

　　②　这一出版社以 1865 年在牙买加莫兰特湾起义的领袖保罗·博格尔（Poul Bogle）的名字和海地领导人杜桑·卢维图尔（Toussaint L'Ouverture）的名字命名。那些最积极参与这项工作的人有安得烈·萨尔基，杰西卡和埃瑞克·亨特利，理查德·斯莫尔，约翰·拉罗斯，塞尔玛·詹姆斯，厄尔·格林伍德和克里斯·勒·梅特。在罗德尼遇刺后不久，博格尔－卢维图尔书店改名为沃尔特·罗德尼书店。

再次在大学（1969～1972 年）教学，而《与兄弟们为伍》给这个国家的许多人留下了深刻的印象，尤其是对我们这些在美国参与了为黑人（白人）争夺领导权的人，这一斗争暂时性地以黑人研究运动的形式而具体化。

毫不奇怪，正是在这一运动发起的多次会议上的一次，沃尔特·罗德尼首次被推到了非洲裔美国人的面前。1970 年 5 月，他参加了在霍华德大学举行的非洲遗产研究协会（African Heritage Studies Associcotion）的第二届年会。由于本引言作者之一（罗伯特·希尔）曾在西印度群岛大学见到过沃尔特，还和他一起工作过，霍华德会议为我们中的另外两位提供了与罗德尼认识的第一次机会。

和会议上的许多人一样，我对这位个子瘦小、说话温柔、深肤色来自圭亚那的兄弟的第一印象是他脱稿演讲了一个多小时，没有滔滔不绝的华丽理论，但他使用了非常翔实的材料，言语组织细致而有说服力，使得有可能将它从讲稿直接送去出版。最终，我们发现这种惊人的学术条理性（以及强大的政治本能）是有一个有条理的精神力量的配合，是对辩证唯物主义的掌握而不是被其奴役，有着一种代表这个世界上的不幸的人们对这一集体工作的坚定不移的承诺。所有这一切都具有一种敏锐和冷静的幽默感，却毫无自以为是之意。换句话说，我们很清楚，沃尔特·罗德尼具有不容忽视的道德感、政治和学术力量，是非洲最美丽的子女之一。

从第一次相遇，我们就知道我们遇到了一个兄弟，一位老师和一个同志。在霍华德会议上，当时的罗伯特·希尔（Robert Hill）、比尔·斯特里克兰（Bill Strickland）和我以及其他人一起在黑人世界研究所（IBW）研究发展问题，这是一个位于亚特兰大的研究、出版和宣传中心。随即，我们开始与沃尔特探索与他在这一实验中分享集体智慧的工作方式。最后，通过一系列的访问，他与我们安静且从容不迫地待在一起。在我们的家里，他也带来了他的妻子帕特（Pat），和他们活泼可爱的孩子，沙加（Shaka）、坎尼尼（Kanini）和阿莎（Asha）。

我们的关系在不断地发展和巩固。1972 年，由博格尔－卢维

引　言

图尔出版社和坦桑尼亚出版公司联合出版了第一版的《欧洲如何使非洲欠发达》。对于所有那些能够得到这部著作的人来说，就像获得了一股能量强大的、令人振奋的新鲜空气。罗德尼并未将前殖民地时代的非洲浪漫化，而是将其置入世界各地人类发展的背景中考察，追溯非洲与欧洲殖民势力的真实历史关系，同时就非洲走向新生活和在重新塑造世界中的新作用的途径提出了建议。

这本书立即在这个国家的许多地方引起了兴奋和共鸣。它在那些具有政治导向的黑人中间所起的作用就像差不多十年前弗朗兹·法农（Frantz Fanon）的著作《全世界受苦的人》（*Wretched of the Earth*）所起的作用一样。事实上，两人探讨的都是殖民主义和新殖民主义的蹂躏；两人都呼吁必须与这种带有剥削性和破坏性的体系决裂，为创造一个新秩序的世界向前迈进。他们都用生动的笔触描述了他们所期盼的转型的实例。

与法农的具有深远意义的著作一样，罗德尼也从非洲和加勒比海的视角入手，但我们在美国立刻就看出了这种全球性的关联。尽管沃尔特的主要历史分析结束于 20 世纪 50 年代左右，但他对美国在当代剥削非洲过程中的角色提供了令人信服的、简略却强有力的说明，含蓄地警告我们不要主动或被动地参与那种破坏性的工作。但其与 20 世纪 70 年代早期的美国黑人斗争的联系也许更直接相关，尤其是他关于殖民主义和新殖民主义教育以及对非洲的心灵和精神的影响方面的阐述。例如，沃尔特写道，"归根结底，也许殖民教育最重要的原则是资产阶级的个人主义……在非洲，无论是正规的学校制度还是殖民主义的非正式价值体系都破坏了社会团结，同时促进了没有社会责任感的、个人主义最严重的异化形式"。（第 254～255 页）

我们这些美国黑人立即认识到了这种情况。事实上，黑人研究和黑人权力运动的中心主题之一就是呼吁黑人之间的团结，以抵制美国主流社会生活方式中的具有破坏性的个人主义。但是，当我们的年轻人随着强大的正式和非正式的错误的教育网络系统充分融入美国社会文化潮流之中时，我们痛苦地意识到这种异化在年轻人中间开始上升。因此，很自然地，我们这些在黑人世界研究所里工作的人邀请罗德尼参加我们直接与这些问题相关的两个项目。在第一个项目中，他是长篇论文《教育和黑人斗争》（*Education and Black Struggle*）的撰稿人，这是我们在 1974 年为《哈佛教育评论》（*Harvard Educational Review*）组织和编辑的。他的文章是"非洲教育和当代坦桑尼亚"。

第二个项目的性质不同。早在 1974 年沃尔特就接到担任圭亚那大学历史系教授和主任的任命。这一任命对于沃尔特和他的支持者来说是一个明确的胜利，证明了他的远见。在他返回圭亚那之前，我们邀请他来亚特兰大与我们一起度过了一段夏季时光。他在黑人世界研究所待了一个多月，主要从事一个夏季研修班的领导和发展工作。来自这一国家其他地区和加勒比海地区的同事加入了我们的工作，我们利用模型进行一个教育计划的实验，将为全国高校的黑人青年提供更广的视野和新的选择方案。[①] 同时，带着远见和勇气，霍华德大学出版社出版了美国第一版《欧洲如何使非洲欠发达》。

那个夏天，沃尔特延长了他在黑人世界研究所待的时间，那对我们所有人来说都很关键，有助于我们对黑人知识分子在我们自己社会中所扮演的角色以及黑人世界研究所可以在这种发展中所起作用的思考更加明确。同时，它为沃尔特提供了更深入地探讨独特的美国黑人的经验的机会。此外，它也使我们所在的社区形成了一个令人兴奋的学生和同事共事的团体，我们期待着在他新任职于圭亚那大学时还会有很多途径让我们可以继续与沃尔特一起工作。

然而，在沃尔特离开亚特兰大之前，我们就已经听到有关大学职位任命方面不好的消息。当他到家后就有了来自官方的消息。在最后时刻出现了一个前所未有的举动，任命取消了，原因显然是来

---

① 参加了夏季研修班的同事有 C. L. R. 詹姆斯、圣·克莱尔·德雷克、凯瑟琳·邓纳姆、乔治·贝克福德、爱德华·布雷斯韦特、勒鲁尼·贝内特、玛丽·贝瑞、特兰·凡丁、麦克·琼斯和弗兰克·史密斯。

自政府最高层的压力。从那时起，罗德尼，这位革命的学者，开始再次深入他家乡的土壤之中。除了从许多地方发来的邀请和请求之外，他坚决拒绝永久地离开圭亚那。

他给自己安排了两大任务，这两项任务都符合他作为一个黑人知识分子致力于他的人民的解放和发展的角色定义。这两项任务都要求他留在圭亚那。首先是开展一个主要的、多卷本的有关自己国家劳动人民的历史的研究。第二个任务（这个任务是包含各个方面的）就是与自己同时代的人民打成一片，同时研究他们，找到一种反抗的方法，来抵抗已经背叛了他们希望和信任的政府，一个正在阻碍他们发展的政府。换句话说，沃尔特仍在努力应对新殖民主义对于《欧洲如何使非洲欠发达》的影响，百折不挠地将这种研究解决方案带入自己的生活中心及民族的生活中心。同时，特别是当他的妻子帕特也被拒绝了她的社会福利业工作机会时，他必须设法找到养家糊口的方法，考虑整个家庭的食品、衣服和房子等问题。

尽管我们有些人很难想象他是如何在这种不断的紧张和危险的情况下做到这一点的，但沃尔特确实设法挤出时间和精力在圭亚那国家档案馆和乔治敦大学的加勒比海图书馆花很长的时间进行研究。除了一些著述外，沃尔特这种忘我工作的最终结果就是约翰霍·普金斯大学出版社出版的《圭亚那劳动人民的历史，1881～1905》（*History of the Guyanese Working People*，1881～1905）。在这段激烈斗争的时期，他还发表了重要文献《19世纪后期的圭亚那甘蔗种植园》（*Guyanese Sugar Plantations in the Late Nineteeth Century*）。

同时，他在继续做组织方面的工作。在1974年之前，沃尔特已经帮助成立了劳动人民联盟。这成了他在不懈的斗争中的政治基地，以建立一种带来圭亚那社会革命性变革的力量。

在美国和世界其他地方许多人的帮助下，沃尔特找到了进行演讲和授课的机会，以此试图与圭亚那以外的战友们保持联系，同时赚取养活家庭所需的资金。〔康奈尔大学非洲研究中心主任詹姆斯·特纳（James Turner）和位于宾厄姆顿的纽约州立大学的伊曼纽尔·沃勒斯坦（Immanuel Wallerstein）为我们中间那些试图组织这些活动的人提供了特殊的帮助。]

当沃尔特出国时，尤其是在政府的镇压不断增加的情况下，许多朋友劝他离开圭亚那，为他自己和家人找个相对安全的地方。沃尔特给我们的反应通常包括两个部分。首先是他觉得他应该对圭亚那的人民和同志们负责任。他说他在为自己和他们的社会转型的大无畏斗争中鼓励他们，而且他不能因为自己碰巧已有了现成的逃生途径而离开。第二，罗德尼说他觉得他在遍及第三世界的工作和旅行的过程中已经建立起了广泛的联系和接触，只有他可以获得这样的特权。对他来说，这种特权就是有责任继续同他的人民分享那些参与解放斗争的女性和男性在国际联络中的内容和精神。因此，从未流露出任何对牺牲的恐惧，同时却对面临的形势有清醒的认识，沃尔特的反应永远是一样的："我在这里是必要的。"

到最后，所有这些危险、希望和紧张都集中到了一个事件上，源源不断的为期一年的生与死的考验。1979 年 6 月，劳动人民联盟正式宣布它已经成为政党，这个政党将不懈努力推翻贝纳姆领导的全国人民代表大会已经建立的政权。在接下来的一个月中，乔治敦的一个政府大楼着火了，八人被捕，沃尔特和其他四名劳动人民联盟成员也在其中，并被控为纵火犯之一。① 因为这是一座政府大楼，指控是很严重的。但对于很多观察家来说，事实也是很清楚的，这种行动完全是为了打破罗德尼虽小却颇有影响力的组织所采取的措施中的一部分。在传讯的那一天，伯纳德·丹克教父（Father Bernard Danke），一位《天主教标准报》（*Catholic Standard*）的记者，当他站在法院大楼外观看那些亲劳动人民联盟的群众示威时，被人从后面刺死。这件事后，镇压的情况恶化到可以称为官方的恐怖主义之夜，包括爆炸、警方殴打和不断升级的贝纳姆要"灭绝"与之作对的沃尔特和劳动人民联盟其他领导者的威胁。

---

① 被称为"全民公投的五人"，他们是沃尔特·罗德尼、鲁伯特·鲁普纳雷恩、莫里斯·奥马瓦利、克瓦米·阿帕塔和凯伦·德·苏扎。五人都由陪审团审判无罪。

引　言

到 1980 年 2 月底，沃尔特在劳动人民联盟的两位同事奥海·科阿玛（Ohene Koama）和爱德华·卢布林（Edward Lublin）被警察杀害，其他人遭到枪击和毒打；还有一些人被抓入狱，他们的房子被洗劫一空，遭到爆炸袭击。那时，一些劳动人民联盟的领导成员实际上是在圭亚那的政治犯，因为他们的政府拒绝他们离境。然而，罗德尼设法在 1980 年 5 月出境，受邀参加津巴布韦爱国阵线（Patriotic Front）独立庆典。然后，沃尔特回到圭亚那继续他在档案馆的研究工作，组织广大人民群众。他曾不祥地告诉我们在这个国家的一些人，我们可能再也见不到他。

6 月 2 日，纵火罪的审判开始，由来自加勒比地区、美国和英国的有关观察员见证。几天之内，很明显，政府没出现什么情况，不可以起诉罗德尼和他的同事。结果是，在 6 月 6 日，在政府的要求下，审判被延期至 8 月 20 日。

审判后的一周，6 月 13 日，星期五的晚上，沃尔特开着他哥哥的车，坐在驾驶员的座位上等待唐纳德·罗德尼。他们停在了一个人的房子前，我们现在知道此人早已潜入了劳动人民联盟的行列。唐纳德·罗德尼去取此人说是沃尔特想要的一个对讲机。当他们晚上 7：30 站在这个潜入者的院子里时，此人告诉罗德尼开车走并在 8：00 等待一个测试信号。唐纳德回到车上，开车走了。当信号传来时，竟是结束了沃尔特·罗德尼生命的爆炸。

在他去世前的几个星期，罗德尼一直在接受有关他面临的危险以及保护自己的计划的采访。他说，

> 就我自己的安全和其他一些在劳动人民联盟的人的安全来说，我们将努力通过提高国内外政治动员和政治行动的水平来予以保证。从根本上说，它比任何一种物理的防御更能保证我们的安全。我们都对这种不断出现的威胁保持高度的警惕。我们不认为我们自己是冒险家，烈士或潜在的烈士，但我们认为有工作要做，这种工作就是要在特定的时间点我们必须做那些需要做的事。

另外，沃尔特勇敢的承诺和人格唤起了我们对法农的深切回忆。他为了人民的解放，也在四十岁之前就献出了自己的生命。他也呼吁非洲的孩子们和那些受欧洲欺凌的人们掌握主动性，改变我们的方式。他还要求我们抵御所有的诱惑，不要当永久受害者、愤怒的控告者或是欧洲的奉承者。他说，

> 来吧。同志们，欧洲的游戏终于结束了。……瞧瞧他们今天在原子和精神解体之间摇摆……我们必须寻找不同的东西。我们今天能做所有的一切，只要我们不模仿欧洲，只要我们不被赶上欧洲的渴望所困扰，我们擅自地在这一点上将"欧洲"改为欧洲/美国——我们认为法农会允许这样。
>
> 第三世界相比欧洲/美国人口众多，他们的目的是努力解决欧洲/美国都没有能够找到解决答案的问题。
>
> 所以同志们。我们不要因为欧洲/美国创建了令人向往的国家、机构和社会等而赞美他们。
>
> ……如果我们想让人类前进一步，如果我们想把它带到不同于欧洲/美国现有的水平，那么，我们必须要创造，我们必须去发现。
>
> 如果我们想要达到人民的期望，我们必须寻求其他的反应而不是欧洲/美国的反应。同志们，对于欧洲/美国，对于我们自己和人类来说，我们必须翻开新的一页，我们必须解决新的概念，我们必须努力推动一个新的人类。（《全世界受苦的人》，第 252~255 页）

从沃尔特的角度来看，这就是"需要做的工作"，也是他和他的战友们已决定接受的挑战；从自己国家的所在地开始进行试验、发明、冒险，试图找到新的组织形式、新的斗争模式、新的远景和观念并进行引导和加强。对于沃尔特·罗德尼来说，劳动人民联盟是他的一项工作，他的另一项工作是研究和写作。他觉得两者之间没有矛盾。任务的所有这些元素通过他生命正直的完整性、他的远

见所具有的严谨力量、他对人民永恒的爱以及他们所有的可能性，完整稳固地联系在一起。

因此，他去做那些需要做的工作。但是，因为对于马尔科姆·X①有过这样的说法，所以也可以这样来描述沃尔特："他变得比过去更重要了。"

我们完全意识到现在他已经不再是我们生活中的一员，但是无论我们在哪里，无论我们是谁，他所从事的工作还会在我们的手中继续，重新定义。他试图呼吁要回答的问题就在我们大家这里："如果我们想让人类前进一步……我们必须要创造，我们必须去发现……我们必须翻开新的一页，我们必须解决新的概念，我们必须努力推动一个新的［人类］。"（《全世界受苦的人》，第 255 页）

沃尔特的遗产

我们应对这样一个宏伟召唤的勇气和创造性的努力，使我们开始打破我们欠发达的链条，动摇人类所有剥削的基础。难道现在还不清楚，导致欠发达的剥削过程既存在于"中心"也存在于"外围"吗？难道我们不知道在中心的欠发达，在剥削阶级的家园，只是充满着物质财富和致命武器，而赤裸裸的人类的落后仍然存在吗？所以，难道我们中间还有谁不需要突破过去的束缚，超越和创造我们的历史吗？

也许只有当我们接过了沃尔特和法农的挑战，我们才能准备好放弃所有的 500 年以来的致命游戏，寻找新的防御手段，新的斗争形式，新的革命途径，以及人类社会真正寄予我们厚望的新视野。只有当我们开始接受这样的想法，考虑到这样的发现时，我们才能准备好仔细检查同时超越《欧洲如何使非洲欠发达》的大量限制，按罗德尼和法农的精神，提出一个新的问题：我们应该如何重新来发展这个世界！

---

① 马尔科姆·X（Malcolm X，1925 – 1965），美国黑人民权运动领导人物之一。

从我们自己开始，从我们所处的位置开始，我们必须拆掉什么，我们必须建立起什么，我们必须打下什么样的基础？我们应该与谁一起工作，我们可以创造什么样的远景，应当肩负什么样的希望呢？我们应该如何去组织？我们如何将那些在南非，在萨尔瓦多，在圭亚那提出的相同问题联系在一起？我们应如何与他人沟通我们时代的紧迫感？我们应如何为我们自己国家革命转变的愿景而努力？在我们自己的这片土地上，什么是有助于我们需要的变革的发明、发现和新的概念？

现在任何花言巧语和强迫对于我们来说都是徒劳的。我们必须决定我们是否应该继续残缺和欠发达状态，或去参加我们自身的治愈过程，通过挑战重新发展我们自己、我们的人民、我们濒危的国家和世界。没有人能强迫我们走向这里。用传统的方法，不能保证我们先烈的鲜血不会白流，正如大家熟悉的或不熟悉的那些先烈们，像罗德尼和弗朗兹·法农，鲁比·多丽丝（Ruby Doris）和范妮·罗（Fanny Lon），马尔科姆和马丁，都是充分的证明。

但是有一个世界在等待着我们；事实上，有许多世界都在等着我们。一个是我们孩子的世界，他们还没有出世，或刚刚降生，但他们想要生存，成长，成长为最好的自我。沃尔特认为，除非中心发生了转化，从根本上有了改变，否则，这一切都不会发生。除非"我们"改变了，重新发展和更新，否则一切也都不会发生。我们孩子的未来取决于这些缜密的转变。

美国黑人的挑战

然后，还有另一个更艰难的世界在等着我们：欧洲/美国人的儿子和女儿的世界，这些人已经开始发现他们自己的欠发达，认识到他们精神上的扭曲和麻木。不用重操有关同盟和联盟旧的政治争论，既不要忘记过去也不受其约束，我们必须找到某种方式来回应他们，让他们来与我们联系。这不是以陈旧的"种族关系"的方式来传递奢华。相反，我们现在认识到，被压迫者和压迫者的孩子都融入了一种辩证的关系，这种关系要比我们大多数人选择去认识的程度更深，在缺少一方的情况下，根本就谈不上重新发展另一方。这是一个沉重的负担，但它也是一种巨大的可能性。在这个国家，我们有着独特的历史，这也是一个不可否认的事实。

因此，正是由于这些困难问题，我们又回到了沃尔特和他所从事的伟大工作。现在，当我们重新阅读《欧洲如何使非洲欠发达》时，似乎要求我们这次的阅读是在考虑到沃尔特·罗德尼的生与死的时刻；意识到危险且容易爆炸的美国中心的时刻；想想与我们相伴的孩子的时刻；法农所坚持的号召与我们同在的时刻。

那么我们就有可能比以前更清晰地看到，欧洲如何使非洲欠发达，如何使世界其他地区欠发达，导致了欧洲对其本身的破坏，同时殃及它支配下的每个人和每件事。所以在我们的周围，在我们的内部都是受伤的人。现在，我们要将自己开放给所有那些认识到了欠发达的残酷辩证法的人，那些承认我们共同的需求、我们共同的危险和我们共同的可能性这种内聚力的人，这样我们就可以站在一个新的阵地，相互手拉手，团结在一起，面对严酷却美丽的事实，我们必须要么重新制订我们自己和我们世界的规划，要么一起被推进那些可怕的爆炸的火光之中。

当然，如果我们选择我们基本的社区方式，那么我们就无法持久地对主要是恐惧的紧迫性做出反应（可能会重复历史而不是改造历史，同时还会失信于像沃尔特那样无畏的兄弟）。相反，我们必须承认有很多吸引我们的事情这一事实。例如，在过去 500 年的支配/服从模式的另一面中充满希望的元素之一是，人类已被带入沟通的网络和内在的联系之中，这就为超越传统和打破民族隔阂从而建立新社区提供了很大的可能性。经过重新塑造和重新定向，剥削机制可能实际上将一些重新发展的重要手段置于我们的掌控之中。

现在我们可以用我们的双手来改写我们的历史，打破过去的枷锁，重新发展自己及我们的人民、我们的国家和我们的世界，去寻找人性的、具有创造性的和无畏的方式来对付那些目前反对这种发展的人。这些都是宏伟的愿景，具有真正神圣的责任。但我们必须勇往直前。事实上，我们似乎清楚地知道，即使没有成功的保证，我们也必须朝着人类最美好的、最富有创造性想象力的以及对我们具有最深刻意义的新梦想的方向前进。

在危险的时代，缺少了任何一点都是不完美的。缺少了任何一点都有负于对我们兄弟的记忆，有负于满足我们孩子们的需要，有负于我们自己最好的、最伟大的以及尚未开发的自我能力。

1981 年 3 月

文森特·哈丁

罗伯特·希尔

威廉·斯特里克兰

第一章　关于发展的几个问题

社会主义阵营国家不断增加，尽管其经济发展相对较慢，3但与此相对照的是，在大多数资本主义国家，一个不容置疑的事实是相当多的所谓欠发达国家几乎发展停滞，有的则经济发展速度比其人口增长的速度还慢。

这些特点绝非偶然，而是与恣意扩张的资本主义制度的实质相吻合——将最滥用、最露骨的剥削形式转移到依附国家身上。必须清醒地懂得：解决现在困扰人类问题的唯一办法是彻底消除发达的资本主义国家对依附国家的剥削，并承担由此产生的一切后果。

——切·格瓦拉，1964 年

什么是发展？

人类社会的发展是一个多方面的过程。在个人层面上，发展意味着增加技能和能力，更大的自由以及创造力、自律、责任和物质生活的幸福。这些方面有些实际上属于道德范畴，难以评判——因为这要根据一个人的年龄、阶级出身以及对正确与错误的个人理解。然而，无可争辩的是，所有个人发展的这些方面的成就在很大程度上与整个社会的状况紧密相连。从最早的时候起，人们就发现为了生存，结队狩猎比较方便，也有必要。任何社会群体内发展的各种关系对认识社会整体都至关重要。自由、责任、能力只有在一个社会里的人际关系框架内才有意义。

当然，每个社会群体都要接触其他群体。任何两个社会中个体之间的关系都受到这两个社会形式的规范。他们各自的政治结构之所以重要，是因为各群体中的统治者是对话、贸易或争斗，视情况而定。因此，在社会群体层面，发展意味着不断增长的规范对对内和对外关系的能力。人类历史大部分是为了生存而与自然灾害抗争，或与真实和想象中的人类敌人做斗争。在过去，发展总是意味着增加保卫社会群体独立的能力，而这确实意味着对其他群体自由的侵害——这种情况的出现往往与所涉及社会群体的个人意志并无关联。

以群体从事活动的并不只有人。然而，由于具备制造和使用工具的能力，人类走上了一条独特的发展路线。制作工具的行为本身促进理性的发展，而不是完全成熟智力的结果。从历史的角度看，作为工作者的人与作为思想者的人同样重要，因为使用工具的工作将人从纯粹的生理需要解放出来，这样他可以支配其他更强大的物种和自然。人类工作使用的工具和他们组织劳动力的方式都是社会发展的重要指标。

更常见的是，"发展"这个词用在一个专用的经济意义上——其理由是这类经济本身就是其他社会特征的指数。那么，什么是经济发展？一个社会的经济发展是指其成员共同应付环境的能力增强。这种应付环境的能力有赖于他们对自然规律了解的程度（科学），有赖于他们将这种了解用于设计工具的实践（技术）以及组织工作的方式。从长远的观点看，可以说自从人类起源以来，人类社会经历了持续的经济发展，因为人类从自然获取生计的能力已经大大增强。人类所取得的巨大成就可以从对人类社会早期历史的反思以及下述事实中看出。首先，从粗石器工具进步到使用金属；其次，从狩猎和采摘野果到驯化野兽和种植食物；再次，工作的组织从个人活动改进为一种表现为很多人参与的社会特点的活动。

每一个民族都能因地制宜，从而过上美好生活。每一个大陆在早期都独立参与了人类对环境控制的拓展。这意味着每个大陆都能标明一个时期的经济发展。作为人类发源地，在人类群体不断提升从自然环境中获得生计能力的过程中，非洲很明显是一个主要参与者。确实，在早期，非洲是人类在体质上进化的中心，从而区别于 5 其他生物。

发展是普遍的，因为导致经济发展的条件是普遍的。在每一个地方，人类都面临着满足基本物质需求的生存任务，而更好的工具则是人类与自然互动的结果，这种互动是人类为生存而斗争中的一部分。当然，人类的历史决非仅仅是进步的记录。世界上每一个地方，有那么一些时期，会有暂时的挫折以及生产基本生活必需品和为人们提供其他服务能力的实际降低。然而，总体趋势是朝着生产增加。在某些时间段，物质产品的增加与社会质量或特点的变化相辅相成。这种关联将在下文以非洲为例显示，但数量/质量变化原则的普遍作用机制则会用中国的例证来说明。

在中国，早期人类生存得益于大自然的仁慈。他们慢慢地发现一些基本事实，如火可以人为，一些草种可以种植在土壤中以满足果腹需求。这些发现使中国居民形成了简单的农耕群体，使用石器和生产足够的食物以维持基本生存。这种情况发生在基督诞生或先知穆罕默德出走前数千年。那个阶段生产的物品在那些在家庭中生活和工作的社会成员间分配得相对平等。到 7 世纪时的唐代，中国的经济能力已大大增长，不仅可以种植更多的作物，也能制造更加多样化的产品，如丝绸、瓷器、船舶和科学设备。这当然代表所生产的物质产品数量增加，同时也伴随着中国社会的质的变化。在唐代，一个政治国家代替了前述早期的自治群体。以前，每个家庭和每个人进行农业耕作、房屋建筑和裁缝等，现在出现了专业分工。人口的大多数仍在土地上干活，但出现了制造丝绸和瓷器的技术工人，负责国家政务的官僚，还有佛教徒和儒家宗教哲学家（Confucian religious philosophers），他们专门试图解释那些人们难以直接理解的事务。

专业化和劳动分工增加了生产，但也导致了分配的不平等。中国社会的一小部分人开始颇不相称地获取人们劳动成果的极大部分，而这一小部分人实际上是对产生财富的农业和手工业贡献最少的。他们之所以能这样做是因为在对基本生产资料即土地的占有权上产生了严重的不平等。大多数农民占有的家庭土地变得更少，而少数人占有了大部分土地。广义上说，土地占有权的这些变化是发展的重要部分（part and parcel）。这就是为什么发展不能被简单地看作经济事务，而应被看作一个整体的社会过程，这一过程根据人们努力与其自然环境打交道的结果而定。

经过仔细的研究，我们有可能部分理解社会经济基础的变化与其他上层建筑变化之间的复杂关联，包括意识形态和社会信仰领域。例如，在亚洲和欧洲，由社群主义（communalism）向封建主义的转变产生了与之相适应的行为准则。欧洲的铁甲骑士与日本的武士（Samurai）或勇士在行为方式上有诸多共同之处。他们逐渐培养了被称为"骑士精神"的观念，即一方面表现为身份高贵的骑士，反过来又必须学会在上司面前脱帽光脚的极度依顺和奉承的谦卑行为方式。在非洲也是一样，随着国家和高等阶级的兴起，出现了普通臣民须在君王和贵族面前匍匐在地的行为。很清楚，当形势发展到一定程度时，大致的家庭平等将让位于新的社会现状。

众所周知，在自然科学领域，许多情况下，量变经过一段时间即引起质变。最常见的例子是水可以吸收热量（一种量变过程），当温度达到100摄氏度时，便变成了气体（一种形式的质变）。同样，在人类社会，总是出现这种情况，即经济的扩展往往会导致社会关系形式的变化。作为第一位注意到这种现象的作者，马克思早在19世纪的著作中就区别了欧洲历史上的几个发展阶段。在简单狩猎群体后的第一个主要阶段是财产集体所有、共同工作和食物分配平等的社群主义。第二个阶段是奴隶社会（Slavery），其产生是由于家庭中出现的专横因素的扩展和一些群体被另一些群体所征服。奴隶们完成了各种任务，但主要工作是生产粮食。下一个阶段是封建主义（Feudalism），农业仍然是生存的主要方式，但生存所必需的土地却掌握在少数人手中，他们掌握着极大部分财富。土地耕作者（现在称为农奴）不再是主人的私有财产，但他们被束缚在某个采邑（manor）和庄园（estate）的土地上。当采邑转手后，农奴仍必须守在原地，为领主提供各种产品，对于农奴而言，只是够吃而已。正如奴隶之子恒为奴隶，农奴之子也永远是农奴。接着是资本主义，此时社会的最大财富不是来自农业而是由工厂或矿井的机器生产。正如此前的封建主义，资本主义是以生产财富的资料由少数人集中占有和人类劳动产品的分配不公为特点的。资产阶级是少数统治者，他们来源于封建时代的商人或手工业者，后来变为工业家或金融家。此时的农奴具有自由离开土地并在资本主义企业寻求被雇用的权利。这样，他们的劳动力成了一种商品，可以买卖。

人们预言将会有下一个阶段，即社会主义。在这一阶段，社群主义阶段的经济原则将会恢复。在当今世纪，社会主义阶段确实在一些国家已经出现。每一个相继出现的阶段代表着严格意义上的发展，即控制物质环境能力的增强，同时意味着为社群提供更多的产品和服务。更多数量的产品和服务建立在最伟大的技能和人类的创造力基础之上。人类被解放出来，从而能有更多的机会来展现和发展自己的才能。人类是否可以提高自身的道德水准则仍存在着争论。生产力的提高增加了社会的一些部门对其他部门的权限。作为社会集团中间为生存和发展而展开竞争的一部分，暴力也在成倍增长。从"原始"这个词的本来意义看，我们毫不清楚，在上一次世界大战中为资本主义效力的士兵与16世纪在日本封建军队中服役的士兵相比，或是与生活在巴西丛林中的第一阶段人类组织的猎人相比，没有他们那样"原始"。尽管如此，我们确实知道，在狩猎游团、封建社会和资本主义三个各自的阶段，人们的生活质量有所改进。生活少了一分冒险性和不确定性，社会成员可能对他们的前途有更大的选择权。所有这些都牵涉到我们所使用的"发展"一词。

欧洲如何使非洲欠发达

在那些已经经历了几种生产方式的社会的历史上，我们有机会看到量变如何最终产生了一个全然不同的社会。在这里，重要的特点是在上述的关节点上，社会关系已经不再能够推动社会前进。相反，这些社会关系开始对生产力起阻碍作用，因此不得不被抛弃。我们以欧洲的奴隶制时代为例。尽管奴隶制从道德层面而言是无法为之辩护的，但它在一段时间内毕竟在欧洲大部分地区为开发矿井和农业种植园做出了贡献，在罗马帝国特别明显。然而，由于奴隶的存在，当时的自由农民的劳动受到压抑而得不到充分发挥。奴隶们并未从事任何需要技能的任务，因此社会的技术演进受到威胁，几近停滞。更有甚者，奴隶们躁动不安，镇压奴隶暴动成本颇高。当这些地主们看到他们的庄园在破产，决定最好还是将奴隶们一直强烈要求的法律上的自由身份给予他们，同时确保自由农奴除了在地主土地上劳动外无地可耕作，从而可以继续剥削这些农奴。这样，一套新的社会关系即领主与农奴的关系取代了奴隶主与奴隶的那种旧关系。

在有的情况下，这种生产方式的改变伴随着某个关键点的暴力。当被牵涉的统治阶级在变化过程中面临着被剥夺的威胁时，这种情况会出现。多个世纪以来，封建领主掌握着权力。然而，在这段时间里，商人和制造业主的利润使其财富逐渐增长，他们开始寻求权力和社会地位。当阶级的界限变得清晰时，阶级意识也达到了高水平。领主阶级和资本家阶级意识到成败在此一举。前者致力于保持那种与机器生产的新技术和通过买卖劳动力来从事工作的组织颇不相适应的社会关系。资本家则投身于18世纪和19世纪的欧洲革命，以推翻旧的生产关系。

当研究现代非洲工人和农民阶级状况时，我们必须牢记革命和阶级意识的概念。诚然，在非洲历史的大部分时期，现在的各个阶级并不十分明确，变化是渐进的而非革命性的。对早期非洲发展更具关联性的可能是世界各地的发展永远是不平衡的这一原则。

尽管所有的社会都经历过发展，但同样真实的是，一个大陆的发展速度与另一个大陆并不相同；即使在大陆内部各个不同部分在掌控自然方面的提升速度也各不相同。在非洲，埃及在 2500 年前即能生产出大量的财富，因为埃及人掌握了很多科学的自然法则，发明了灌溉、种植作物以及从土壤深处获取矿物的技术。那个时期，在非洲的大部分地区以及其他地区如不列颠群岛 （British Isles），人们一般用弓箭或木棒从事狩猎来维生。

最难回答的问题之一是，为何被置于独立的境地时，不同的人们会以不同的速度发展。问题的答案部分在于人类群体涉及的不同环境，部分在于人类社会的 "上层建筑" （Superstructure）。也就是说，当人类与物质环境抗争时，他们创造了社会关系的类型、政府的类型、行为方式以及价值体系，这些一起构成了上层建筑。这种上层建筑在任何两种社会绝不会相同。上层建筑的每一因素既与上层建筑内的其他因素产生互动，也与物质基础产生互动。例如，政治与宗教模式互相影响，有时搅和在一起。认为某一处森林是神圣的这种宗教信仰是上层建筑中能够影响经济活动的某种成分，因此那处森林就不能开发出来作为耕地。

归根结底，人类发展新阶段突破取决于人的应对自然的技术能力。我们也应牢记，任何一个社会的上层建筑的独特之处对发展速度有显著影响。

很多观察者对中国未能产生资本主义这一问题深感疑惑。实际上，早在基督出生前 1000 年中国就已经进入了封建的发展阶段，已在技术的多个方面有所发展，也有很多的工匠和手艺人。然而，它从未转变为那种机器是生产财富的主要手段和资本占有者是统治阶级的生产方式。要对其进行解释相当复杂，但总体而言，欧洲封建社会与中国封建社会主要的不同在于上层建筑方面，即从物质基础产生的信仰体系、诸种动机和社会政治制度，同时反过来影响物质基础。在中国，宗教、教育和官僚资格是最重要的，政府掌握在国家官员手上，而不是由那些身处自己庄园的领主们来管理。此外，与欧洲的土地分配不同，中国的土地分配有诸多平等主义的倾向，中国政府拥有相当大的一部分土地的所有权。后果是土地所有者与官僚一样把持着比财富占有者更大的权力，从而用这种权力来维持同一模式中的社会关系。尽管他们不可能永无止境地这样做下去，但他们却延缓了历史的进程。在欧洲，变化的因素并未被国家官僚的大权扼杀。

10　　当第一批资本家在欧洲社会出现后，这个阶级的态度为进一步发展创造了诱因。人类社会以前从未有过这样一群人，他们有意识地发挥作用是为了通过生产来创造最大的利润。为了达到获得越来越多的资本这一目的，资本家阶级对可以用来操作机械的科学法则表现出极大的兴趣，从而为他们自己创造利润。在政治层面，资本主义也对今天被称为"西方民主制"的诸多特点负有责任。在废除封建主义的过程中，资本家阶级坚持设立国会、颁行宪法和保证新闻自由等。这些也可以被称为发展。然而，欧洲的农民和工人（最终将是全世界的居民）付出了极大的代价，从而使资本家们能够从始终隐藏在机器背后的人力劳动中获取利润。这种情况与发展的其他方面相矛盾，从那些曾遭受痛苦并仍然遭受痛苦以使资本主义的成就成为可能的人们的角度来看尤其如此。这些人是人类的大多数。要前进，就必须推翻资本主义。这正是为什么目前资本主义成为人类社会进一步发展的障碍。换言之，资本主义的社会（阶级）关系现在已经过时，正如奴隶关系和封建关系曾经过时一样。

有一段时间，资本主义体系在为少数人寻求利润的同时，作为一种副产品，它也为相当数量的人们增加了福利。而今天，对利润的追求已经与民众物质和社会需求得到满足的要求产生了激烈冲突。资本家或资产阶级已不能引导科学技术无限制发展，因为这些目标与利润动机相冲突。资本主义已经证明无法克服其弱点，如生产能力的利用不足，失业人口的长期存在，以及与"市场"概念相关联的周期性的经济危机——这一情况关系到人们的支付能力而非对商品的需求。资本主义已创造出自身的不合理现象，如邪恶的白人种族主义，与广告相连的极大浪费，以及即使在巨大的资本主义经济体如美国于财富和浪费之中存在着的极度贫困的不合理现象。最重要的是，资本主义在企图征服欧洲以外的国家与大陆时加剧了自身的政治矛盾，这样全球任何地方的工人与农民已形成自觉，决心将自己的命运掌握在自己手中。这种决心也是发展过程中不可分割的一部分。

我们可以概括地说，任何发展阶段都是暂时的、过渡的，迟早 11 要让位于其他阶段。在提及资本主义时强调这一点尤其重要，因为资本主义阶段还未到结束之时，那些生活在一个特殊时期之内的人们往往看不到他们的生活方式正处在转型或消亡的过程之中。确实，那些资本主义辩护者（资产阶级作家）的作用之一就是企图伪称资本主义会永远存在。只要看一下在过去五十多年里社会主义的进展，就会知道资本主义的辩护士是一种迅速消逝的社会制度的代言人。

今天资本主义仍然与社会主义同时存在的事实警示我们，生产方式不能被简单地看作是一个先后接替的阶段的问题。不平衡的发展总是能保证处于不同水平的社会互相接触，如处于社群主义的社会与资本主义社会。

当两种不同类型的社会处于持久和有效的接触时，两个社会的变化速度和特点会受到严重影响，以至可以创造出全新的模式。在这种情况下，我们可以发现两条基本原则。第一，两个社会中较弱的那个（即具有较少经济能力的社会）肯定会受到负面影响，所涉及的两个社会的差距越大，后果越不利。例如，当欧洲资本主义与美洲和加勒比的本土狩猎社会接触时，后者实际上被消灭了。第二，假如较弱的社会能够生存下来，最终只有在行进到比以前统治它的经济体更高水平的情况下，它才能重新独立发展。关于第二个原则运行的实际例证可以从苏联、中国和朝鲜的经历中体现。

当中国和朝鲜被资本主义的欧洲和日本殖民时，两国大致属于封建主义社会。俄国从未在法律上被殖民过，但当它仍处于封建时期，其本土的资本主义起步不久，俄国即被西欧更成熟的资本主义所征服。三个例证都是通过社会主义来打破资本主义的统治。只有社会主义快速发展才能修正被征服时期被误导和延误的增长。确实，以两个最大的社会主义国家（苏联和中国）而言，它们的快速发展已在赶超沿着资本主义道路发展了几个世纪的英国和法国。

12　　　到 20 世纪 50 年代末（本研究到此时为止），苏联、中国、朝鲜和东欧一些国家是与资本主义和帝国主义彻底决裂的国家。帝国主义自身是资本主义发展的一个阶段，西欧资本主义国家、美国、日本针对世界上处于较低水平因而不能抵御他国统治的其他国家建立了政治、经济、军事和文化霸权。帝国主义实际上是延伸了数个世纪并占领了整个世界的资本主义体系，即一方是剥削者，另一方是被剥削者；一方如霸主般行动，另一方被统治；一方制定政策，另一方处于依附地位。

　　社会主义在资本主义最薄弱的侧翼向前迈进，即受压迫、受剥削和被迫成为依附地位的部分。在亚洲和东欧，社会主义释放了被殖民的各民族的民族主义能量；它将生产的目标从金钱市场转向满足人民的需求；它根除了类似永久性失业和周期性危机的瓶颈；它通过提供经济状况的平等实现了隐含在西方和资产阶级民主制度里的一些承诺，而经济平等是充分实现政治平等和法律面前平等的前提条件。

　　社会主义已经重新建立了社群主义时期的经济平等，但社群主义崩溃是因为经济生产力低下和匮乏。社会主义旨在最大限度地创造出丰富产品，从而可以根据平等分配的原则持续地满足社会成员的需求。

　　在社会主义制度下，导致经济能力更快速持续拓展的最关键的因素之一是实行有计划的发展。至今我们所描述的各种历史过程大部分都是与非自愿和无计划的发展有关。没有人计划在某一阶段人类应该停止使用石斧而用铁器取而代之；（在更近的时期里）单个的资本家公司计划他们自己的扩展，但他们的制度并未旨在设计经济和社会的整体发展。资本主义国家只是进行断断续续的和部分的干预，以指导资本主义的发展。社会主义国家将代表劳动阶级来管理经济作为自己的首要职责。后者即工人和农民，已经成为世界历史和人类发展的最能动的力量。

　　要为这一关系到人类发展的极其复杂的问题所做的简略导言收
13 尾，实有必要充分认识资产阶级学者对这一现象所提供的各种解释是如何不恰当。他们很少尝试去从整体上解决问题，而只是将注意力狭窄地集中在"经济发展"。根据典型的资产阶级经济学家的定义，发展只是一种单纯的"生产要素"的集合体，即土地、人口、资本、技术、专业化和大规模生产。这些要素确实相关，已如前所述。然而，那些在被资本主义学者认为相关的要素名单上被省略的确实具有压倒性的意义。无人提及对大多数人的剥削，而这构成了社会主义以前各种发展的基础。无人提及生产的社会关系或阶级。无人提及生产要素和关系的组合方式以形成有区别的各个历史阶段的制度或生产关系。无人提及帝国主义是资本主义的逻辑阶段。

相反，任何试图将自己的分析建立在社会主义和革命原则之上的研究必然会尽早开始讨论阶级、帝国主义、社会主义等概念，以及工人和受压迫人民等概念。每一个新的概念都充满着自身的矛盾性，不要想象仅仅凭借使用一些词语就可以为任何问题提供答案。然而，我们在对"欠发达"或避免欠发达的战略进行可行性讨论之前，至少必须承认发展的人文、历史和社会各方面的充分意义。

什么是欠发达？

讨论了"发展"以后，我们更容易理解欠发达这一概念。很明显，欠发达肯定不是没有发展，因为每一个民族都在以一种或另一种方式或多或少地发展着。欠发达只有在作为一种比较发展水平的方法时才有意义。这主要是根据这一事实，即人类社会的发展是不平衡的，严格地从经济角度来看，有的人类集团走得比较远、生产得更多从而变得比较富裕。

一旦一个集团看上去比另一个富有，马上就会有关于这种不同之原因的探究。当英国于18世纪走在欧洲其他国家前面的时候，英国著名经济学家亚当·斯密觉得有必要探究"国家财富"背后的原因。与此同时，俄罗斯人对于他们的国家在18世纪以及后来

14　的 19 世纪与英国、法国和德国相比是"落后的"这一事实非常在意。今天，我们全神贯注于两者之间财富的不同：欧洲和北美为一方，非洲、亚洲和拉丁美洲为另一方。与前者相比，后者可以说是落后或欠发达。这样看来，无论何时，欠发达背后是一种比较的观念。对一个国家不同时期的经济状况进行比较并决定它是否发展了，这是可能的；同样（更重要的是），对时间上处于不同阶段的两个国家或两类国家的经济进行比较也是可能的。

　　现代欠发达的第二种也是更为绝对必要的组成部分是它表达了一种特殊的剥削关系，即一国被另一国剥削。世界上所有被称为"欠发达"的国家都被其他国家剥削。世界上现在一致关注的欠发达是资本主义、帝国主义和殖民主义的产物。非洲和亚洲社会一直是在独立地发展，直到它们被资本主义所有者直接或间接地接管过去。当这种情况发生后，剥削增加了，剩余的出口随之而来，这些社会的自然资源和劳动力等利益被剥夺。这就是当代意义上的欠发达的主要部分。

　　在有些地方，有人经常认为用"发展中"（developing）来代替"欠发达"（underdeveloped）比较聪明。这样做的原因之一是避免因为与第二个词相关而引起不快，即被解释为意味着在心智、身体和道德等方面的欠发达。事实上，如果欠发达意味着任何其他方面而不是比较经济，那么世界上最欠发达的国家应该是美国，因为它进行大规模的对外压迫，对内则是一种剥削、残忍和精神病的混合体。无论如何，在经济层面，最好还是保留"欠发达"而不要用"发展中"，因为后者产生了一种印象，似乎所有的非洲、亚洲和拉丁美洲国家的经济落后状态都与世界上的工业国家无关，它们正在将自己从剥削关系中解放出来。这肯定是不正确的，而且与世界大国相比，非洲及其他地区的很多欠发达国家正日益变得更加欠发达，因为宗主国（metropoles）通过新的方式加剧了对它们的剥削。

　　经济比较可以通过审视关于生产了哪些商品和服务并被用于所
15　研究的社会等的数据统计和指数分析来达到。专业经济学家谈论的是国家的国民收入和人均国民收入。这些词语已经通过报纸成为一般人的口头禅，这里不进行详细解释。可以看出，国民收入是表示一个国家所有财富的分量，而人均国民收入则是通过将国民收入除以居民人数而得出的数字，从而得出每个居民的"平均"财富的想法。这种"平均"在贫富悬殊的地方会产生误导。一位乌干达青年用个人方式表达了这种情况，他说他的国家的人均国民收入掩饰了作为贫穷农民的他父亲所得的收入和当地最大的资本家麦德瓦尼（Madhvani）收入之间的巨大差异。如果撇开欠发达的状况来考虑发展问题，这一过程要求消除土地分配、财富占有和收入中存在的总的不平等，这些都隐藏在国民收入的数字中，意识到这一点极其重要。在历史的某一阶段，进步是以牺牲一些既有的特权群体的利益为代价的。在我们这个时代，发展必须意味着对现存的特权群体的清算以有利于那些与其相对应的社会最底层群体。不过，人均国民收入仍然是将一个国家与另一个国家进行比较的有用的数据；所有发达国家的人均收入都比任何一个新独立的非洲国家高出数倍。

下面的表格展示了非洲国家与其他一些国家人均收入差距的确切情形。这种差距使得有些国家被称为"发达国家"，而另一些被称为"欠发达国家"。（这些信息均从 1968 年联合国发表的数据中得到，特别标明的年份除外）

国家	人均收入（以美元计）	说明
加拿大	2247	
美国	3578	
法国	1738	1967 年
英国	1560	1967 年
非洲作为一个整体	140	1965 年
刚果	52	
加纳	198	
肯尼亚	107	
马拉维	52	

国家	人均收入（以美元计）	说明
摩洛哥	185	
南非	543	
坦桑尼亚	62	
阿拉伯联合共和国①	156	
赞比亚	225	

从以上证据发现的差距不仅非常大，而且仍在扩大。很多人开始意识到发达国家正在快速地变得更加富有，而欠发达国家或是停滞不前，或是增长速度很慢。每一个国家都可以计算出一个数字来表示该国经济增长的速度。社会主义国家的增长速度最快，其次是资本主义大国，殖民地和前殖民地远远地落在后面。欠发达国家在国际贸易中所占比例正在下降。这一比例在 1938 年约为 30%，到 20 世纪 60 年代下降到 20% 以下。这是一个重要的指数，因为贸易既可以表明生产的商品数量，也可以表示所获取的非本土出产的商品。

16　　　发达国家经济具有与欠发达国家经济完全不同的特点。发达国家都已实现工业化。这就是说，它们的劳动人口中的大部分从事工业生产，而不是农业生产，他们的财富大部分来源于矿山和工厂等行业。由于具备先进的技术和技能，他们每个人在工业中的劳动产出很高。这已是众所周知的事，但另外显著的事实是，发达国家的农业技术比起世界其他地区来也先进得多。它们的农业也成为一种工业，经济中的农业部分虽小，但产出很大。非洲、亚洲和拉丁美洲国家被称为农业国家，因为它们依赖农业，只有很少的工业甚至没有工业；它们的农业生产不科学，产量比发达国家的产量低得多。在几个最大的欠发达国家中，农业产出在 1966 年及随后都出

① 阿拉伯联合共和国（简称"阿联"）是 1958 年 2 月 1 日由埃及与叙利亚合组的泛阿拉伯国家。1961 年 9 月 27 日叙利亚发生军变，次日宣布联盟解散。埃及至 1972 年为止一直自称"阿拉伯联合共和国"。——译者注

第一章　关于发展的几个问题

现停滞不前或下降。在非洲，每人的农作物产量近年来一直在下降。因为发达国家具有比世界其他地区更强的工业和农业经济，它们生产出的产品不论是必需品还是奢侈品都比穷国多得多。有可能列出一个数据表格表明谷物、牛奶、钢铁、电力、纸张和其他各种类型的产品的生产，同时也可表明每一个公民（平均）对每一类 17 商品的占有量。同样，这些数字对世界上享有特权的几个国家极为有利。

一个国家使用的钢铁数量是工业化水平的最好指数。一个极端是，我们发现美国每个人消费 685 公斤钢铁，瑞典人 623 公斤，东德 437 公斤。另一个极端是，我们发现赞比亚人消费 10 公斤，东非人 8 公斤，埃塞俄比亚人 2 公斤。当同样的计算用于食糖时，结果之一表明澳大利亚为 57 公斤，北美和苏联平均为 45～50 公斤。然而，非洲每人每年只消费 10 公斤，这比亚洲人好，他们每年只有 7 公斤糖。

就基本的粮食需求而言，数据更加令人沮丧。每个人每天都需要以卡路里计算的一定数量的食物。每天的理想数目是 3000 卡路里，但没有一个非洲国家接近这一数字。阿尔及利亚人每天消费只有 1870 卡路里，而"象牙海岸"① 在非洲国家应该是幸运的，全国人口每人每天平均消费 2290 卡路里。进一步而言，我们还应判断食品中所含的蛋白质。非洲很多地方都遭受着"蛋白质饥荒"，即尽管卡路里可以从淀粉类植物中获取，但只有很少的蛋白质。发达的资本主义和社会主义国家消费的蛋白质两倍于欠发达国家。这些差异可以帮助我们搞清楚哪些是"发达"国家，哪些是"欠发达"国家。

在为人们带来福利和幸福方面，一个国家提供的社会服务与物质生产同样重要。众所周知，国家有责任建立学校和医院，不论它们是由政府还是私人机构提供，其数量可以根据人口的规模来建立。一个国家的基本产品和社会服务达到何种程度也可以根据以下

---

① 今科特迪瓦。——译者注

欧洲如何使非洲欠发达

项目来间接地观察，如寿命长短、儿童死亡率、营养缺乏、可以通过预防接种或公共卫生设施来预防的疾病的发生以及文盲的比例。在所有这些方面进行比较，可以发现发达国家和欠发达国家之间的差距十分巨大甚至是令人恐惧。在喀麦隆，每1000名新生儿中有100名不会活过一周岁，在塞拉利昂农村，每1000名活着出生的非洲婴儿中，160名不会活过一年。然而，在英国和荷兰，可比较的数字分别为12和18。此外，更多的非洲儿童活不到5岁。缺少医生是主要的劣势。在意大利，每580人中有一名医生，在捷克斯洛伐克，510名公民中有一位医生。在尼日尔，每一名医生要为56140人服务；在突尼斯，每一位医生要服务于8320名突尼斯人；在乍得，73460人中才有一位医生。

要使一个工业经济体运作需要大量技术人才，但非洲国家具有高技术的人少得可怜。刚才提到的医生人数已经证实了这一点。工程师、技术人员、农学家也存在同样的问题，甚至在有的地方，管理者和律师同样缺乏。有的行业如电焊等中等技术人员也同样缺乏。更糟糕的是，目前还存在着从非洲、亚洲和拉丁美洲向美国和西欧的"人才流失"。也就是说，专业人士、技术人员、高水平的管理人员和技工从他们的家乡向外移民。欠发达国家本来就很少的技术人才又被发达国家更好的待遇和机会进一步吸引过去。

欠发达国家需用荒谬的高价来招聘外国专家这一事实使现存国际经济秩序的不平等表现得淋漓尽致。

目前所展现的大部分数据可以被形容为"计量"。这种方法使我们可对一些经济体生产的产品和服务进行测量。此外，必须对牵涉到一种特定经济的组合方式进行某些质量评估。因为就经济发展而言，只生产更多的产品和服务是不够的。国家必须生产更多的那些反过来可以保证经济在未来发展的产品和服务。例如，食品生产行业必须繁荣，这样工人们才可以健康，整个农业生产必须有效率，这样农业产生的利润（或储蓄）才可以刺激工业。重工业如钢铁工业和电力生产必须存在，这样才可以为其他类型的工业和农业制造机械。缺乏重工业，食品生产的不足以及不科学的农业，这些都是欠发达经济体的特征。

欠发达经济体的典型性是它们不能（或不被允许）集中于那些能够反过来从总体上促进经济增长并提高生产至新水平的经济行业，一种行业与另一种行业之间缺乏联系，这样（比方说）工业与农业之间难以产生良性互动。

此外，从这种经济体中所得的任何储蓄都被转到国外或是浪费 19 在消费上面，而不是用于再生产上。保留在这个国家内部的国民收入主要用于支付那些并未参与直接生产财富而只是提供附加服务的人，如秘书、商人、士兵或演艺人员等。使情况愈发恶化的是，被雇用到那些确实需要提供足够服务的行业的人员更少。最糟糕的是，所有这些人都不会向农业或工业进行再投资。他们将农民和工人创造的财富挥霍在购买汽车、威士忌和香水上。

人们注意到，在欠发达国家，最发达的"行业"是管理，这颇具讽刺意味。不久前，达荷美①60%的国内收入用于支付公务员和政府领导人的工资。给予被选上的政客的工资比英国议员的工资都要高。欠发达的非洲国家的议员的工资也相对较高。在加蓬，每6000居民中有一位议会代表，而法国的议员代表的是 10 万法国人。更多的这类数字表明，在对典型的欠发达经济进行描述时，非常有必要指出，本地分配的财富高得不成比例地流入到了那些少数特权者的口袋。

非洲内部的那些特权集团的成员总是自我辩护，说他们交纳的税款使政府得以运转。从表面上看，这一声明有其道理。然而，仔细探究就会发现，这一说法确实是最荒谬的，表明了对经济如何运行的全然无知。税不会产生国民财富和发展。财富必须从自然中生产出来，即耕种土地或开采矿物，或是伐木，或是将原材料转化为制成品以供人们消费。这些事都是由大多数民众如农民和工人来完成的。

如果劳动人民不工作，则无收入可征税。

---

① Dahomey，今贝宁。——译者注

　　给予那些公务员、专业人员和商人的收入来自于整个社会团体的财富积累。除了财富分配中存在的不公正，"纳税人的钱"是使国家发展的因素这一论点也必须驳回。在实现发展目标时，我们必须从生产者开始，从这里出发，再看这些劳动者的产品是否合理地运用到给国家带来更独立的地位和更多的福利。

20　　在关注人类劳动从自然创造财富时，我们立即意识到极少有欠发达国家缺乏可以给人们带来更好生活的自然资源。在这种情况下，它们中的两三个地区往往可能会为了相互的利益而结合在一起。事实上，我们可以看到，欠发达国家是那些占有自然资源最丰富，同时为其公民提供享有的产品和服务最少的国家。

　　联合国的《非洲经济条件概览》在最近的 1964 年是这样表述这个大陆的自然资源的：

> 非洲有着丰富的矿产和初级能源资源。估计仅占世界人口 9% 的地区却占有约世界矿产总产值的大约 28% 以及原油产量的 6%。最近几年，它在后者所占的份额仍在增加。在 16 种重要的金属和非金属矿产中，非洲的 10 种矿产在世界产量中所占份额从 22% 到 95% 不等。

　　事实上，随着每天新的矿产被发现，非洲的潜力也日益巨大。在农业方面，非洲的土地并非像热带雨林在图片中引导人们所相信的那样丰腴；但其他优越的气候条件却使得只要加以适当灌溉，这个大陆上的大部分地区都可以终年种植作物。

　　目前的情况是非洲尚未达到可以最充分利用其自然资源的那种地步，生产的大部分财富并未留在非洲为非洲人的利益服务。赞比亚和刚果生产大量的铜，但那是为了欧洲、北美和日本的利益。即使那些在非洲生产同时保留在非洲的产品和服务也落入了非洲的那些外国人手里。这样，南非吹嘘自己有非洲最高的人均收入；但指数表明这是如何分配的，我们应该注意，当种族隔离（Apartheid）政权保证每 1000 名活着出生的白人婴儿中只有 24 名死亡，他们却乐于容许 1000 名活着出生的黑人婴儿中死亡 128 名。为了理解非洲当前的经济形势，我们有必要知道为何非洲在实现其自然潜力方面如此之少，我们也有必要清楚为何如此多的现有财富落到了大部分是住在非洲以外地区的外国人的手上。

从某种程度上看，欠发达是一个自相矛盾的现象。世界上很多自然资源丰富的地区事实上很穷，而土地并不丰饶或地下资源不丰富的国家却享有最高的生活水平。当来自世界上发达地区的资本家尝试解释这一自相矛盾的现象时，他们经常使它听上去似乎这种情况是"天赐"的。一位资产阶级经济学家在关于发展的书中承认 21 当今世界的比较数据表明现在的差距比以前更大。他承认，在过去的 150 年里，发达国家和欠发达国家的差距增大了 15 ~ 20 倍。然而，我们谈论的这位资产阶级经济学家既没有给予历史的解释，也未考虑存在着的剥削关系，正是这一关系养肥了资本家寄生虫同时使依附者日益贫困。事实上，他提出了一种依据《圣经》的解释！他说：

> 所有均在《圣经》中告知：
> "因为凡有的，还要加给他，叫他有余。没有的，连他所有的，也要夺过来。"（马太福音　第二十五章第 29 行）
> 那个有关"没有的"故事，就是今天现代欠发达国家的故事。

大概任何人对这一说法的唯一评论都只能是"阿门"。

关于欠发达是由上帝决定的这种解释之所以被强调，主要是因为欧洲学术界存在的种族主义倾向。这种说法与种族歧视相符合，即公开或隐晦地认为他们的国家之所以发达是因为他们的人民天生高人一等，而非洲经济落后的责任是源于非洲黑人种族的落后性。更大的问题在于非洲和其他殖民地世界的人民都经历了一场文化和心理上的危机，从而至少部分接受了欧洲人对这一现象的说法。这表明非洲人自己对改造和开发自然环境的自身能力产生了怀疑。因为有了这些怀疑，他甚至对那些表示非洲人可以也必须通过自身努力来发展的兄弟们提出挑战。如果我们能够决定欠发达何时改变方向，必须首先消除那种疑虑，即欠发达是种族所决定或困境使然，因此我们无能为力。

当来自资本主义国家的"专家们"不给予种族主义的解释时，他们又往往将实际上是欠发达的结果作为其原因来混淆事端。例如，他们会论证非洲的落后是由于缺乏发展所需的有技术的人员。确实，由于没有工程师，非洲不能自己修建道路、桥梁和水力发电站。然而，这并非欠发达的原因，除非出现这种情况即原因和结果互相结合来起作用。事实上，某一个非洲国家经济落后的深刻原因不可能在那个国家内部发现。我们能够发现的只是欠发达的症状和导致贫穷的次因。

对欠发达原因的解释或是源于有偏见的思维，或是源于那种以为可以从欠发达经济内部找到答案的错误想法。真正的解释存在于找出非洲与发达国家的关系并认识到这是一种剥削关系。

人类总是利用自然环境以谋生存。在时间的某一节点上，产生了人剥削人的现象，即少数人变得富有并可利用他人的劳动享受利益。然后达到一个阶段，某一个被称为国家的集团的人可以剥削另一个国家和人民的自然资源和劳动。由于欠发达是关于国家的比较经济学，它就是具有最大利益的最后一种剥削，即一个国家对另一个国家的剥削。一个国家剥削另一个国家最普遍同时与非洲对外关系相关的方式是通过贸易进行剥削。当贸易条件是由一个国家以一种完全有利于自己的方式设立时，这对其贸易伙伴具有危害性。具体而言，我们可以以非洲出口的农产品和从欧洲、北美和日本进口的制成品为例。大国设立了农产品的价格，再不断地下调农产品价格。与此同时，制成品的价格也由它们来确定，还有在贸易中用这些国家的船只运输的费用（freight rate）。就定价方面而言，非洲的矿产品也与农产品处于同样的命运。非洲与其贸易伙伴的整个进出口关系是一种不平等交换关系和剥削关系。

远比公平贸易更为重要的是一个国家生产资料的实际所有权属

第一章　关于发展的几个问题

于外国公民。当非洲的土地和矿山归欧洲公民所有，这是吸非洲大陆的血的最直接的办法。在殖民主义统治下，这种所有权是完全的并有军事统治提供支持。今天，在许多非洲国家，尽管外国人的军队和旗帜不在了，但这种外国人的所有权仍然存在。只要土地、矿山、工厂、银行、保险公司、运输工具、报纸、电站等为外国人所有，非洲的财富便会长期地外流到这些人的手中。换言之，即便缺乏直接的政治控制，外国投资也将保证自然资源和非洲劳动力生产的经济价值流出这个大陆。　　23

　　外国投资经常采取给非洲政府贷款的形式。自然，这种贷款需要归还。在20世纪60年代，欠发达国家每年归还官方贷款（分期偿还）的费用从每年4亿美元增加到每年7亿美元，而且还在不断增长。另外，还有这些贷款需偿付的利率以及通过直接投资经济带来的利润。这两种来源合起来构成一个事实：1965年共计5亿美元从欠发达国家流出。关于这些事情的信息很少是完全的，理由十分简单，那些赚取利润的人希望保持沉默。因此，上面的那些数字很可能是低估了的数字。它们只是为了表明一个概念，即非洲的财富在多大程度上被那些投资者攫取，以及非洲财富的生产资料的大部分归这些人所有。更有甚者，近些年来，投资的方式变得更加微妙，也更加危险。其中包括由资本主义专家来援助和管理本土非洲公司的所谓"不在地主身份"的方式。

　　非洲主要是与西欧、北美国家以及日本进行贸易。非洲也通过与社会主义国家交易来使自己的贸易多元化。如果与后者的贸易证明对非洲不利，那么发达的社会主义国家也加入了剥削非洲的行列。无论如何，在这一阶段清晰地区分资本主义国家与社会主义国家非常重要，因为社会主义国家无论何时候都没有在非洲大陆的任何地方占有过土地，也没有以赚取外来利润的方式在非洲投资经济。因此，社会主义国家没有参与过对非洲的掠夺。

　　那些就欠发达问题著述的人或那些在非洲、亚洲和拉丁美洲诸大陆拥有读者的人，多是资本主义和资产阶级世界的代言人。他们极力在国内或国外为资本主义剥削进行辩护。为了混淆这一问题，他们所做的事情之一是不顾社会制度有所不同，将所有的欠发达国家放在一个阵营，将所有的发达国家放在另一个阵营。这样，"资本主义"和"社会主义"这些名词从未进行讨论。取而代之的是，人们面对的只是在工业化国家和那些尚未工业化的国家之间的简单划分。确实，美国和苏联都是工业化的；确实，当人们看数据时，法国、挪威、捷克斯洛伐克和罗马尼亚等国家的相似程度远高于它们之间任何一个与非洲国家的相似度。绝对有必要确定某一个工业化国家的生活水平是它自身的内在资源的产物，还是源于它对其他国家的剥削。美国只占世界人口和可利用的自然财富的很小部分，却占有财富的极大比例，而这些都是通过剥削整个世界的劳动和自然资源而得来的。

关于欠发达的荒谬观点和在富国与穷国之间所做的简单划分为社会主义国家内部或外部的社会主义学者所反对。这些荒谬的观点也为欠发达国家的经济学家所揭露，他们发现，资产阶级学者提供的这些解释是为了迎合那些通过贸易和投资来剥削世界其他地方的资本主义国家的利益。法国社会主义作者皮埃尔·加雷（Pierre Jialée）认为，要对发达国家和欠发达国家之间的关系确立一个合适的分析角度，应该确立两类国家，一类是帝国主义，一类是社会主义。社会主义阵营包括所有那些已经决定与国际资本主义决裂的大小国家。帝国主义阵营不仅包括如美国、法国、西德和日本等资本主义大国，也包括那些工业国进行投资的弱国。因此，帝国主义阵营可以再划分为剥削国家与被剥削国家。大部分非洲国家可以归于资本主义/帝国主义体系里的被剥削国家集团。大致而言，世界人口的三分之一已经在某种形式的社会主义制度下生活。其他三分之二构成了资本主义/帝国主义阵营，大部分属于被剥削的群体。

有趣的是，尽管资产阶级作者想尽力混淆视听，但他们也不时触及真实情况。例如，联合国（为西方大国所统治）决不会强调资本主义的剥削，但他们的经济评论一方面会涉及"中央计划"的经济，往往指社会主义国家；另一方面他们谈论"市场经济"，实际上是指世界上的帝国主义国家。后者又细分为"发达的市场经济"和"发展中的市场经济",以掩盖市场是资本主义市场这一事实。本研究是对均属于资本主义市场制度的这些国家之间关系的分析。

将非洲带入资本主义市场体系的是贸易、殖民统治和资本主义投资。贸易已经存在多个世纪;殖民统治始于 19 世纪后期并已基本消失;对非洲经济的投资在 20 世纪内持续增加。在非洲参与资本主义经济的整个时期,两个因素导致了欠发达。首先,由非洲劳动力从非洲资源中创造的财富被欧洲资本主义国家所掠夺;其次,对非洲能力加以限制,使其不能最大限度地利用自身的经济潜力,而这正是发展的重要内涵。这两个过程代表着我们前面提出的两个问题的答案,即为什么非洲实现自身的潜力如此之小,为什么非洲如此多的财富流向大陆之外。

非洲经济体已经融入发达的资本主义经济结构本身;它们是以一种不利于非洲的方式融入的,并保证非洲依赖于资本主义大国。实质上,结构依赖是欠发达的基本特征之一。大部分进步作者将资本主义/帝国主义体系分为两个部分。一个是统治的、宗主国部分,那些属于第二组的国家往往被称为"卫星",因为它们是在围绕着那些大国经济的轨道上。同样的观点可以用简单的话这样表达:欠发达国家是宗主国资本主义经济的依赖者。

当任何动物的幼仔停止依靠其母提供食物和保护时,可以说它是朝着成熟的方向发展了。但依赖别国的国家永远不会被认为是发达的国家。确实,现代的条件迫使所有的国家倾向于相互依赖以更好地满足其公民的需求;然而,这并非与经济独立互不相容,因为经济独立并不意味着孤立。但它确实需要一种在对外关系中做出选择的运作能力,更重要的是,它要求一个国家的增长在某一时刻必须成为自力更生和自我持续的。很明显,这种事情是与很多国家对西欧、北美国家和日本的经济依赖背道而驰的。

确实,所谓宗主国家的经济也同样依赖于世界上受剥削国家的财富。这是它们的力量源泉,同时也是资本主义/帝国主义的潜在弱点,因为依附国的农民和工人正在觉醒,他们意识到完全有可能

26 斩断帝国主义延伸到他们国家的触角。然而，在宗主国家对殖民地的依赖和屈服于外来资本主义的桎梏之下的殖民地之间存在着一个重要的不同。资本主义国家技术上更先进，这样帝国主义制度也是决定着方向变更的部分。这种影响的明显例证是以下事实，即资本主义宗主国家制造的合成纤维已经取代了由殖民地生产的原料所生产的纤维。换言之，（在特定范围内）正是技术先进的都市国家可以决定它们何时可以在某个领域不再依赖殖民地。当这种情况发生时，殖民地或新殖民地将不得不手捧讨饭碗去乞求缓刑或新份额。正是由于这一原因，原来是殖民地的国家必须有效打破依附状态的恶性循环和作为帝国主义特征的剥削才能发展。

在社会文化层面，存在着很多方式以维持欠发达国家融入资本主义体系并使它们保持被宗主国控制的地位。基督教会一直是进行文化渗透和文化统治的主要工具，尽管存在很多非洲人建立独立教会的尝试。同样重要的是教育的作用，通过培养，使非洲人服务于资本主义并接受其价值观。近来，帝国主义正在利用非洲新的大学来确立自身在最高学术水平上的牢固地位。

语言作为基本工具也用来作为融合和依附的机制之一。在非洲广泛使用的法语和英语也是为非洲社会与剥削者联系而不是非洲人与非洲人联系。事实上，很难发现哪一个领域没有反映经济依附与结构融入。初看起来，没有什么会比音乐更无害更令人愉快，但这也被用作文化统治的武器。美帝国主义者甚至通过美国之音将受压迫黑人的民间音乐、爵士乐和灵歌转变为宣传工具在非洲播出。

殖民主义时期的非洲，政治从属的状态十分明显，设有总督、殖民官员和警察。在政治上独立的非洲国家，宗主国的资本家必须通过远程控制来保证有利于他们的政治决策。这样，他们在非洲的很多地方建立了政治傀儡，他们无耻地按其政治主子的要求向南非
27 的种族隔离政权妥协。革命作家弗朗兹·法农激烈而详尽地分析了非洲的少数人集团这一问题，他们在宗主国资本主义与非洲依附国之间起着传播线的作用。这个集团的重要性不可低估。这个背叛者集团是欠发达定义的一部分。任何对非洲欠发达的病症诊断不仅揭

示低国民收入和蛋白质缺乏，还有那些一旦巴黎、伦敦、纽约的音乐一响即开始在阿比让（Abidjan）、阿克拉（Accra）和金沙萨（Kinshasa）跳起舞来的非洲绅士。

非洲表现出来的政治不稳定是在帝国主义环境下欠发达政治生活的综合症状。军事政变一个接着一个，它们往往对普通民众而言毫无意义，有时甚至是对民族解放运动中各种努力的一种反动的逆转。这种趋势在拉丁美洲历史上有现存的例子，因此当它出现在新殖民地的南越和非洲时也就毫不奇怪了。如果经济力量是以非洲国家边界以外地区为中心，那么任何真正意义上的政治与军事力量也会以非洲以外地区为中心，除非农民和工人大众能动员起来提供一种有别于虚假的政治独立以外的制度。所有这些特征都是欠发达和帝国主义制度剥削的结果。在绝大多数对这一问题的讨论中，或是这些特征毫无涉及，或是关于帝国主义和新殖民主义的整个概念被斥为纯粹的花言巧语而全然拒绝，特别是那些自称为远离"政治"的"学术者"尤其如此。在本项研究的剩余部分，作者将会详细论述以表明在资本主义、帝国主义、殖民主义、新殖民主义等所谓口号背后的可怕现实。目前，简要地列出以下几点以表明所采取的立场。

关于谁或什么应该对非洲的欠发达负责这一问题，可从两个层面回答。第一是帝国主义制度的作用应该对非洲经济的延缓承担主要责任，因为这一制度榨取了非洲财富，使它不可能更快地开发这个大陆的资源。第二是那些巧妙地控制着这一制度的人和那些不是代理人就是无意中成为这个制度帮凶的人。正是西欧资本家阶级积极地将他们的剥削制度从欧洲内部延伸并覆盖到整个非洲。

近来，他们参与了美国的资本主义，或是在某种程度上被后者取代。很多年以来，这些宗主国的工人们也得益于对非洲的剥削和非洲的欠发达状况。这些评论无意将发展的最终责任从非洲人的肩 28 上免除。不仅在帝国主义制度内部存在着一些非洲帮凶，且每一位非洲人有责任理解这一制度并致力于推翻这一制度。

阅读指南

关于"发展"和"欠发达"的著作很多，但极少考虑到这些问题的重要性。所有可以找得到的著作中，绝大多数都是强调资本主义的合法性。因此，存在着过于狭窄地集中于"经济发展"特别是资本主义经济体的现象，而不是对人类社会发展的分析。这种方法受到了宗主国马克思主义作者的挑战，也日益为来自欠发达世界学者所挑战。

FREDERICK ENGELS, *Origins of the Family*, *Private Property and the State*, Chicago: C. H. Kerr and Co. , 1902.

KARL MARX, *Preface to a Contribution to a Critique of Political Economy*.

KARL MARX, *Pre-Capitalist Economic Formations*, edited by E. J. Hobsbawm, New York: International Publishers, 1964.

上述三种著述是现在称为马克思主义的创立者的代表作。绝大多数马克思和恩格斯发表的著作均与发展主题有关，重点主要在封建主义和资本主义时代。

PICHARD T. GILL, *Economic Development: Past and Present*, Englewood Cliffs, N. J. : Prentice-Hall, 1967.

RAGNAR NURKSE, *Problems of Capital Formation in Underdeveloped Countries*, Oxford University Press, 1953.

以上是资产阶级宗主国有关发展和欠发达观点的典型表述。第一本是一位加拿大经济学家为北美大学生准备的教材，第二本多次重印，作者是一位"贫穷的恶性循环"理论的最有名气的资产阶级鼓吹者。不幸的是，任何大学和公共图书馆的书架上都有关于非洲的这种类型书。读者应对这种一般化做出自己的判断。

J. D. BERNAL, *Science in History* (4 vol.), Cambridge: MIT Press, 1972.

JOSEPH NEEDHAM, *Science and Civilization in China*, Cambridge University Press，1954.

两部著作都很厚，但都应该读。科学和技术来自于对自然环境理解和控制的努力，熟悉科学史对觉察社会发展十分必要。在此引用李约瑟的书基于纠正这样一种相当普遍的看法，即科学似乎是欧洲独特的东西。

CELSO FURTADO，*Development and Underdevelopment*，Berke- 29
ley：U. of California Press，1964.

A. GUNDER FRANK，*Capitalism and Underdevelopment in Latin America*，New York：Monthly Review Press，1967.

TAMÁS SZENTES，*The Political Economy of Underdevelopment*，Budapest：Center for Afro-Asian Research of the Hungarian Academy of Sciences，1971.

第一位作者来自巴西，一个有着长期依附并受欧洲和北美宗主国剥削历史的国家。弗兰克的著作反映了很多拉丁美洲进步知识分子的思想，在宗主国里确立了马克思主义。森迪斯是一位匈牙利经济学家，他将欠发达世界和帝国主义作为一个整体，系统地将马克思主义的洞察力运用到对实际数据和过程的分析上。

SAMIR AMIN，*The Class Struggle in Africa*，Cambridge，Mass：Africa Research Group，n. d.

萨米尔·阿明是北非人，他著述的数量和洞察力的质量都十分出众。上面引用的这一著作是高度概括性的，描述了包括从古代非洲发展的根源直到现在以及计划的社会主义未来的整个阶段。很可能他的更多著作将被译成英文（他的工作语言是法语）。

第二章　非洲在 15 世纪欧洲人到来之前是如何发展的？

33　　　甚至在英国人与我们人民建立联系以前，我们已经是发达的民族，有我们自己的制度，有我们自己关于治理的思想。

——J. E. 凯斯利－海福德（J. E. Casely-Hayford），

1922 年非洲民族主义者

一般概览

前文已经表明，通过各种标准的比较，非洲与西欧和世界其他地区相比是欠发达的；目前这种情况并非由非洲和欧洲的各自发展达成，而是通过剥削。众所周知，非洲与欧洲有着长期广泛的联系。我们应该知道，不同社会的接触会改变这些社会各自发展的速度。为了澄清是非，需要进行四个方面的工作。

（1）重新建构欧洲人到来之前非洲发展的实质；

（2）重新建构欧洲在向外扩张之前发展的实质；

（3）分析非洲对现在欧洲"发达"状况所做的贡献；

第二章　非洲在 15 世纪欧洲人到来之前是如何发展的？

（4）分析欧洲对现在非洲"欠发达"状况所做的贡献。

第二项任务在关于欧洲的文献中已有大量论述，我们只需稍有涉及。其他议题都值得进一步关注。

非洲大陆充分表明了社会发展不平衡规律的运行。在埃塞俄比亚帝国与刚果森林中俾格米人狩猎群体之间，或是西苏丹帝国与卡拉哈里沙漠里的科伊桑人狩猎－采集者之间存在着明显差异。确实，在任何指定的地理区域中存在着显著的不同。埃塞俄比亚帝国中既有识字的阿姆哈拉封建贵族，也有贫穷的卡法农耕者和盖拉游牧者。西苏丹帝国有成分复杂和受过教育的曼丁加城市人，也有包佐人渔民小社区和过着游牧生活的富拉尼牧人。即使是在看上去相似的氏族和血族之间，也存在着很大的差异。然而，有可能在属于 34 独有的"非洲的"特点和处在某一特定发展阶段的人类社会所共有特点之间进行区分。认识从较低社会组织向较高社会组织的辩证的演进过程也十分必要；诚然，当观察最先进的社会结构时，我们会意识到整个大陆的潜力和变化的方向。

当欧洲人来之前非洲历史这一话题提出来时，很多人都会出于各种目的希望知道非洲"文明"是否存在。这主要出自想与欧洲"文明"进行比较的心愿。这里不是对所谓的欧洲文明进行评判的场合。只要看一下欧洲资本家从奴隶制时代到殖民主义、法西斯主义以及在非洲和亚洲进行的种族屠杀战争等一系列所作所为，就足够了。这种野蛮行径使我们对于是否应用"文明"这一词语来形容西欧和北美产生了怀疑。就早期发展阶段而言，用"文化"而不是文明来谈论非洲更好。

文化是一种生活的整体。它包括人们吃的东西和写的东西；他们走路和谈话的方式；他们对待死亡和新生儿的方式。很明显，独特的方式实际上产生并存在于每个地区，涉及社会的所有细节。此外，撒哈拉沙漠以南的非洲大陆组成了一个大的共同体，诸多相似之处明晰可见。例如，音乐和舞蹈在那些"未被污染的"非洲社会具有关键作用。它们一直存在于出生、成年礼、结婚、死亡等场合，同样会出现在娱乐活动之时。非洲是鼓乐和打击乐的大陆。在这一方面，非洲人民的成就达到极点。

由于殖民主义和文化帝国主义的影响（将在后文论及），在殖民时期，欧洲人和非洲人自己对非洲文化的独特之处缺乏适当的认识。这些特点具有其自身价值，无论是在 1500 年以前的可比较的时期里还是在随后的世纪里，是不可能被欧洲文化所遮蔽的。它们之所以不可能被遮蔽，是因为它们并非真正可以比较的现象。这个世界谁有能力判断奥地利的华尔兹比马孔德的恩戈马更好？进一步而言，即使在更容易比较的一些文化领域如"美术"，我们知道，非洲在前欧洲人时代对创造美丽的人类遗产做出了贡献。埃及、苏丹和埃塞俄比亚的艺术在早期便为其余地区的人们所知。非洲其他地区的艺术仍然正在或重新被欧洲人和现代非洲人所"发现"。历史学家对伊费（Ife）和贝宁铜雕的评论为世人所熟悉。由于它们的时间确定于 14 ~ 15 世纪，因此这些艺术品与有关非洲在与欧洲接触前时代的发展的讨论息息相关。它们也不应被看作是异常的，除了那些用来制作雕塑的材料之外。很明显，同样的技艺和情调也被运用于一些不能持久的物质如木头的雕刻和艺术品之中。

非洲的舞蹈和艺术以这样或那样的方式几乎永恒不变地与宗教世界观相连。众所周知，传统的非洲宗教实践多种多样，我们也应该记住，伊斯兰教和基督教几乎从一开始就在非洲大陆找到了它们的家。传统非洲宗教的特点使得非洲文化有别于其他大陆的文化，但在目前这种场合，更重要的是关注非洲宗教与其他地区宗教的共同之处以及如何将此作为在 15 世纪受欧洲影响之前非洲发展水平的指标。

宗教作为社会上层建筑的一个方面，从根本上反映了人们对物质世界的理解和控制程度。然而，当人们用宗教方式思维时，他是从理想而非物质世界（已超出他理解的范围）出发。这就创造了一种非科学的、超自然的观察世界的方式，这种方式经常与科学与物质的世界观及社会发展相矛盾。非洲的原初宗教与其他的宗教相比无好坏之分。然而，到封建主义结束之时，欧洲将人类生活领域变得更为狭窄，宗教和教堂起了一部分作用。宗教不再对政治、地理和医药等方面具有统治权。为了将这些事物从宗教的束缚下解放出来，则必须论证宗教有它自身的领域，世界上的其他事物有它们自身的世俗领域。这种生活的世俗化加快了资本主义以及后来的社会主义的发展。与此形成对照的是，在白人到来前的时代，宗教遍布非洲生活的方方面面，正如宗教统领着其他前封建主义社会如澳大利亚的毛利人、阿富汗的阿富汗人以及斯堪的纳维亚的维京人的生活一样。

作为上层建筑的一个方面，宗教可起正面作用，也可起负面作用。在早期非洲的大部分情况下，宗教信仰主要是动员和约束社会上数量众多的人以组成国家。在有的情况下，宗教也可以提供斗争中的概念从而起到社会正义的作用。当宗教倾向于维持相当长的时期而不变化时，它的负面效应则显现出来，当维持生存的技术变化很慢时尤其如此。非洲社会正是如此，与其他前资本主义社会一样。与此同时，宗教信仰自身也与生产关系互动，从那个方面使进步变得缓慢。举例来说，相信祈祷以及祖先和其他神祇的干预可能成为通过创新设计来控制气候和环境影响的替代。 36

同样类型的双边关系也存在于维持生计的方式以及在工作过程中产生的社会类型。在非洲，15 世纪以前，支配社会关系的主要原则是与社群主义相联系的家庭和亲属原则。非洲社会的每一位成员都根据其母亲和父亲所属亲缘关系来决定自己的位置。有的社会更看重母系，有的社会更看重父系。这些因素对非洲社会成员的日常生活而言至关重要，因为土地（最重要的生产资料）是归家庭或氏族这样的群体所有，而群体首领代表所有亲属——包括祖先和尚未出生的后人——对土地负责。从理论上说，这种类型的解释如下：任何群体的所有居民都是在这块土地定居的第一人的直系后代。当一个新的群体到来时，他们总是装着其祖先也是定居在此的样子，或是保证他们中的早期亲属群体能继续举行与这一地区的土地和水相联系的仪式。

同样，在土地上耕作的劳动力也是以家庭为基础招募的。单独一个家庭或一家人一般总在自己的那块土地上工作，也可以与大家族和氏族的其他成员分担某些联合的农业劳动。每年的狩猎活动和河里打鱼都是由整个大家族或村庄社区来组织的。在奔巴人（Bemba）社会（赞比亚）那样的母系社会，新郎要为他的新娘的父亲工作数年；很多年轻人与同一个家庭的女儿们结婚后往往组成一个劳动团队以互相帮助。在达荷美，年轻人并不住到他妻子的家里，但多普韦（dokpwe）或劳动团队允许儿子去参与较大型的任务以帮助他妻子的父亲。这两个例子表明了岳父获取劳动力的权利和女婿根据亲缘关系提供劳动力的义务。这与资本主义制度下金钱购买劳动力以及封建主义制度下农奴提供劳动力从而可以耕种属于地主的一块地的情况形成鲜明对照。

37　　在属于家庭财产的土地上通过家庭成员劳动生产所得的农作物和其他商品是在亲属关系的基础上进行分配。一旦某人的庄稼被突如其来的灾难摧毁，他所在的村庄里的亲戚会帮助他。如果整个社区遭遇不测，人们会搬到另一个地方，与食物不稀缺的亲属们一起生活。阿肯人国家（加纳）具有高度组织化的氏族制度。一个从布朗（Brong）来的人可以访问位于数百英里之外的芳蒂（Fante），从一个完全陌生却正好属于自己氏族的人那里获得食物和款待。

我们掌握的无数例子表明家庭原则在非洲发展的社群阶段占统治地位。它影响了生产的两个主要因素——土地和劳动力——以及分配物品的制度。欧洲人类学家们主要是从一种非常偏见和种族主义的立场来从事非洲社会的研究。然而，他们的研究仍能提供有关家宅和大院、大家庭（包括那些并非因出生而是联姻关系而加入的亲属成员）以及因亲属原则而跨地区相连的世系和部族的丰富事实。

然而，尽管具体细节可能有所不同，但在11世纪的法国高卢人、那一时段的印度支那越南人以及某一时期的几乎世界各地都可以发现相似的社会制度，在同一时间或其他，因为这是一个所有人类社会发展都要经过的阶段。

在所有早期的非洲社会，个人在生命的每一阶段对社会的其他人都有责任和义务，也有一系列权利，这意味着有些事他或她可以期望或要求其他个人来做。年龄是决定何种权利和义务的最重要因素。社会里最年长的成员往往深受尊敬并享有权威；根据年龄决定资历在许多非洲社会可通过年龄等级和年龄组反映出来。割礼意味着进入社会和变为成年人的开始。从那一刻起，一个男人开始与自己年龄组的其他人一起，女人也一样。通常存在着至少三个年龄等级，大约分为青年、中年和老年。

在欧洲的大部分地区，当社群主义崩溃后，它让位于广泛的奴隶制，这是一种劳动力动员的新形式。这一奴隶制度在中世纪的欧洲一直延续，在基督徒和穆斯林之间的十字军东征为奴役他人提供了一个新的借口。随后，奴隶制让位给了农奴制，即劳动者被束缚在土地上，不能再进行奴隶买卖和运输。因为欧洲花了很多年才从 ₃₈ 奴隶制过渡到封建主义，在封建社会仍然保留了大量奴隶是常见的现象。在中国的部分地区、缅甸和印度，当社会逐渐摆脱原始社群主义时，也存在着相当数量的奴隶，但无论在任何时间段，奴隶制从未成为亚洲的主要生产方式。在非洲，存在着一些奴隶，但肯定没有奴隶制时代。大多数奴隶是在北非和其他伊斯兰国家。在整个社会处于封建结构情况下，一个男人及其家庭可能会数代拥有相同的奴隶的身份。在非洲的其他地方，一旦有人在战争中被俘，占有外来人的概念即被引入社群主义社会。刚开始时，这些俘虏与奴隶相比处在一个非常不利的地位，但很快，这些俘虏或他们的后代成为社会的一般成员，因为在一个既非封建主义也非资本主义的社会，这里不存在那种人永久剥削人的机会。

马克思主义者和非马克思主义者（具有不同的动机）都指出欧洲生产方式的序列并未在非洲再现。在非洲，社群主义阶段后没有从内部演进中产生奴隶制时代，也没有产生有如欧洲封建社会模式那样的生产方式。马克思自己也承认，在亚洲，发展阶段产生了一种社会形态，并不能轻易地套用欧洲的模式。他将这种模式称为"亚细亚生产方式"。沿着这些思路，一批马克思主义者最近讨论非洲是否与亚洲同一类型或是否非洲有自己的"非洲生产方式"。这些论点的含义是非常先进的，因为他们关心的是非洲的具体条件而不是从欧洲带来的偏见。但是，这些学者似乎决心找到一个术语来涵盖非洲大约从公元 5 世纪直到殖民主义这一过程中的各种社会形态。构成这一研究的假设是 1500 年以前的非洲社会正处于一个在家庭社区进行农业实践（加上捕鱼和放牧）以及在可与封建社会相比较的国家和社会里进行类似活动两者之间的一个过渡阶段。

39　　从某种意义上说，所有的历史都是从一个阶段到另一个阶段的转变，但在这一变化轨迹上，有的历史形势具有比另外的形势更清晰可辨的特点。因此，在社群主义的社会里，生产和技术水平低下，不存在阶级，土地的使用和分配平等。在封建社会，土地和社会产品分配上存在着巨大的不平等。地主阶级及其官僚控制着国家并利用它作为压迫农民、农奴、奴隶甚至工匠和商人的工具。在每一个大陆，从社群主义到封建主义的演进要花好几个世纪，在某些情况下，被打断的内部发展使成熟社会的过程受阻。毫无疑问，在非洲最终达到封建主义的社会极少。只要封建国家仍在形成，社区主义的因素与封建主义的因素共存，并带有某些由于非洲环境而具备的特质。过渡的另一个特点是各种社会构成的存在：牧民和农民、渔民社会和贸易社会、掠夺者和游牧者。通过生产力的发展和分配网络的扩展，他们都被逐步拉入与土地、相互之间以及与国家的关系之中。

封建社会存在着地主与农民阶级之间的冲突，以及后来的地主和商人阶级之间的冲突。在资本主义统治下，欧洲主要的阶级矛盾是无产阶级和资产阶级之间的矛盾。这些敌对的阶级关系提供了各自社会的原动力。非洲社群主义社会有着年龄等级的差异和普通成员与宗教领袖如唤雨者之间的不同。然而，这些矛盾均非剥削关系或敌对关系。阶级作为社会发展中的原动力这一概念尚未产生；在社群主义阶段，我们必须观察生产的基本力量从而理解变化过程。

通过运用一些方法和概念，我们可以重建使孤立的家庭联合且生产增加的模式。例如，年龄等级的出现可以被视为应对更团结的需要，因为年龄等级包括并跨越许多家庭。同样，社区各部分的共同劳动可以使社区的工作效率更高。前面提到达荷美的多普韦劳动团队往往为全社会提供各方面的服务，如清理土地和建筑房屋等繁重任务。在大部分非洲社区，包括北非的浅肤色的柏柏尔人（Berbers），只要提供一些食物和啤酒或棕榈酒，在很短的时间内即可动员一个工作团队或"工蜂"团队。

当然，当劳动力组织可能有助于生产更多产品时，生产力的主要变化是指新技术的构成——使用这个词的最广泛的意义，即包括 40 在应付环境以及新的植物和动物种类过程中使用的工具和技术。掌控环境的第一个先决条件是了解环境。到 15 世纪时，非洲人对土壤、气候、动物、植物和它们之间的多重关系的总的生态学方面已经相当了解。这种知识的实际应用体现在用陷阱捕捉动物、建造房屋、制造器皿、寻找药物等，最重要的是设计农业系统。

在与欧洲人接触前的数百年里，非洲最重要的占主导地位的活动是农业。在所有定居的农业社区，人们观察到具有自身特点的环境并试图以合理的方式找到应对它的技术。一些地区采用了先进的方法，如梯田、作物轮作、绿色肥料、混合农业和保护湿地。非洲农业发展的最重要技术变革的基础是铁器的引进，特别是斧头和锄头，以取代木制和石制工具。正是在铁制工具的基础上，新技能在农业以及其他领域的经济活动中变得日益复杂。

铁的到来、谷物种植的产生和陶器制作的崛起是密切相关的现象。在非洲的大部分地区，这些东西产生于基督诞生后的那个阶段，在几个世纪的变化速度令人印象深刻。小米和水稻已由野草被耕种，正如薯蓣类植物是从选定的野生根茎进化而来。非洲大多数社会将具有自身特点的常用作物的耕种培养成一种艺术。即使是广泛采用的撂荒和轻锄、轮耕，也不像第一批欧洲殖民主义者所推测的那样幼稚。那种农业的简单方式实际上建立在对土壤潜力的正确评估之上，初看上去不像浓密的植被那么壮观；可是当殖民主义者将表层土壤翻上之后，结果却是灾难性的。

上述论述表明，当一个局外人进入了一个新的生态系统，即使他很熟练，也不一定能比那些多少个世纪以来熟悉了当地环境的人更有效地生存；如果新来者过于傲慢而未认识到他必须向"土著"

学习一些东西，那么他可能看起来更荒谬。这里并非认为早期非洲的农业优于其他大陆的农业。相反，非洲在农事和圈养牲畜上并不 41 如那些独立演进的亚洲和欧洲大部分地区的水平高。非洲的弱点在于对获得更多科学知识、设计工具来减轻劳动负荷以及将恶劣环境转换成适合于人类活动领域等方面缺乏专业兴趣。就欧洲的农业而言，这种专业化由对土地感兴趣的阶级来进行，先是封建领主，后来则是资本主义农场主。

前面已经指出，发展主要是由社会生产关系决定的，即那些与人们在生产财富过程中的作用相连的关系。少数人拥有土地和多数人是租户，这种在某一历史阶段的不公正使那少部分人得以集中精力改进他们的土地。相反，在社群主义的社会，每个非洲人只要属于一个家庭或一个群体就必定会有足够土地来满足自己的需要。正是这一原因，同时因为土地相对丰富，这里缺乏社会压力，也没有为了提高生产率而进行技术改造的动机。

在亚洲，土地大部分是公有的，那里某些类型的农业取得了巨大进步，特别是灌溉农业。这是因为在印度、中国、锡兰（今斯里兰卡——译者注）等其他地方，国家进行了干预，并大规模地从事灌溉和其他水利工程。这种情况也发生在北非，它在很多方面遵循着一种与亚洲相似的演进模式。非洲的土地使用模式更接近于亚洲而不是欧洲，但即使是政治上最发达的非洲国家也没有在引领和监督农业发展方面起作用。一个原因可能是缺乏人口压力以及定居点的分散性。另一个可能的原因是国家集中于对非农产品的贸易从而排除了其他的事情。当然，在非洲社会与大陆以外的其他社会体系从事贸易活动的情况下，不会太重视农业。

当谈到欧洲人来以前的非洲制造业这个问题时，认识到非洲的成就被低估这一点很重要。欧洲作者往往轻视或忽略非洲的制成品，因为这个词的现代的概念会很快使人想到工厂和机器。然而，"制造"字面上的意义首先是"用手做的东西"，从这个意义上来说，非洲的制造业可以看得出来是有成就的。大多数非洲社会只是满足自己的需要，大范围地生产了家里使用的物品以及农具和武器。

衡量 500 年以前非洲经济发展水平的一种方法是检查产品的质量。这里给出的例子是引起了外部世界注意的几件物品。通过北非，欧洲人得以熟悉一个来自非洲的优秀品牌即被称为"摩洛哥皮革"的红色皮革。事实上，它是由尼日利亚北部和马里的豪萨（Hausa）和曼丁加的专家鞣制和染色的。当欧洲人和非洲人之间的直接接触在东部和西部沿海地区建立时，许多令人印象深刻的产品被发现。当葡萄牙抵达古老的刚果王国时，他们在送回的信中谈到由树皮和棕榈纤维制成的布匹，这些布精美得可与天鹅绒相比。巴干达人（Baganda）也是熟练的树皮布制造者。然而，非洲能够提供更好的棉布，在欧洲人到来之前就广泛生产。20 世纪以来，几内亚海岸地区的本地棉布要比曼彻斯特棉布更结实。一旦欧洲产品到达非洲后，非洲人也可以将自己的产品与外来商品进行比较。在加丹加省（Katanga）和赞比亚，本地铜与进口铜相比仍然是首选产品，同样的事也发生在出产在塞拉利昂等地的铁。

正是在规模这一点上非洲的制造品未能有所突破。也就是说，棉花织布机小，铁冶炼厂小，陶器由手工而不是由轮子做从而生产速度慢，等等。但有些变化是在这样的背景下发生的。在社群主义制度下，每一户人家制作自己的衣服、盆子、垫子等以满足自己的需要。在任何一个大陆都是如此。然而，经济增长从那里开始是与行业的专业化和本地化相联系的，人们的需求通过交换得到满足。这一趋势在非洲主要制造品中体现出来，特别是在服装行业。棉花纤维先得经过轧（与棉籽分离），然后梳，纺成纱，才能进行编织。纱线和织物必须先被染色，而制作染料本身就是一个复杂的过程。曾经有一段时间，例如在约鲁巴地区（Yorubaland），所有这些工序都由单一家庭或单一家庭里的妇女来完成。但是，经济发展正是反映在印染与制布的分离以及纺纱与织布的分离。每一种分离标志着更大的专业化以及产品产出在数量和质量上的变化。

欧洲工业已被深入研究，人们通常认识到，除了新的机械之外，最具有决定性的因素是从家庭作坊生产转变为工厂系统，以行会标志着一个中间阶段。行会是一个由专家组成的协会，通过培训学徒传播他们的技能，并在专为此目的设立的建筑物中工作。非洲也同样有这种行会制度的元素。在廷巴克图（Timbuktu），有裁缝行会，而在贝宁则存在着一个非常严格的行会等级以控制著名的黄铜和青铜工业。在努佩（Nupe）（现在的北尼日利亚），玻璃和圆珠工业在行会基础上运作。努佩的每个行业都有一个共同的车间和一位师傅。师傅获得合同，为行会出资并处置产品。他自己的亲属以及陌生人自由进入行会，学习玻璃行业的各种专门任务。这意味着什么已十分清楚，即在非洲存在着日益增多的专业化和劳动分工。

传统的非洲经济通常被称为"生存"经济。一般而言，小村庄通过养殖、打猎、钓鱼等活动来照顾自身的独立，与大陆的其他地方很少联系。然而，与此同时，非洲绝大多数社区通过贸易来满足自己对至少一些商品的需要。非洲是一个具有无数贸易路线的大陆。一些贸易路线路程遥远，例如穿越撒哈拉沙漠或连接加丹加铜带的商道。但主要而言，贸易还是在邻国之间或不远的社区之间进行。这种贸易始终是一种生产的功能。各种社区生产了过剩的某种产品，可用于交换它们缺乏的产品。正是通过这种需求，一个地方的盐业会受到刺激，而另一个地方炼铁行业同样会受到鼓励。在沿海、湖泊或河套地区，干鱼可以变得有利可图，而另一个地方则会大量种植山药和小米以用于交换。在 10 ~ 15 世纪，非洲大陆的每一个地区的贸易很容易区分，这是表示经济扩张和其他方面发展及相应的对环境增加控制程度的极佳指标。

由于贸易的扩展，值得注意的是，易货贸易逐渐让位于一些形式的货币交换。易货贸易一般是在贸易量很小且只涉及少数产品时才会进行。然而，随着贸易变得更加复杂，一些物品开始用来作为标准以测量其他货物。这些物品可以保持着一种财富形式，一旦需要时，即很容易转化为其他商品。例如，食盐、布匹、铁锄和贝壳都是非洲颇受欢迎的货币。黄金和铜不在其列，主要是因为非常稀少，因此仅用来衡量颇具价值的物品。在一些地方，如北非、埃塞俄比亚和刚果，货币系统是非常复杂的，显示出这些地方的经济已远离简单的以物易物和生存经济。

还有许多其他的社会政治性质的变化伴随着生产力的发展。事实上，如农业活动、工业、商业、货币和政治结构这些东西都是密不可分的，它们之间互相影响。所有这些元素都融合在一起的地方正是非洲最发达的地区，两个社会政治特征是发展的最佳指标，即社会分层的增加与国家机器的巩固。 44

在欧洲人乘船到来之前的几个世纪里，家庭原则和遵从年龄的原则被慢慢打破。技术变革和劳动分工使得这些变化不可避免。例如铁的引进给那些可以制造和获得铁器的人们以经济和军事实力。更好的工具意味着更多的食物和更多的人口，但后者往往超出物资供应的限度，少数人抓住了由于占有铁带来的获得财富的可能性从而为自身利益服务。铁器、布匹、陶器、皮革或制盐等行业的熟练技术工人往往将他们的技能在一个封闭的类似专业集团里传授。这样就保证了劳动分工在有利于他们的基础上运作，因为他们的地位具有特权和战略性。铁匠在一些非洲社会里特别受欢迎，他们要么成为执政团体，或是非常接近于社会等级的顶端。劳动分工也表现在非物质领域，产生了专业的音乐家和历史学家。他们也有一定的特殊权利和优待，其中值得注意的是可自由批评而无须惧怕报复。在有些情况下，技能专业集团被降到很低的地位。但这种情况较为罕见，在任何情况下，它不会与社群主义制度下社会分层日益增多的趋势这一断言相矛盾。

社会分层是阶级兴起和社会对立的基础。在某种程度上，这是在此前的公共社会存在的非对抗性差异的一种合乎逻辑的延续。例如，老年人可以利用他们对土地分配、聘金和其他传统交易的控制将自己确立为一个享有特权的经济阶层。在现今的利比里亚、塞拉利昂和几内亚，秘密社团出现在这些地区，并允许知识、权力和财富掌握在长老手中，实际上最终是某些特定血族的长老之手。

年轻人和老年人之间的矛盾不是那种会引起暴力革命的类型。然而，年轻人显然有理由不满于对长者的依赖，尤其是涉及娶妻这种至关重要的个人问题时。当他们不满时，他们可以离开他们的社区并另行建立自己的社区，或他们可以挑战原有社会的原则。在任何情况下，发展趋势是一些个人和家庭比其他人更成功，那些家庭确立了自己作为永久的统治者。然后，年龄不再有多大作用，因为一旦确立了有关皇族或皇家血统的概念，即使儿子也能接替父亲。

45

在转型时期，虽然非洲社会保留了许多无可争议的社群主义的功能，它也接受了某些家庭、宗族或血族注定要统治而其他人则不行的原则。这种情况不仅适用于耕种者，牧民也是如此。事实上，牲畜比土地更容易分配不均；那些占有最大畜群的家庭在社会和政治上占据了统治地位。

社会分层过程中一个更重要的方面由不同的社会形态之间的接触而生。渔民得与农耕者联系，而农耕者须接触牧民。甚至还有尚未进入社群合作阶段的其他的社会形态，如猎人和采集者群体。这种接触通常是和平的。在非洲大陆的许多地方，在谋生方式不同的各个群体之间出现了所谓的"共生"（Symbiosis）关系——这实际上意味着他们同意交换货物和互利共存。然而，他们之间也存在着重大冲突的余地；当一个集团力图通过武力征服另一个集团时，结果不可避免是社会阶级的出现，即处于上层的征服者和处于底部的被征服者。

不同社会形态之间最常见的冲突出现在放牧者和耕种者之间。在某些情况下，耕种者占据上风，例如在西非，曼丁加族（Mandinga）和豪萨族（Hausa）耕种者直到 18～19 世纪一直是富拉尼牧牛人（Fulani cattlemen）的统治者。相反的情况发生在非洲之角和大部分东部非洲。另一种类型冲突是掠夺者从农耕者手中夺取了权力，类似情况发生在安哥拉，以及在撒哈拉沙漠及其周边地区，那里的摩尔人（Moors）和图阿雷格人（Tuareg people）向平和的定居民族索取贡品甚至奴役他们。在每一种情况下，其结果是一个相对较小的集团获得了对土地和（相关的）牛、矿山及长途贸易的控制。这也意味着少数人集团可以从他们的臣民那里要求劳动力，这种要求并非建立在亲属的基础上，而是由于支配和从属关系的存在。

在真正的公有社会，领导者是基于宗教和家庭关系。长者和社会成员与其他人分担工作，并获取所有产品差不多的份额。当然，不会出现有人饿死而有人吃饱后将多余食物扔掉的情况。然而，一旦非洲社会通过内部演化、征服和贸易而开始扩展，统治集团的生活方式会变得明显不同。他们消费最多和最好的那些由社会提供的物品。然而，他们却最少直接参与农业生产、放牧、捕鱼等产生财富的生产劳动。统治阶级特别是国王有权要求普通民众来从事某些项目，或是每年提供一定天数的劳动。这就是所谓的"徭役"（corvée），来自于封建法国实行的类似程序。这种制度意味着更大的剥削，同时也是生产资源的更大发展。

上述社会分层与国家的崛起齐头并进。除了在具有确切地理疆域的政治国家，有关皇家血统和平民宗族的观念毫无意义。重要的是，世界上的伟大朝代统治着封建国家。对欧洲人或对欧洲有相当了解的人而言，都铎王朝、波旁王朝、霍亨索伦和罗曼诺夫等名字可谓耳熟能详。日本有镰仓幕府和德川幕府；中国有唐朝和明朝；印度有笈多王朝以及马拉塔王朝；等等。所有这些封建王朝都出现在基督诞生后的几个世纪里。除此之外，有一些王朝在封建土地制度和阶级关系已完全成型之前就已经统治着各自的国家。这意味着，欧洲向封建主义的过渡（在欧洲，社群主义让位于奴隶制，因此王朝和强大国家出现在奴隶制时代前夕）以及亚洲见证的统治集团和国家的崛起是同一个过程中相互依存的部分。在这方面，非洲没有什么不同。

从政治角度看，从社群主义向封建主义的过渡时期正是非洲国家的形成时期。在开始（和许多世纪），国家仍然脆弱而不成熟。它获得了明确的领土边界，但这些边界内的臣民们生活在自己的社区，除了每年支付税收和贡赋的时间外，与统治阶级几乎没有任何接触。只有当一个国家里的某个集团拒绝交纳贡品，早期非洲国家才动用其镇压机器——军队向臣民们要求它认为属于自己的权利。慢慢地，不同国家从它们的公民社区那里获得了更大的权力。它们要求"徭役",它们进行征兵,它们任命普通税吏和本地官员。在非洲,那些劳动关系打破了社区限制的地区正好与复杂的政治国家兴起的地区对应。国家的崛起本身就是一种发展形式。这种发展扩大了非洲政治的规模,使小族群得以合并到更大的国家实体的雏形。

47

从某些方面看,我们过于强调政治国家的生长。在欧洲,由于民族国家到了比较先进的阶段,欧洲人倾向于将是否存在组织良好的政体作为衡量"文明"的标准。这并不是完全有理由的,因为在非洲,一些小的政治单位具有较先进的物质和非物质文化。例如,无论尼日利亚的伊博人(Ibo)还是肯尼亚的基库尤人(Kiku-yu),均未在他们传统的环境中产生中央集权的政府。然而,两者都具有以氏族和(以伊博人为例)宗教神谕以及"秘密会社"为基础的政治统治的复杂制度。两者都是卓有成效的农耕者和铁匠。伊博人早从9世纪起,如果不是更早的话,就开始制造黄铜和青铜器物。

然而,在呈现了上述条件之后,可以承认,整体而言,非洲大陆的较大的国家具备最有效的政治结构和较大的生产食品、服装、矿产和其他物品的能力。这些存在着统治阶级的社会关注获取奢侈品和有声望的物品。控制国家的特权集团热衷于刺激制成品生产,并通过贸易获取这些产品。正是他们动员劳动力生产远高于生存需要的剩余产品,在这一过程中,他们鼓励专业化和劳动分工。

学者们经常对非洲存在国家的类型和"无国家"(Stateless)类型做出区分。有时,"无国家"这一词语使用得很随意,甚至是滥用;但它确实描述那些人,他们中间不存在政府强迫机器,也没有关于比家庭或村庄更大的政治单位这一概念。总而言之,如果社会里没有阶级分层,那就不存在国家,因为国家的兴起是作为一个特定阶级的一种工具,为了自身的利益控制社会上的其他人。一般来说,我们可以考虑将无国家社会作为非洲社会政治组织的较早形式,而大的国家代表着从社群主义向前发展的一种进化,有时达到了封建主义的边缘。

必须再次强调，对欧洲人到来之前非洲的实地调查会显示相当大的发展不平衡性。有代表狩猎游团的社会形态，有社群主义、封建主义和许多处于两者之间位置的社会形态。本章的其余部分将致力于回顾与欧洲建立稳定联系前的最后一千年左右，非洲几个最发达社会和国家的主要特点。要考虑的地区是埃及、埃塞俄比亚、努比亚、摩洛哥、西苏丹、东非大湖区和津巴布韦。每一个地区作为一个例子，以表明在早期非洲发展意味着什么和社会运动的方向是什么。从较大或较小的程度上看，上述每一国家（地区）通过吸收或更多的间接影响邻近地区带动着它们沿着相同路径发展，从这一意义上说，它们是非洲大陆的主导力量。

具体例证

埃　及

从埃及开始符合逻辑，因为它是非洲最古老也是最杰出的文化。法老统治下埃及的辉煌众所周知，也不需要叙述。曾经有人认为或假定古埃及不是"非洲的"——这是一个奇怪的观点，但目前已不再有多少市场。然而，为了目前的论证，我们提及从7世纪以后的阿拉伯人和土耳其人统治下的埃及则更具关联性。因为从那个时期开始，统治阶级是外国人，这意味着埃及的内部发展与其他国家绑在一起，特别是阿拉伯和土耳其。殖民统治下的埃及将大量的财富以食物和收入的形式送往国外，这是一种非常不利的因素。总的趋势是居于统治地位的外国人要与他们自己帝国的主人断绝关系，在埃及国内以统治精英的身份行事，使得埃及成为一个独立的封建国家。

埃及封建制度的首要特征之一是在军事方面。阿拉伯人、土耳其人和切尔克斯（Circassian）侵略者都是具有军事倾向的，从 13 世纪开始掌权的马穆鲁克也是如此。从 7 世纪起，埃及的政治权力掌握在军事寡头的手上，由这些寡头来委派实际的政府官僚，从而创造了一个类似在中国和印度支那那些地方出现的情况。更根本的是，事实上土地权属关系处于这样一种变化以至于出现了一个真正的封建阶级。所有的征服者将土地赐予他们的追随者和军事首领。最初，埃及的土地是租给耕作者的国家财产。后来，国家有权再次收回土地并进行重新分配，颇似充当相关家庭土地监护人的村庄社区首领。然而，军事统治者又成为一个新的土地所有者阶级。到 15 世纪，埃及的大多数土地成为素丹（sultan）及其军事首领的财产。

49

如果存在着小部分人垄断了大部分的土地，必然会有大部分人没有土地。农民耕作者很快被转变为农业劳动者，被束缚在土地上，成为封建领主的佃农或奴仆。这些占地少或无地的农民被称为"费拉辛"（fellahin，农夫）。在欧洲，流传着关于俄国农奴或穆齐克（muzhik）在封建统治下受剥削和苦难的传说。在埃及，农夫所受的剥削甚至更加彻底。封建领主们对费拉辛的唯一兴趣是看见他们产生的收益。农民们生产的大部分东西都被以税收的形式拿走，收税人被要求表现出色，甚至希望从农民手上获得并不存在的东西！当他们的要求得不到满足时，农民便会遭受摧残。

多次的农民起义显示了封建武士地主和农民之间矛盾的对抗性，在 8 世纪早期尤为突出。没有任何大陆的封建主义是劳动阶级的浪漫时代，但发展的元素可以从技术和生产能力的增长中看出来。在法蒂玛王朝（Fatimid dynasty）（969～1170）的赞助下，埃及的科学蓬勃发展，工业达到了一个新的水平。在 10 世纪时，风车和水车从波斯引进，一些新的工业如造纸业、制糖业、瓷器生产和汽油分馏等也被引进。旧的产业如纺织业、皮革业和金属业等进行了改造。随后的阿尤布王朝（Ayyubid dynasty）和马穆鲁克政权也取得了很大的成就，特别是在运河、水坝、桥梁和渡槽的建设以及刺激与欧洲的贸易方面。当时的埃及仍能教给欧洲许多东西，同时在接受新技术方面也很灵活。

虽然封建主义是基于土地，但它通常以牺牲农村的方式发展城镇。埃及封建文化的突出之处与城镇有关。法蒂玛建立的开罗市成为世界最著名和最有教养的城市，也是传说中的阿拉伯骑士的所在地。与此同时，他们建立了爱资哈尔大学（Azhar University），这是至今世界上最古老的大学之一。那些封建领主和富有商人是得益最多的人，而开罗、亚历山大城的工匠和其他城市居民也能够在某种程度上参与悠闲的城镇生活。

50

埃塞俄比亚

与埃及一样，埃塞俄比亚伊始是一个大国，后来被外国人统治。阿克苏姆（Axum）是最重要的王国之一，封建的埃塞俄比亚以它为核心最终脱颖而出。阿克苏姆位于红海海岸，是由起源于红海对岸的塞巴人王朝建立的。但阿克苏姆国王从来都不是外国的代理人，他们已经完全地非洲化了。阿克苏姆的建立可追溯到公元 1世纪，它的统治阶级在随后的几个世纪里成为基督教徒。随后，他们迁到内陆并参与了基督教的封建埃塞俄比亚国家的发展。

埃塞俄比亚人、提格雷人（Tigrean）和阿姆哈拉人的统治阶级十分骄傲，他们将自己的血统追溯到所罗门。从同一意义上说，它作为一个包含了几个小国和王国的国家，是与封建奥地利和普鲁士颇为相似的帝国。埃塞俄比亚皇帝被称为"征服犹大部落的狮子，神的选民，埃塞俄比亚皇帝，国王中的国王"。然而，在实践中，"所罗门的"血流并未能保持延续。大多数的埃塞俄比亚内陆高原的巩固工作得力于 12 世纪查格威王朝（Zagwe dynasty）入侵时期，查格威王室声称自己是摩西的后裔。查格威诸王用整块坚石修建了几座教堂，从而名声显赫。建筑成就证明了埃塞俄比亚人达到的技能水平以及国家在动员庞大劳动力方面的能力。这样的任务不可能通过志愿的家庭劳动而只能由被剥削阶级的劳动来完成。

埃塞俄比亚帝国的上层建筑尤其是其基督教及其识字文化已为

世人所知。历史是为荣耀国王和贵族而写，在于公元 1270 年取代查格威王朝的复辟"所罗门"王朝统治时期尤其如此。精致彩色的书籍和手稿是阿姆哈拉文化的突出元素。同样精致的服装和珠宝专为统治阶级和教会生产。最高神职人员是一部分贵族，而埃塞俄比亚修道院机构的比例日益增大。在公有社会，有组织的宗教与国家的联盟相对明显，而政治、经济、宗教、医学之间几乎没有划定界限。在任何地区的封建社会，教会和国家结成密切联盟。佛教徒在处于封建社会的越南、缅甸、日本和中国的一些地方颇有名气。在印度，印度教教徒和穆斯林的声望盖过了影响力有限的佛教。当然，在封建时代的欧洲，天主教会所起的作用相当于埃塞俄比亚的东正教会。

51　　埃塞俄比亚的财富建立在农业基础上。肥沃的高地支撑着大量的谷物种植，辅之以相当规模的牲畜养殖，包括马的饲养。工艺技术在一些领域得以发展，并鼓励外国工匠。例如，在 15 世纪初，在该国定居的土耳其工匠为埃塞俄比亚军队制造锁子甲和武器。埃及的科普特人（Coptics）也被引进以帮助进行财政管理。没有人否认可以用"封建"来形容过去这些世纪的埃塞俄比亚，因为在地主与农民之间存在着清晰的阶级矛盾。这些关系脱胎于具有埃塞俄比亚特点的社群主义，与非洲其他地区一样。

　　封建社会的埃塞俄比亚包括由村社集体和族群所有的土地和那些直接属于王权的土地；除此之外，得胜的阿姆哈拉王朝将大片领土授予了王室成员、士兵和牧师。那些获得大片土地的人成为王公（Ras）或省的首领，由皇帝任命的法官联系他们。他们管辖区域的农民沦为佃农，只能通过向地主提供产品和向国家交税（也是产品）来维持生计。地主本身免于税收，这是封建社会的典型情况，也在资产阶级变得强大的情况下点燃了欧洲革命的火种。其时资产阶级已强大得足以挑战这一事实——封建领主们通过运用政治权力向除他们自己以外的所有人征税。埃塞俄比亚当然从未达到向资本主义过渡的阶段。向封建主义的过渡已经达到，这一点很清楚。

努比亚

努比亚是非洲另一个基督教的区域，但不如埃塞俄比亚著名。公元 6 世纪，基督教被引入位于尼罗河中游的著名的库施（Kush）或麦罗埃（Meroë）统治的地区。在基督诞生前，库施曾是辉煌的埃及的竞争对手，它曾经统治过埃及数年。在公元 4 世纪时，它开始衰落，并在当时不断扩张的阿克苏姆的攻击下崩溃。稍后兴起的三个小的努比亚国家在某种程度上是库施的继承者，尽管它们皈依了基督教，而正是这一宗教成为占主导地位的努比亚文化。

努比亚诸国（在约 8 世纪时合并为两个）的成就大部分是在 9～11 世纪这一时期取得的，尽管当时受到来自阿拉伯和伊斯兰敌 52 人的巨大压力，直到 14 世纪它们才最后屈服。对努比亚的学术兴趣主要集中在那些有着壁饰和优质壁画的大型红砖教堂和修道院的废墟。可以从这些物质证据中得出以下几个结论。首先，建造这些通常四周用石头防御工事围起来的教堂需要大量的劳动力。正如埃及的金字塔和欧洲的封建城堡，这些平民建筑者被极度利用甚至可能是被强迫的。其次，熟练劳动力参与了砖头制作和建筑装饰。这些绘画表明其能力远远超过了单纯的手工技巧，同样的艺术价值在那些从努比亚发现的彩陶碎片上明晰可见。

前文已表明教堂和修道院在埃塞俄比亚发挥了主要作用，这一点在努比亚也是值得详细说明的。修道院是主要的生产单位。无数农民的茅屋围着每个修道院，其功能很像一个封建领主的庄园。在教堂里积累的财富与农民无缘，而非物质文化的最精致的方面如书籍也只有一小部分人享用。农民不仅不识字，而且他们大多数不是基督教徒或只是名义上的基督教徒，这一点可以从处于相同年代的更为知名的埃塞俄比亚的例子来判断。当努比亚基督教统治阶级被穆斯林淘汰后，旧的国家所取得的成就在人们的日常生活构建中所剩无几。历史进程的这种逆转在人类经历中并非罕见。最终，发展的辩证法表现着自己，一些起伏兴衰不可避免。努比亚诸国在 15 世纪时已不复存在，但它们构成了非洲发展潜力的合法例证。

我们可以进一步认识到，即使在库施衰落并让位于基督教的努比亚之后的很长一段时间内，它仍然不断地在为非洲的发展做出贡献。很明显，库施是一个中心，许多积极的文化元素从这里扩散到非洲其他地方。麦罗埃的黄铜制造工艺在西非复制，两者之间有惊人的相似之处。人们一般认为西非的黄铜浇铸工艺起源于埃及，通过库施传入。最重要的是，库施是非洲最早、最具活力的铁矿开采和冶炼中心，它肯定也是这一技术的关键方面流向大陆其余部分的源头。这就是为什么尼罗河中游是非洲整体在社会、经济和政治发展方面的一个领先力量。

马格里布

马格里布（Maghreb）是先知穆罕默德于基督纪元的 7 世纪逝世后的岁月里横跨非洲、亚洲和欧洲的伊斯兰教帝国的最西端地区，伊斯兰教是在马格里布封建发展时期起到主要作用的伟大的"发现的"宗教。在伊斯兰教旗帜下的阿拉伯帝国的构建是宗教作用方面的一个经典例子。伊本·赫勒敦（Ibn Khaldun）是 14 世纪北非的一位伟大的历史学家，他认为伊斯兰教是使阿拉伯人超越彼此不断内斗的家庭小社区的狭隘界限的最重要的力量。他写道：

> 阿拉伯人的荣耀感、敏感和对权力的强烈嫉妒心使他们不可能意见一致。只有当他们的本性已被其宗教冲动所浸染，他们才会被转化，使混乱的趋势被一种共同防御的精神取代。设想一下那个时刻，当宗教主导他们的政策并引导他们遵守为促进文明的道德和物质利益而设计的一种宗教法律。在先知（穆罕默德）的一系列继任者的统治下，他们建立的帝国多么辽阔，他们的帝国何等强大。

第二章　非洲在 15 世纪欧洲人到来之前是如何发展的？

伊本·赫勒敦的上述评论只涉及了阿拉伯帝国扩张的一个方面，但它确实是一个最重要的方面，并证明了在发展过程中思想的重要作用。这必须与物质环境一起考虑。此外，物质条件可以形成生产的拓展和社会力量增长的基础，在判断任何特定时期的物质条件时，也有必要考虑历史遗产。像伊斯兰教的埃及、基督教的努比亚、伊斯兰王朝的马格里布地区都继承了丰富的历史和文化传统。这是从公元前 1200 年到公元前 200 年之间蓬勃发展的迦太基社会的所在地，这一社会是一个地中海东部的外来影响与马格里布地区的柏柏尔人的混合体。这个地区随后成为罗马帝国和拜占庭帝国的重要组成部分。在成为伊斯兰社会以前，马格里布实际上已经成为非遵奉者的基督教中心，此流派往往以多纳徒派（Donatism）之名为人所知。

伊斯兰的马格里布的惊人成就涉及海军、军事、商业和文化等领域。它的海军控制着西地中海，它的军队接管了葡萄牙和西班牙的大部分地区。当穆斯林向欧洲的进军在公元 732 年遭到阻挡时，54 北非军队已经深入法国。11 世纪，阿尔穆拉维德王朝（Almoravid dynasty）的军队从远至塞内加尔和毛里塔尼亚的地方聚集兵力，跨过直布罗陀海峡以加强当时正被基督教国王威胁的西班牙的伊斯兰教。在随后的一个多世纪，阿尔穆拉维德王朝在北非和伊比利亚半岛的统治是以商业财富、灿烂文学和建筑记录为特点的。当他们在 13 世纪 30 年代被逐出西班牙后，马格里布穆斯林或摩尔人继续在非洲土地上维持着一个有活力的社会。作为社会生活水平的一个指数，有人指出公共浴室在马格里布城市里非常普遍，而在当时的牛津却仍有人提出清洗身体是危险行为的教条。

马格里布历史最有益的一个方面是社会形态的互动产生国家。需要解决的一个主要问题是如何将孤立的柏柏尔人融入更大的政治共同体。人口中的定居群体和游牧畜牧人群之间也存在矛盾。

柏柏尔人主要是以族长统治下的氏族为组织的游牧民，多个氏族由一个所有成年男性组成的氏族民主理事会连接在一起。放牧地是在公共所有制之下，维护灌溉也是农耕者的集体责任。然而，亲属群体内互相合作，与之相对的是那些没有直接血缘关系的群体之间的敌对。只是在面对阿拉伯入侵者的时候，柏柏尔人才在非遵奉派的哈瓦利及（Kharijite）伊斯兰教的思想指导下团结起来。公元739年的哈瓦利及暴动在某种意义上看是民族主义的反抗，在另一种意义上，它是被剥削阶级对那些声称是正统逊尼派伊斯兰的阿拉伯军人、官僚和神权精英的反抗。柏柏尔民众的起义为摩洛哥民族主义奠定了基础。三个世纪之后，阿尔穆哈德王朝（Almohad dynasty）（1147～1270）为整个马格里布地区带来了政治统一，这是柏柏尔人和阿拉伯人在国家建构方面的成就的整合。

　　不幸的是，马格里布统一国家没能持续，这一区域变为以三个民族—国家为核心，即摩洛哥、阿尔及利亚和突尼斯。在三者管辖区内，分裂的倾向在14～15世纪时非常强。例如，在突尼斯，执政的哈夫斯王朝（Hafsid dynasty）不断致力于粉碎地方叛乱和维护国家的完整。人们已注意到，在非洲和其他地方，政治国家是生产55 力发展的结果，国家反过来又促进了经济发展的速度，因为这二者是一种互动的辩证关系。因此，马格里布民族国家建构的失败以及即使是在摩洛哥、阿尔及利亚和突尼斯三个分离国内巩固国家权力方面的困难成为阻碍这一地区进一步发展的消极因素。此外，政治上的分裂削弱了马格里布对付国外敌人的力量，欧洲很快就利用了这些内部的弱点，并从1415年开始发动攻击。

　　马格里布地区的经验可以用来说明从一种生产关系转换到另一种生产关系的长期性以及两种不同社会组织方式可以数个世纪并存这一事实。在讨论所涵盖的整个时代，涉及的非洲地区的大量土地仍保留着公共所有权和家庭劳动。与此同时，发生了相当大的社会经济分层，对立阶级也出现了。在阶梯的底部是奴隶或"哈雷亭"（harratine），他们通常是撒哈拉沙漠以南的非洲黑人。随后是"阿克哈姆"（akhamme）或失地农民，在土地所有者的土地上耕作并将其产品的五分之四给予地主。特别值得一提的是妇女的地位，她们并不是一个阶级，却遭受到她们自己的男人和男权统治阶级的剥夺。因此，属于阿克哈姆阶层的妇女处于特别悲惨的境地。位于社会顶层的是大地主，他们与其他伊斯兰宗教供奉者一起行使着政治权力。

迄今为止所讨论的非洲社会中，没有任何一个将资本主义生产方式推至资本积累成为主要动力的关节点。然而，它们都有繁荣的商业部门、高利贷者和强大的手工业，这些都是最终通过演进和革命催生的现代资本主义的特色。马格里布商人很富有。他们从农耕者、牛仔和牧羊人那里获利；他们直接或间接地在铜、铅、锑和铁矿组织劳动力；他们占用那些工匠们通过技艺制造的纺织品、地毯、皮革、陶器、黄铜与铁器品所含的剩余价值。商人是一个积累者阶级，他们的活力不仅可以在马格里布，也可以在撒哈拉沙漠和穿越撒哈拉到西部非洲感觉得到。这样，马格里布地区的发展充当了被称为"西苏丹"的发展的一个要素。

西苏丹 56

对于阿拉伯人而言，撒哈拉以南的整个非洲地区是"比拉德－苏丹"（*Bilad as Sudan*），即黑人的土地。这个名称只存在于今天位于尼罗河上的苏丹共和国，但在早期提到的西苏丹涉及现在塞内加尔、马里、上沃尔特（今布基纳法索——译者注）和尼日尔所涵盖的地区，还要加上部分毛里塔尼亚、几内亚和尼日利亚。在举例说明非洲历史成就的努力中，西苏丹帝国加纳、马里和桑海（Song-hai）已经成为典型。这是一个非洲民族主义者和进步的白人经常提到的领域，以证明在白人到来以前非洲也有能力取得政治、管理和军事的伟大成就。然而，在任何一个特定时间里，人的各种要求会使需要历史学家提供答案的各类问题产生变化。今天，非洲的群众寻求发展和总体解放。这方面需要解决的问题是鉴于西苏丹的历史，找到非洲中心一些国家令人印象深刻的发展的原则。

加纳帝国的起源可以追溯到公元 5 世纪，但它在 9 ~ 11 世纪达到了高峰。马里在 13 ~ 14 世纪时处于鼎盛期，在随后的两个世纪里是桑海。三个帝国的位置并不完全相同；三个统治阶级的民族起源也不同；但它们应视为"继任者"，在沿着本质上相同的线路演变与发展。它们如此经常地被称为贸易国家以至于几乎忘记了这三个国家人口的主要活动是农业。在这一地带，几个品种的小米被种植，还有一种大米以及其他几种食用植物，至少还有一种棉花。这个地区早在基督诞生前 1000 年就引进了铁，以及使用铁制工具而使农业受益。开阔的西苏丹草原也有利于畜牧业。一些群体如富拉尼人（Fulani）全部是牧民，但是在这一广大地区发现了不同程度的牲畜。牛是最为显著的驯养动物，其次是山羊。在没有采采蝇的广大地区，饲养马、骡和驴也成为可能。广阔的尼日尔河允许专业渔民崛起，从而增加了另一种经济类型。

57　　人口，这一生产不可缺少的要素，只有增加粮食供应才能达到一定密度；而手工业和贸易的兴起最初主要有赖于农业产品。棉花种植导致了多种专业化的棉织品制造，尤其是内部贸易的棉布，如富塔贾隆（Futa Djalon）的未漂白织物和杰内（Jenne）的蓝布。畜牧业提供各种用于制造业的产品，特别是牛皮、山羊皮可以用于制作凉鞋、用于军事用途的皮夹克、装护身符的皮革袋，等等。马作为统治阶级的交通工具，为战争和国家的大小做出了重大贡献。为了繁殖的目的，一些马是从北非进口的，因为阿拉伯纯种马具有最优秀的品质。对于包袱运输，驴子当然更为合适，上沃尔特的莫西人（Mossi）专门长期饲养那些用于在这一辽阔区域进行长途贸易的包袱运输的牲畜。在撒哈拉沙漠边缘，骆驼接管了运输——另一项从北方引进的"技术"资产。

　　矿业是另一项重要的生产领域。西苏丹的一些皇室宗族如孔德（Kante）家族是专业铁匠。在一个战争扩张时期，控制铁的供应和铁器制造技能显然是决定性的。此外，长途贸易最重要的两种物品是盐和黄金，均是通过矿井挖掘获得。无论是盐还是黄金的供应最初都不在加纳管辖范围内，但它采取措施通过贸易或领土扩张来整合它们。加纳向北进击撒哈拉沙漠，并最终于 10 世纪末从柏柏尔人那里占领了奥达加斯特镇（Awdaghast），该镇有利于控制输入的从沙漠腹地开采的食盐。同样，马里和桑海也寻求对最大的采盐中心塔阿扎的安全控制。桑海从沙漠里的柏柏尔人那里夺得了作为战利品的塔阿扎，并不顾摩洛哥的反对控制了这一地方多年。另一个重要但很少强调的生产模式的要素是马里和桑海对撒哈拉沙漠中铜矿的所有权。

在加纳的南边，有塞内加尔河上游及其支流法莱梅河这一黄金的重要来源地。据说加纳通过"沉默"或"哑巴"的易货贸易（Dumb barter）来获取黄金。描述如下：

> 商人击大鼓召唤生活在地下洞穴里的裸体的本地人。这些洞无疑是他们从中挖到了金子的坑，他们拒绝从里面出来并出现在外国商人的面前。商人们因此将贸易之物堆放在河岸边，然后退到视线之外。本地人来后，将一堆金子放在每一桩货物旁边，然后退出。如果商人满意，他们拿上金子撤走，并击鼓表示贸易结束。

上述段落的作家（E. W. 博维尔，E. W. Bovill）是有关西苏丹的所谓欧洲权威，他继续说，沉默贸易或哑巴贸易是西苏丹黄金交易的特征，多个世纪以来一直如此，直到近代。实际上，他描述的唯一内容就是哑巴贸易。有关西非黄金的哑巴贸易的故事有多种版本，最早的是古希腊的手稿。这种描述显然与任何一个人尝试与陌生人进行交流粗略近似，但并非一个永久性的程序。在加纳统治期间，两个主要金矿班布克（Bambuk）和布雷（Boure）的人与西苏丹保持着有规律的贸易交往。加纳（可能）和马里（肯定）对这两个地区行使着政治统治，那里的黄金开采和分配过程变得非常复杂。在马里的伟大的世纪里，广泛的黄金开采始于现代加纳的森林地区，以供应穿越撒哈拉的黄金贸易。现有社会系统的扩展和强大国家的出现，以应对黄金出售。来自西苏丹大城市的商人使用一种小型的被称为"本达"（benda）的准确衡器来称重购买黄金。

当葡萄牙人到达冈比亚河时，观察到黄金是如何在河的上游进行交易的，他们对曼丁加商人所展示的灵巧十分惊讶。后者用的是非常精细平衡的衡器，用银镶嵌，并有制衡用的丝线扭成的绳索。金沙和金块的重量用黄铜权重。曼丁加人之所以在测量黄金和其他形式的贸易中表现出专业知识，在很大程度上是由于这样的事实，即在这一民族集团中有一个专业商人核心，通常称为迪乌拉人（Dioulas）。他们并不是很有钱，但却因愿意从西苏丹的一端旅行数千英里到另一端而享有盛名。他们也往往抵达冈比亚、塞拉利昂、利比里亚、科特迪瓦和加纳的海岸或非常接近海岸的地区。迪乌拉人经营着一长串非洲产品的贸易，大西洋海岸和撒哈拉沙漠出产的食盐，利比里亚和"象牙海岸"森林里的柯拉果，现代加纳阿肯人国土出产的黄金，豪萨兰（Hausaland）的皮革，海岸上的干鱼，许多地区特别是从西苏丹中心区产的棉织品，现代几内亚的富塔贾隆产的铁，上冈比亚出产的乳木果油，以及许多其他地方的土产品。此外，西苏丹的贸易也涉及原产于北非的商品，特别是埃及和马格里布产的面料和位于地中海海岸的休达（Centa）出产的珊瑚珠。因此，西苏丹和跨撒哈拉贸易整合了从地中海延伸至大西洋的一个广阔地域的各种资源。

59

穿越撒哈拉沙漠的长途贸易有其特点。一些学者认为，骆驼是撒哈拉沙漠之舟，驼队进入沙漠两端的城镇被称为"商站"。在实践中，跨撒哈拉贸易是可以与穿越海洋相比的伟大成就。其影响远不止于当地贸易，还对该地区的著名城市起到促进作用，如瓦拉塔（Walata）、廷巴克图、加奥（Gao）和杰内，它也带来了有文字的伊斯兰文化。长途贸易加强了国家权力，这实际是指加强了那些将自己转变为永久贵族的宗族的权力。然而，如果说跨撒哈拉贸易建立了西苏丹帝国，这显而易见是对原因和影响的一种过于简单化的解释。加纳、马里和桑海得益于它们的环境，得益于各国人民自身的努力。只有当它们具有一定的地位以后，其统治阶级才能对长途贸易表现出兴趣，并为这一贸易的蓬勃发展提供安全保障。

意味深长的是，西苏丹从来没有为跨撒哈拉贸易提供任何有意义的资本。资本来自非斯、特莱姆森和马格里布的其他城市的商人，他们将自己的代理人派驻西苏丹。在某种程度上，这是一个殖民地的关系，因为交换是一种有利于北非的不平等。然而，黄金交易至少能够刺激西非洲内部的生产力发展，而伴随着的奴隶贸易却没有这样的好处。加纳、马里、桑海均出口少量的奴隶，加奈姆－博尔努帝国（Kanem-Bornuempire）给奴隶出口以更高地位，因为它没有控制黄金供应。加奈姆－博尔努为了捕获战俘，全力南进，甚至远达现代喀麦隆的阿达马瓦（Adamawa）。在随后的世纪里，当不断地从西非一些地区穿越撒哈拉沙漠的小量奴隶与迁移至欧洲人指定目的地的大量非洲人会合时，这种政策的负面影响便充分体现出来。

尽管明显不符合封建阶段的标准，但在公元 500～1500 年期间，西苏丹的国家形成远比非洲其他部分更为先进，除加纳、马里、桑海和加奈姆－博尔努王国外，豪萨兰、莫西、塞内加尔、几内亚的富塔贾隆山区和尼日尔河的贝努埃（Benue）支流流域的诸 60 王国也相当突出。西苏丹的政治组织和管理技能扩散到许多邻近地区，影响了遍布于塞内加尔河到喀麦隆山脉的沿海地区无数的小国家的兴起。一些突出的苏丹特点在许多王国清晰可辨，特别是"母后"（Queen Mother）在政治结构里的位置。

西苏丹国家的长处和弱点证明了这一点，即在社会关系和生产水平方面，它们已远离公有社会。国家将几种互相冲突的社会形态和不同民族整合在一起。以加奈姆－博尔努为例，游牧民和耕植者甚至能够将沙漠中的骆驼放牧者整合在一起。在其他地方，图阿雷格人（Tuareg）游牧民族被保持在海湾，所以耕植者和其他定居民族能够和平地生活。人、家畜和商品可以安全自由地移动数千英里。然而，国家尚未打破不同的社会形态之间的壁垒。国家作为从各社区收取贡赋的机构而存在，同时防止它们之间相互冲突。当国力较弱时，国家的上层建筑几乎消失，从而为分离的政治和社会倾向留下了空间。每个连续的伟大国家就是一个进一步处理统一问题的实验，有时是在有意识的水平上，但更多则是为生存而奋斗过程中的无意识的副产品。

在封建制度下，国家统治阶级第一次与社会机构分离，因为这些机构极力防止仍是胚胎状态的早期国家对每一个臣民直接实施行动。也就是说，封建主义带来了土地统治者和失地者之间的一系列直接的义务关系。在西苏丹，那种鲜明的阶级分野尚未出现。在马里处于其繁荣时期的 13 ~ 14 世纪，奴隶制在少数地方已经存在，在 15 世纪末，出现了动产的奴隶和与封建农奴地位相似的"家庭奴隶"。例如，在塞内加尔，葡萄牙商人发现有些人大多数时间为他们的主人劳动，每个月只有几天为自己劳动，这是一种封建趋势的萌芽。然而，大多数人口仍然可以通过他们的亲属获得土地。从政治方面看，这意味着大多数统治阶级主要是对家族和氏族首领行使权力，而不是针对每个臣民。

尽管公社平均主义逐渐淡出，但社区关系仍然存在，在 15 世纪时甚至成为西苏丹发展的阻碍。社会生产超出生存需要的那些盈余来自集体社区的贡赋，而不是直接由生产者提供给剥削阶级。这种情况为维护旧的社会结构提供了一种动机，尽管旧的社会结构在劳力动员和专业化程度上已无能为力。这时不太可能出现剧烈的社会革命，因为还没有形成可以发动革命的阶级。在这种情况下，需要主要的技术进步来引发进一步变化。经济一体化的程度需要通过不同地区劳动生产率的提高得到加强，即允许更多的贸易、劳动分工更加专业化以及剩余价值积累的可能性。然而，轮式车辆和犁仅止于北部非洲，大型灌溉也一样。事实上，由于缺少大型灌区，撒哈拉沙漠在推进，西苏丹的生产基地实际上下降了。加纳曾经拥有肥沃的农田，但马里和桑海的中心在更远的南部，因为以前加纳北部的土地由于气候干燥而逐渐被撒哈拉吞没。控制这种充满敌意的环境和提高农业和制造能力所必需的技术，要么是在本土进化而来，要么从外部引进。在非洲历史的下一个阶段即白人到来以后，这两种选择在西非几乎都被排除了。

大湖区

西苏丹的社会发展高水平引发了长期辩论,辩论的缘由在于该地区是否已达到了欧洲各类水平的封建制度,或它是否应该与亚洲大帝国划归同类,或是它创建了一种新的独特类型。在这一大陆的东部,同一时期的发展肯定较慢。首先,东非人民获得铁制工具的时间比他们在北部和西部的兄弟们要晚一些;其次,他们的技术及各种技能的范围更窄。然而,到 14 世纪,国家的形成正在顺利进行,这一过程所揭示的发展原则是值得考虑的。一个引起特别兴趣的地区是非洲大湖区,尤其是那个围绕一些湖泊的周边地带,英国人为了对英国统治家族成员表示敬意而重新将这些湖命名为维多利亚湖、艾伯特湖、爱德华湖、乔治湖。在大湖区,最终出现了几个著名的国家,最早也是最大的国家是布尼奥罗－基塔拉(Bunyoro-Kitura)。

布尼奥罗－基塔拉由如下的全部或部分地区组成,即今天的布 62 尼奥罗、安科莱(Ankoli)、托罗、卡拉圭(Karagwe)和布干达(Buganda)——所有这些都在乌干达,除了在坦桑尼亚的卡拉圭。历史传说由各个民族通过口头保存,这些民族曾一度属于布尼奥罗－基塔拉边界以内;这些传说集中在众所周知的巴齐维兹(Bachwezi)统治王朝。巴齐维兹据说是一个迁移的牧民群体。他们引进的长角驼峰牛,后来成为在大湖区的主要牛种。在 14 ~ 15 世纪时,拥有这些牛毫无疑问帮助他们成为执政的贵族。他们成为居于原先居住在此并有着狭窄领土基础的氏族之上的社会阶层。巴齐维兹时代的卓越与下列因素有关,铁器的制作、树皮布的制造、通过岩石叠成沉井的技术和(最引人注目的)广泛的土方工程系统,后者显然是用于防卫和圈养大批牛群。最大的土方工程位于比戈,沟渠延伸超过六英里半。

游牧者和农耕者的劳动分工以及他们接触的性质加剧了大湖区的等级形成和阶级分层。游牧民巴赫马人(Bahima pastoralists)将自己的统治强加于农耕者或巴伊鲁人（*Bairu*）身上。社会阶级正是从劳动关系状况变化的环境中产生的。比戈和其他地区的土建工程并非由自愿的家庭劳动力修建，肯定使用了某种形式的强迫以使农耕者为他们的新领主生产剩余产品。例如，巴齐维兹人据说已经建立了一种系统，征召青年人为国王服务，并由占着分配给军队的土地为军需耕作的巴伊鲁人进行维护。他们还引进了奴隶工匠和管理员。当被任命的行政官员在地方一级代表贵族时，这是建立有如埃塞俄比亚封建采邑的第一步；当土地转让的问题还没有进入场景时，我们应该牢记，对牛群的不平等分配就意味着在生产资料占有上的事实上的不平等。

围绕着巴齐维兹人（Bachuezi）确切的身份问题存在着诸多不确定性。他们可能并非移民。然而，一般认为他们是肤色较浅的来自北方的游牧民族。如果是这样，我们有必要强调，无论 14~15 世纪在大湖地区取得什么样的成就，这是作为一个整体的非洲社会发展的结果，而非从外部的移植。为了将这些东非发生的事件放在世界人类成就的环境中考察，可以将印度作为比较。在基督诞生前几个世纪，北印度也是浅肤色的被称为雅利安人（Aryans）的游牧民的接收地。然而，曾经有一段时间，印度的一切文化都被认为是雅利安人的；但后来仔细审查发现印度社会和文化基础已由被称为达罗毗荼人（Dravidians）的早期居民奠定。因此，现在人们一般认为将印度北部的成就作为雅利安人和达罗毗荼人两者的结合或组合的成果是一种比较明智的观点。同样地，东非有必要寻求新与旧元素的合成，而这事实上正是14~15世纪大湖区的发展道路。

正如刚才所指出的，巴齐维兹人与铁器制造和树皮布制作的技术密切相连。并不能清楚地确定是他们最先引进了这样的技术，比较可能的是他们在精细加工这些技术方面发挥了主要的作用。当然，东非使用铁器的社会早在巴齐维兹人以前数个世纪便为人所知。就在现今的肯尼亚—坦桑尼亚边境南部的恩加鲁卡（Engaru-ka），发现了一个规模虽小却令人印象深刻的曾处于铁器时代的社会的废墟，这个社会约在第一个千年结束前（即公元 1000 年以前）蓬勃繁荣。恩加鲁卡是一个集中的农业定居点，从事梯田、灌溉以及应用被称为干燥石头堆建技术的围墙建筑，即不需要灰浆将石头粘在一起。在大湖地区，出现了以香蕉为基础的农业，从而能够支持大群定居人口。这是从孤立的公有社会进化到国家的某个前提条件。

具有某种意义的是，口头保留的传说暗示在巴齐维兹人之前存在着布尼奥罗和卡拉圭两个王国。当巴齐维兹人到来时，国家形成已经处在胚胎阶段，很可能他们并没有长期保持外人的身份。不像在印度的雅利安人，巴齐维兹人甚至没有强加自己的语言，而是采用了当地居民的班图语（Bantu），这反映了在文化合成方面，本土而非外来元素占据着主导地位。无论如何，文化产品是非洲的，它也通过本土化的演变与社会形态相互作用的结合构成了发展模式的一部分。

由巴齐维兹人为大湖区诸王国做出的贡献之一据说是引进了以月相为基础的宗教。在目前为止调查过的所有情况中，宗教对推动家庭社区的简单组织到建立国家这一过程发挥了重要作用。64 基督教和伊斯兰教往往与非洲内部和外部的大规模建构联系在一起。这并不是从实际的宗教信仰来解释，而是因为一个强大的普世教会的成员给予一个年轻国家的统治阶级多方面的优势。一个基督徒或穆斯林的国王可以接触一个具有识字文化和更广阔的世界。他可以与宣称信奉宗教的商人和工匠打交道；他任用那些识字的管理人员和神职人员；他可以前往世界的其他地方如麦加。首先，普世宗教在埃塞俄比亚、苏丹、埃及、马格里布和逐步在西苏丹取代了传统的非洲的祖先宗教，由于基督教和伊斯兰教不是根植于任何一个家庭社区，因此可以用来动员许多社区并融入国家。然而，已经被一个单姓部落或族群接受的宗教信仰可以提升到同一形式或稍改变的形式以成为整个国家的宗教。这是在大湖区的情况，而且在以上描述过的地区以外的绝大多数非洲地区也一样。

津巴布韦

在津巴布韦，由砖头建起来的伟大建筑物之一（约在 14 世纪）通常被称为"寺庙"，并被认为是为宗教目的服务。即使从微薄的证据也可看出，社会发展的宗教方面在新生的非洲社会中对个人之间起到最重要的黏合作用，这一点是明确的。例如，15 世纪津巴布韦的莫塔帕（Mutapa）帝国的统治阶级是游牧民，他们的宗教仪式包括象征着牛的物品，在大湖区的布尼奥罗和卡拉圭王国也发现了类似情况。可以猜测，这种仪式也象征着牛的主人的统治，这与他们为了达到稳定结合的目的而尊重农耕者此前存在的观念一样。这一场景的细节在现阶段已无人知晓，但重要的是任何有关非洲宗教的讨论必须尽力将其置于一种动态的渐进的方式中，并将其与变化的社会经济形式与机构相联系。这项任务超出了目前的研究范围，建议研究津巴布韦以作为在非洲被卷入与欧洲的联系之前数个世纪里可以确定的生产力基础与政治上层建筑均有明显发展的地区。

65　　非洲大陆最南端的部分在 15 世纪时取得了惊人的成就，这一地区在赞比西河和林波波河（Limpopo River）之间，覆盖后来被称为莫桑比克和罗得西亚（Rhodesia）的地方。既使用铁器也在建构国家的民族早在第一个千年的早期就在此积极活动，这里最终在 15 世纪出现了被欧洲人称为莫诺莫塔帕（Monomotapa）的帝国。"津巴布韦"一词在这里用于表示欧洲人到来之前几个世纪的赞比西河 - 林波波河文化，因为在 11～14 世纪这里的社会繁荣，最具特色的是统称为津巴布韦的大石头的宫殿建筑。

关于使津巴布韦文化闻名于世的建筑物已有不少著述。这是对花岗岩环境的直接反应，这些建筑用片状花岗岩建在花岗岩山上。最著名的幸存的石头废墟是位于萨比河（Sabi River）北岸的大津巴布韦遗址。大津巴布韦的主要建筑之一约 300 英尺长，220 英尺宽，并有着高 30 英尺、厚 20 英尺的围墙。将砖不用灰浆黏合一块接一块地垒起来，这一技术与前面描述过的坦桑尼亚北部的恩加鲁卡的风格一致。这事实上是非洲物质文化的一个特殊方面，在埃塞俄比亚和苏丹到处可见。大津巴布韦和其他遗址的环绕砖墙也是典型非洲风格，同样体现在班图语民族的精美的土围建筑上。

据报道，一位欧洲考古学家认为，在津巴布韦耗费的劳动力与埃及金字塔消耗的劳动力相当。这肯定是言过其实。因为金字塔使用了数量难以置信的奴隶，而津巴布韦的统治者不可能有这么多奴隶可供差遣。然而，绝对有必要对直到15世纪津巴布韦地区建造各种建筑物所需要的劳动力数量进行思考。这些工人们很可能是一个被其他民族征服了的特定民族，但在被征服过程中，他们获取了那种劳动力被剥削的社会阶级的角色。他们也不是纯粹的体力劳动者。技能、创新性和艺术性的建设融入了墙面，尤其是装饰、内间以及门的处理上。

当塞西尔·罗得斯（Cecil Rhodes）派他的代理人在津巴布韦进行抢劫和偷盗时，他们以及其他的欧洲人对幸存的津巴布韦文化的废墟感到震惊，并自动地假定它是白人所建。即使在今天，仍然 66 有一种倾向即带着一种神奇的感觉来看待这些成就，而不是冷静地承认这是人类社会在非洲的一种完全合乎逻辑的发展，是作为人类劳动打开新视野普遍过程的一部分。只有明确这种建筑物是建立在经过数百年演变才得以形成的先进农业和采矿业的基础之上，真实感才能恢复。

津巴布韦是一个混合农业区，牛是很重要的，因为该地区没有采采蝇。灌溉和梯田达到相当大的比例。没有单一的大坝或渡槽可与亚洲或古罗马的相比，但无数小溪被分流并沿着山间流淌，这种方式显示人们已认识控制水的流动的科学原理。实际上，通过认识物质环境，在津巴布韦人中已产生了"水文学家"。在采矿业方面，同样令人惊奇的是，我们所讨论的这一地区的非洲人中已经产生了勘探者和"地质学家"，他们清楚地知道在地下的何处寻找黄金和铜。当欧洲殖民者于19世纪来到这里时，他们发现几乎所有的含金和含铜层在此之前已被非洲人开采，当然不是在相同的规模，因为欧洲人使用钻井设备。在津巴布韦人中间也出现了工艺人，他们通过高度的技巧和精致的感觉将黄金制成饰品。

特别是黄金的存在刺激了对外贸易，反过来这种外部需求又加快了采矿业。在公元 1000 年时，在赞比西河北面的因贡贝－艾里德（Ingombe Ilede）出现了一个使用黄金的贵族。据推测，他们从更南边的金矿得到了黄金供应。然而，只有在那种产生了非常大量的经济剩余从而可以将剩余部分变成黄金，以表达威信（如在印度）或是造币和金钱来推广资本主义（如在西欧）的社会里，黄金才会有大量的需求。前封建社会的非洲没有这样的盈余，也不存在使黄金有必要在内部大量流通的社会关系。因此，是远至南部莫桑比克通道的索法拉（Sofala）的阿拉伯商人促使津巴布韦开采更多黄金以供出口。正是在 11 世纪的同一时期，这些石头建筑开始修建。这里有一系列的因素相互吻合，即阶层分化的加剧、国家的巩固、生产和建筑技术与贸易。

67　　数个不同民族为津巴布韦社会做出了贡献。这一地区最早的人是"布须曼人"（Bushmen）和科伊桑类型的猎人，今天他们在南部非洲已为数甚少。他们被纳入从更北的地区迁移而来的说班图语的新种族家系，事实上他们为这一地区的班图语言做出了贡献。在说班图语的人中，也有几个不同的群体在不同时间里逐渐繁荣起来。考古学家发现的物质证据表明了各种陶器风格，与不同的埋藏位置和骨骼中的不同骨架结构形成对照。其他文物材料表明，几个世纪以来，许多社会占据过津巴布韦这一区域。一个群体对另一个群体的渗透多是以和平的方式，尽管在同一时间，加固的山顶和石头防御工事显示出最大的国家往往通过军事斗争来争得生存和卓越。此外，一些族群肯定被永久降到劣势地位，从而为农业、建筑和采矿提供劳动力。其他的氏族则专门从事畜牧业、战争、宗教职业如占卜和祈雨。

据信从 11 世纪到 14 世纪，津巴布韦的居民说索托语（So-tho）；但当葡萄牙人到达的时候，一个说绍纳语（Shona）的王朝已经控制了大部分地区。那是在赞比西河和林波波河之间建立莫塔帕国家的罗兹韦氏族（Rozwi clan）。统治者被称为姆韦尼·莫塔帕（Mwene Mutapa），这对他的追随者而言显然意味着"莫塔帕之主"，但对于被他征服并整合为一个帝国的人民而言，这意味着"伟大的掠夺者"。第一个拥有姆韦尼·莫塔帕这一称号的人的统治期约为 1415～1450 年，但当时的王朝在此之前已经日益著名。首都最早位于大津巴布韦，后来搬到北部。重要的是，姆韦尼·莫塔帕任命总督，管理首都以外的各个地方，这种方式与西苏丹帝国或大湖区的巴齐韦兹国家相似。

莫塔帕的罗兹韦人首领们尽最大努力鼓励生产以利出口贸易，特别是黄金、象牙和铜等产品。阿拉伯商人来到这个王国居住，津巴布韦地区因此卷入印度洋的贸易网络，与印度、印度尼西亚和中国相连。莫塔帕的罗兹韦人首领的一个主要成就是组织了一个单一的生产与贸易系统。他们向王国的各种社区索取贡赋，这既是一种主权表示，也是一种贸易形式，因为这刺激了商品的流动。毫无疑问，对外贸易加强了莫塔帕国家，但主要是加强了统治阶层对经济 68 活动的垄断。与当时的其他非洲精英相比，津巴布韦的罗兹韦人仍然有很长的路要走。与埃塞俄比亚的阿姆哈拉贵族或马格里布的阿拉伯－柏柏尔人封建领主相比，他们还不是同一类型。他们接受了一些外来影响，但他们没有像去麦加朝圣的马里和桑海的统治者一样出外旅行。他们的衣服仍然主要是兽皮，以及他们新近从阿拉伯商人那里进口的布，而不是通过自身技术演进的本地产物。在这方面，津巴布韦也落后于其他早期非洲国家，如约鲁巴的奥约（Oyo），同一地区的贝宁，以及 14 世纪的刚果帝国（在欧洲人到来时被他们称为最伟大的西非国家）。

为了说明的目的，一直认为有必要考虑一些（但不是全部）在欧洲人到来之前非洲发展比较突出的地区。但不应该忘记，还有无数的乡村社区，正处于形成国家的过程中，它们虽然规模小，但有时内部产生了急剧的分层，也展示了令人印象深刻的物质进步。上面所叙述的应足以说明，15 世纪的非洲不是一个不同"部落"的混乱组合。这里既存在模式，也存在着历史运动。一些社会如封建的埃塞俄比业和埃及处在进化发展过程的前面。津巴布韦和巴齐韦兹诸国也显然处在脱离公有社会的上升过程，但与封建国家和那些在西苏丹的尚未达到封建阶段的国家相比，仍处于一个较低的水平。

结　论

在介绍发展观时，值得注意的是，社会生产能力缓慢的、不易察觉的扩展最终会达到一种质的差别，伴随着有时由社会暴力所宣布的新时期的到来。可以说，大多数非洲国家没有达到一个与社群主义明显不同的新阶段。因此，在这项研究中采用了"过渡"这一谨慎的术语。我们还注意到，这里没有任何内部的社会革命。这种革命已在欧洲历史和世界历史上发生过，也只有在非自愿的社会经济过程中阶级意识导致对人民意志的大规模干预的情况下发生。

69　这种观察有助于将非洲直到 15 世纪的发展定位在一个低于成熟的阶级统治的封建制度的水平。

我们也应该重申，奴隶制作为一种生产方式在非洲的任何社会都不存在，虽然在公有社会的平等被腐蚀得最厉害的地方可以发现一些奴隶。这是一个突出特点，说明非洲之路在更广泛的世界发展框架中的自立地位。研究非洲早期历史的一个悖论是，只有在深化对世界整体的认识之后才能使我们充分理解非洲，但对复杂的人类与社会发展的真实图景只有在对长期被忽视的非洲大陆进行广泛的研究之后才能描绘。只有通过比较才有助于清晰。事实上，平行类比被狭隘地限制在欧洲，尽管也可以提供亚洲历史的例子。这就是文化帝国主义，因为这使得受过欧洲教育的非洲人更容易回忆（法国）卡佩王朝和（普鲁士）霍亨索伦王室之类的名字，而不是越南的 Iydynasty 或陈朝，因为后者对他而言是陌生的，即使知道也被认为是不重要的，甚至有可能被认为太难发音！

第二章　非洲在 15 世纪欧洲人到来之前是如何发展的？

一些历史学家指出，在对 15 世纪的非洲发达地区和同一时期的欧洲发达地区进行研究后，两者之间的不同丝毫不会败坏非洲的名誉。事实上，正是那些第一批从海上抵达非洲西部和东部的人指出在大多数方面非洲的发展可以与他们所知道的地方媲美。例如，当荷兰人参观了贝宁后这样描述：

> 进入贝宁城的时候，似乎觉得它非常大。你走进了一条宽阔的大街，没有铺路面，似乎比阿姆斯特丹的瓦尔莫埃大街要宽七八倍……
>
> 国王的宫殿是一组建筑群，占用有如哈莱姆镇一样大的空间，四周是围墙。有许多国王的部长们的公寓，还有大多数可与阿姆斯特丹交易所的房间大小相仿的精美画廊，房间由包裹着铜的木桩支撑着，那里描绘着他们的胜利，并小心地保持着清洁。
>
> 该镇由三十个主要的街道组成，街道很直，120 英尺宽，还有无数小交叉的街道。房子彼此相连，安排得井井有条。这些人在爱清洁方面绝不比荷兰人差；他们的房子洗刷得这样干净，以至看上去像是抛过光，如镜子一般光亮。

然而，设想贝宁和荷兰在所有事情上都是相等的，那只能是自欺欺人。欧洲社会已经更具侵略性和扩张性，并在产生新的形式方面更有活力。欧洲的活力蕴藏在商人和制造业阶级。在阿姆斯特丹交易所的走廊里坐着荷兰市民——现代金融和工业资产阶级的祖先。这个阶级在 15 世纪的欧洲能够将封建地主推向前进或推到一边。他们开始摒弃保守主义，并创造了变化是可取的这样一种知识环境。技术上产生了发明精神，生产方式的变革速度加快。因此，当欧洲通过贸易与非洲建立了亲密关系时，已经存在着有利于欧洲的边缘优势，这种优势表现在一个新兴的资本主义社会与一个仍在摆脱社群主义的社会之间的差异。

70

阅读指南

对早期非洲史缺乏研究有很多原因。最明显的是，殖民主义者长期以来认为非洲历史没有什么价值，不值得重建。另一个决定性因素是，对非洲的研究主要是通过欧洲资产阶级人类学家进行的，其有关"原始社会"的哲学观使他们将非洲社会与它的历史背景分离开来。存在着对微观单位的集中关注，而对整体模式没有涉及。正在进行中的新的非洲学术研究时间太短，尚未提供任何重大的突破。以下引用的几本书是这一新方法的一部分。

BASIL DAVIDSON, *Africa in Hisory*, New York: Macmillan, 1969.

HENRI LABOURET, *Africa before the White Man*, New York: Walker and Co. , 1962.

MARGARET SHINNIE, *Ancient African Kingdoms*, New York: St. Martin's Press, 1965.

K. M. PANIKKAR, *The Serpent and the Crescent*, New York: Asia Publishing House, 1963.

上述这些书不是由非洲人写的，它们因同情的角度且具有足够的价值使其在非洲内部获得尊重并广泛使用。K. M. 潘尼卡（K. M. Paninkkar）是一位对非洲大陆表现出专业兴趣的亚洲学者的不寻常例子。

J. AJAYI and I. ESPIE (editors), *A Thousand Years of West African History*, New York: Humanities Press, 1969.

B. A. OGOT and J. A. KIERAN (editors), *Zamani, a Survey of East African History*, New York: Humanities Press, 1968.

71 非洲的历史学家开始汇总收集的相关资料以提供大陆历史的综合论述——但通常只是大陆的一部分，如上面两个例子所示。不幸的是，质量参差不齐，非洲作者对他们论及的地区也未能提供任何有连贯性的地区综合。

G. J. AFOLABI OJO, *Yoruba Culture, a Geographical Analysis*,

London：University of London Press，1967．

B. M. FAGAN，*Southern Africa during the Iron Age*，New York：Praeger，1965．

这两本不同书籍的共同点在于对物质环境的认知。阿弗拉比·奥卓（Afolabi ojo）是尼日利亚地理学家，B. M. 费根（B. M. Fagan）是英国考古学家。

第三章　非洲对欧洲资本主义发展的贡献

——前殖民主义时期

　　　　辉煌时的英国贸易是在非洲基础上美洲贸易和海上力量的结合。

————玛拉基·波斯尔思韦特（Malachi Postlethwayt），《非洲贸易——英国在北美种植园贸易的强有力支柱，1745年》

　　如果你每年从殖民地所得中损失超过2亿里弗，如果你没有和殖民地的专属贸易去支持你的制造业，维持你的海军，发展你的农业，支付你的进口商品，满足你的奢侈需求，有利平衡你与欧亚之间的贸易，那么我应该明确地说，这个王国将无可挽救地灭亡。

————毛里主教（Bishop Maury）（法国），"反对法国结束奴隶贸易和解放奴隶殖民地的论点"，1791年在法国国民议会提出

欧洲如何成为世界范围内贸易体系的主导

由于很多对"欠发达"的浅薄认知及其造成的误解，有必要

第三章 非洲对欧洲资本主义发展的贡献

再次强调发达和欠发达不仅是相对的术语，它们还彼此存在着辩证的关系。确切地说，双方通过互动促成彼此的形成。西欧和非洲形成了一种确保财富从后者转移到前者的关系。这种转移只有当贸易真正国际化后才成为可能，这可以追溯到 15 世纪后期，当时非洲和欧洲以及亚洲、美洲第一次卷入共同关系。当下资本主义世界的发达和欠发达地区的交往已经持续了四个半世纪。此处的论点是，在这一整个时期，非洲帮助西欧使之发达，而西欧则以相同程度致使非洲欠发达。

在 15 世纪贸易国际化过程中，一个具有重大意义的事件是欧洲人主动前往世界其他地方。没有任何中国船只抵达过欧洲，而即使抵达过美洲的非洲独木舟（正如有时坚称的那样）也没有建立双向连接。所谓的国际贸易不过是欧洲利益的海外扩张。国际贸易 76 背后的战略以及作为支撑的生产都牢牢掌握在欧洲人手中，尤其是那些从北海到地中海的航海国家。他们拥有和掌控着世界上大部分的航海船只，并且控制着四个大陆间的贸易融资。非洲人对非洲、欧洲和美洲这三个大陆间的连接知之甚少。欧洲垄断性地拥有对国际交易系统全局的了解，因为西欧是唯一有能力纵观全局的区域。

欧洲人利用他们船只和火炮的优势获得对全世界航道的掌控，从西地中海到北非的大西洋海岸。从 1415 年葡萄牙占领靠近直布罗陀的休达开始，他们就一直持续对马格里布发动进攻。在那以后的六十年里，他们夺取并巩固了阿尔西拉（Arzila）、塞吉尔堡（El-Ksar-es-Seghir）、丹吉尔（Tangier）等港口。15 世纪后半期，葡萄牙人就已经控制了摩洛哥的大西洋海岸，并利用其经济和战略优势为进一步航海做准备，最终在 1495 年将他们的船只送达好望角。到达印度洋之后，葡萄牙人成功取代阿拉伯人成为连接东非和印度以及亚洲其他地区的商人。在 17、18 世纪，大部分的东非象牙由葡萄牙输送销往印度；而与此同时印度布匹和项链由葡萄牙、荷兰、英国和法国销往东非和西非，还有来自东印度的玛瑙贝壳。通过掌控海域，欧洲领先一步开始将非洲和亚洲的部分地区转变为经济卫星区。

欧洲如何使非洲欠发达

17 世纪前半叶，当葡萄牙和西班牙还在主导世界贸易的时候，他们在印度购买棉织品以交换非洲黑奴在中美和南美开采黄金。在美洲开采的部分黄金被用于采购远东的香料和丝绸。宗主国和依附的概念在部分非洲地区卷入国际贸易的时候自动生成。一方面，欧洲国家决定着非洲经济所扮演的角色；另一方面，非洲也成为欧洲资本市场的延伸。在对外贸易中，非洲依赖于欧洲人的买卖需求。

欧洲向非洲出口在欧洲本土生产和使用的商品——荷兰的亚麻布、西班牙的铁器、英国的白镴、葡萄牙的葡萄酒、法国白兰地、威尼斯玻璃珠、德国火枪等。欧洲人还将欧洲的滞销货物在非洲倾销。于是，旧床单、过时的制服、技术落后的火器以及各种杂七杂八的零碎商品在非洲找到了市场。非洲人开始逐渐意识到要求并获得更好进口商品的可能性，给欧洲船长们造成了压力；但总体范围上讲，那些离开汉堡、哥本哈根和利物浦这些欧洲港口的贸易商品，绝大部分由欧洲大陆内的生产消费模式决定。

从一开始，欧洲就掌握了国际贸易体系的决定权。一个很好的例子就是用于管理远海各国的所谓的国际法，其实不过是欧洲法。非洲人没有参与此法的决策过程，在很多情况下仅仅是受害者，因为法规不过是认可他们作为可运输的商品。如果非洲黑奴从船上被扔入海中，唯一的法律问题是运奴船可否向保险公司索取补偿！最重要的是，欧洲人的决定权在根据欧洲需求来选择非洲的出口商品方面发挥作用。

葡萄牙人的船只将开采金矿作为最高优先，一部分基于众所周知的从西非穿过撒哈拉到达欧洲的黄金，另一部分基于推测。葡萄牙人曾成功地在西非和非洲中东部获得黄金，这里作为"黄金海岸"（Gold Coast）在 16、17 世纪的欧洲引起最大关注。在这里修筑的要塞数量就是这个效应的证明，参与的国家除了殖民忠实拥护者诸如英国、荷兰和葡萄牙之外，还包括斯堪的纳维亚人和普鲁士（德国）人。

因为日渐增长的资本主义货币经济对金币的迫切需求，欧洲人十分热切地想要在非洲得到黄金。鉴于当时欧洲人的了解，黄金只局限于非洲的小范围地区，所以主要的出口商品是黑奴。只有在很少情况下其他出口商品才能比拟或超过黑奴的重要性，例如塞内加尔的树胶、塞拉利昂的非洲红木和莫桑比克的象牙。但是，就算将这些都考虑在内，可以说欧洲分配给非洲的是一个供应俘虏以在世界各地用作奴隶的角色。

当欧洲人抵达美洲时，他们认识到此地在金银和热带产品上的 78 巨大潜能。但是这种潜在价值在没有足够劳动力供给的情况下无法成为现实。当地原住民无法经受欧洲人的疾病（如天花），也不能忍受有组织的奴隶种植园和奴隶开矿的苦力劳动，因为他们才刚刚从狩猎社会发展过来。这就是为什么在诸如古巴和伊斯帕尼奥拉岛（Hispaniola）上，当地原住民几乎被白人侵略者灭绝。与此同时，欧洲本身稀少的人口不足以供应劳动力来汲取美洲的财富。因此，他们转向了最近的大陆非洲，非洲碰巧在很大范围拥有适应了稳定农业的人民和守纪律的劳动力。这些是欧洲开始奴隶贸易背后的客观条件，也是资产阶级在欧洲用他们对国际贸易的掌控来确保非洲专门出口奴隶的原因。

显然，如果欧洲告诉非洲人应该出口什么商品，这是欧洲强权的一种表现。但是，如果认为这是具有压倒性的军事强权，那是错误的。在贸易时期前几个世纪，欧洲人意识到不可能征服非洲人，除了在孤立的海岸地区。欧洲人的力量在于他们的生产系统在当时高于非洲的水平。欧洲社会正在脱离封建制度转向资本主义，而非洲社会正进入一个堪比封建主义的时期。

欧洲作为世界上第一个从封建社会进入资本主义社会的整体，使欧洲人相比其他人类文明在对宇宙的科学认知、工具制作和劳动力的有效组织等方面领先一步。欧洲技术领先并没有反映在所有的生产方面，但是在几个重要领域拥有的优势具有决定性意义。例如，在尼罗河和塞内加尔海岸的非洲独木舟有着很高规格，但是相关的操作范围是大洋，欧洲船只可以在此发号施令。西非人在尼日利亚多地研制的金属铸造达到了精良的艺术巅峰，但是当美丽的青铜器和欧洲粗糙简陋的火炮相比就远远没有实质性意义了。非洲木质器具制作相当精美，但是欧洲生产的罐子和平底锅有很多实用价值的优势。识字水平、组织经验和不断扩张的生产能力，也使欧洲处于有利地位。

在与非洲进行贸易的早期，欧洲制造品质量低劣，但是它们种
79 类新颖并具有吸引力。艾斯塔班·蒙特戈（Estaban Montejo）是一个19世纪从古巴奴隶种植园逃跑的非洲人，他曾回想起他的同胞是如何被红色诱惑而沦为奴隶的。他说：

> 正是那鲜红色毁掉了非洲人，国王和平民没有抗争就屈服了。当国王们看到那些白人拿出鲜红色的手帕仿佛在挥手，他们对黑人说，"快去，去拿来一条红手帕"，而后非洲人像羊群般激动地奔向船只，在那里被俘获。

这一来自奴隶制度受害人的陈述很有诗意。它的意思是指一些非洲统治者觉得欧洲商品十分值得拥有，并愿意用在冲突中获得的俘虏进行交换。很快，社区间仅仅为了获得战俘出售给欧洲人爆发战争，甚至在一个社区里，统治者很可能想要利用自己的人民，俘获他们用于销售。一个连锁反应从欧洲对奴隶（仅仅是奴隶）的需求和提供生活消费品开始——这个过程与非洲社会的内部分化密切相关。

一个常见的说法是，殖民时期非洲的纵向政治分化使征服变得轻而易举。非洲屈服于奴隶贸易的方式更加证实了这个说法。国家统一是成熟的封建社会和资本主义社会的产物。在欧洲，政治分化相比非洲以家族为核心的社群主义社会里的政治分化要少很多，非洲只有少数几个国家可以说得上真正的领土完整。而且，当一个欧洲国家为了从非洲统治者获得俘虏而挑战另一个欧洲国家，无论两国哪个赢得战斗，欧洲都能从中获益。任何一个欧洲商人都可以在西非海岸利用那里的政治差异。比如，在一个葡萄牙后来称为几内亚－比绍的小领地，有多达十几个族群。要在他们之间挑起冲突轻而易举，以至于欧洲人称之为"奴隶贩子的天堂"。

第三章 非洲对欧洲资本主义发展的贡献

尽管阶级分化在非洲并不显著，却同样促成了欧洲将商业强加于非洲大陆的大部分地区。当非洲统治者被欧洲商品迷惑的时候，他们利用拥有的地位和权威，突袭其他群体，同时在社会内部进行剥削以迫害自己的人民。在那些没有国王的海岸社区里，事实证明欧洲人无法建立俘虏贸易所必要的联盟。而在那些拥有统治集团的群体，建立和欧洲人的联合轻而易举，随后欧洲深化了现有的并创造新的内部阶级分化。 80

事实上，在欧洲人以身处不同发展阶段的代表出现时，非洲国家的某些方面便成了弱点。然而，通过奴隶贸易征服非洲经济从一开始就是个漫长的过程，并且在某些情况下欧洲人需要战胜非洲人对这一贸易的反对或冷漠。在刚果，奴隶贸易在 16 世纪遭到国王的严重怀疑和反对。他要求得到石匠、神父、教士、医生等，但他被来自葡萄牙的奴隶船弄得不知所措，一场邪恶的贸易在刚果王国两个不同地区之间的斗争中开展。刚果国王设想了本国人民与欧洲国家间的双赢交换，但是后者却强迫他专门进行人贩出口。另一个值得一提的是贝宁的奥巴（Oba，国王），虽然他同意出卖一些女俘虏，欧洲人却费尽周折才说服并施压让他出售那些本应该被纳入贝宁阶层的男战犯。

很明显奴隶贸易在非洲任何一个地方开始的时候，单靠一个非洲国家根本无力改变整个局势。在安哥拉，葡萄牙人雇用了相当数量的自己军队试图从非洲人那里抢夺政治权力。宽果河上的安哥拉人成立于 1630 年的马坦巴王国（Matamba）是对葡萄牙人的直接反抗的结果。以恩津加女王（Queen Nzinga）为首，马坦巴国试图协调安哥拉人针对葡萄牙人的反抗力量。然而，葡萄牙在 1648 年占据上风，使得马坦巴国被孤立。马坦巴国不可能永久性地置身其外，因为只要它反对与葡萄牙人的贸易活动，就会遭到周边那些与欧洲人和奴隶贸易妥协的非洲邻国的敌对。于是，在 1656 年恩津加女王恢复了与葡萄牙人的商业往来———一个针对欧洲人在安哥拉本土经济中起决策作用的重要让步。

另一个非洲人反对奴隶贸易的例子来自当今几内亚共和国的巴

加人（Baga）。巴加人生活在小的国家里，约 1720 年，其中一位
首领（名为托姆巴，Tomba）有志于保全一个阻止奴隶运输的联
盟。他被当地的欧洲定居者、商人、黑白混血儿（mulattos）和其
他从事奴隶贸易的非洲人击败。不难理解为什么欧洲人会立刻采取
81 措施确保托姆巴及其巴加人追随者不能选择退出欧洲人给他们分配
的角色。一个与之相似的事件是 19 世纪欧洲人对中国发动的鸦片
战争以确保西方资本主义能获利，同时使中国人成为瘾君子。

　　诚然，使用武力以保证在依附地区追求优惠政策是资本主义宗
主国的不得已手段。一般来讲，经济武器就已经足够。在 18 世纪
20 年代，达荷美反对欧洲的奴隶贸易商人，从而被剥夺了欧洲的
进口商品，而这些进口商品中有的在当时已经成为生活必需品。达
荷美最伟大的国王阿嘎加·特鲁多（Agaja Trudo）认识到，欧洲
人对达荷美及其周边地区的奴隶和苦工的需求与达荷美的发展相冲
突。1724～1726 年，他掠夺焚烧欧洲人的要塞和奴隶营，他还通
过阻隔从内部通往供给源头的通道，将在"奴隶海岸"的贸易往
来减少到最低程度。欧洲贩奴商人对此怀恨在心，试图资助一些非
洲的合作者反对阿嘎加·特鲁多。他们想将阿嘎加革职并摧毁达荷
美共和国，但这一企图失败。反过来，阿嘎加也没有能够成功说服
他们在当地开展如种植园农业等新的经济活动；并且，由于他急于
从欧洲人那里获得火器和货贝，因此不得不在 1730 年同意重新开
始奴隶贸易。

　　1730 年之后，达荷美的奴隶贸易被置于王室掌控下，比以往
更受限制。然而，这个坚定努力的失败表明了当时单靠一个非洲国
家无法将自己从欧洲掌控下解放出来。非洲国家面积较小的领土和
众多政治分化使欧洲更加容易决定非洲在世界生产和贸易中的
地位。

　　奴隶贸易产生了很多带有负罪感的良心。欧洲人知道他们开展
了奴隶贸易，非洲人也明白贸易的展开离不开部分非洲人与奴隶船
的合作。为了减轻他们良心的谴责，欧洲人试图将奴隶贸易的主要
责任推给非洲人。一个出自欧洲作者的关于奴隶贸易的书〔恰当

的题名《我们父辈的罪恶》（*Sins of Our Fathers*）] 阐述了有许多白人要求他表明这种贸易应该由非洲酋长承担责任，而欧洲人仅仅是恰巧出现才购买俘虏——仿佛如果没有欧洲人的需求，数百万被俘者将坐在海滩边！这些问题不是本文的讨论重点，但对它们正确认识需要理解以下两点：其一，欧洲成了世界体系的中心；其二，正是欧洲资本主义启动了奴隶制度和大西洋奴隶贸易。82

　　非洲的人贩贸易是一个对外界因素的反应。刚开始，葡萄牙、西班牙和大西洋岛屿如圣多美、佛得角和加纳利群岛需要劳动力；随后，大安的列斯和西班牙占领的美洲大陆需要为种族屠杀中牺牲的原住民寻找替代品；此外加勒比和内陆种植园的需求得到满足。数据记录显示非洲黑奴出口数量和欧洲在一些美洲种植园经济对奴隶工人的需求有着直接的联系。当荷兰人在 1634 年占领巴西的伯南布哥（Pernambuco）时，荷兰西印度公司主管告知他们在"黄金海岸"的代理商采取必要措施在沃尔特河以东的临近海岸进行奴隶贸易——进而使这个地区成为恶名昭彰的"奴隶海岸"。当英国西印度群岛开始种植甘蔗，冈比亚是第一批做出反应的地区之一。诸如此类的外部控制直到贸易后期都不胜枚举。这种控制也影响到了东非，因为从 18 ~ 19 世纪起欧洲市场在印度洋群岛变得重要，而巴西这些国家的需求导致莫桑比克人被船只运送绕过好望角。

非洲对早期资本主义欧洲的
经济和信仰的贡献

　　只有在专门研究这一问题的文献中，非洲对欧洲发展的重要贡献才被认可，尽管这一点令人好奇，但欧洲从控制世界贸易的过程中获取的各种利益已众所周知。然而，欧洲学者往往将欧洲经济视为完全独立。19 世纪的欧洲经济学家显然认识到他们的国家经济和世界的相关性。约翰·斯图尔特·密尔（John Stuart Mill）作为英国资本主义的代言人曾说过，在英国人看来，"西印度群岛的贸易不被认为是外部贸易，而更像是城镇与乡村间的交通"。密尔所说的"西印度群岛贸易"指的是非洲、英国和西印度群岛间的商贸活动，因为没有非洲劳工的西印度群岛没有任何价值。卡尔·马克思也对欧洲资本主义如何将非洲、西印度群岛和拉丁美洲连接到资本主义体系发表了评论；马克思（作为资本主义最猛烈的批评家）继而指出欧洲人的利益是以非洲人和美洲土著说不尽的苦难为代价而得到的。马克思指出，"美洲金银产地的发现，土著居民的被剿灭、被奴役和被埋葬于矿井，对东印度开始进行的征服和掠夺，非洲变成商业性地猎获黑人的场所——这一切标志着资本主义生产时代的曙光。"①

　　有人曾尝试为欧洲人在奴隶贸易活动中所得的金钱利益定量。具体的度量不好确定，但获利是惊人的。约翰·霍金斯（John Hawkins）曾在16世纪60年代三次造访西非，俘获黑奴在美洲卖给西班牙人。在第一次从非洲回到英国后，他非常可观的收益使伊丽莎白女王有兴趣直接参与他的下一次探险；她还为此特意准备了一艘名为"耶稣号"的船。霍金斯乘着"耶稣号"去俘获更多的非洲人，在返回英国的时候因为丰厚的获利而被女王封为爵士。霍金斯将他的盾形纹章图案选为一个被链条束缚的非洲人。

　　诚然，不可避免地有失败的航程，在海上遗失的奴隶船，等等。有时候贸易在非洲顺利进行，而另一些时候在美洲的获利则极为可观。当所有的起落沉浮都被排除，需要相当规模的利益才能解释这种特殊贸易持续几个世纪的合理性。一些资产阶级的学者试图指出奴隶贸易没有值得的金钱回报。他们试图让人们相信，那些在其他情况下被他们赞扬为资本主义发展英雄的企业家在奴隶制度和奴隶贸易中如此愚蠢，以至于几个世纪以来忍受着非营利的探险活动！这种论点值得注意的是，它更能说明白人资产阶级学者扭曲事

---

① 《马克思恩格斯文集》（第5卷），人民出版社，2009，第860~861页。——译者注

第三章　非洲对欧洲资本主义发展的贡献

实的本事，而不是作为需要认真考虑的例证。此外，除了资本积累，欧洲与非洲的贸易给欧洲的经济增长带来了许多刺激。

由非洲人开采的中美洲和南美洲的黄金和白银，在满足西欧不断扩张的资本主义货币经济对于硬币的需要方面起到了至关重要的作用，而非洲黄金在这方面的作用也十分显著。非洲黄金从 15 世纪起资助了葡萄牙在好望角和亚洲的进一步航海活动。非洲黄金也是 17 世纪荷兰铸造金币的主要来源，它帮助阿姆斯特丹成为这一时期欧洲的金融之都；另外，十分巧合的是，当英国在 1663 年发行了一套新的金币时，他们称它为"畿尼"（guinea）。《大英百科全书》解释说，畿尼是"曾经在联合王国流行过的金币。它最早是在 1663 年查理二世统治时期，由一家获得英国王室特许的招商贸易公司从西非几内亚海岸进口的黄金制造而得名"。84

在 17 和 18 世纪及 19 世纪的大多数时期，对于非洲和非洲劳动力的剥削仍然是再投资西欧的资本积累的资源。非洲人对于欧洲资本主义的发展做出了贡献，这些发展扩展到航运和保险等重要部门，如公司的形成、资本主义农业、科技和机械制造。其影响是如此广泛，以至于有许多影响很少引起读者的注意。例如，法国圣马洛的捕鱼业就是由于法国奴隶种植园市场的开启而得以复苏；而在欧洲的葡萄牙人在很大程度上依赖于染料如靛蓝、紫木以及来自非洲和美洲的巴西木和胭脂。从非洲运来的树胶也对纺织产业起了一部分作用，这是欧洲经济增长中公认的最强大引擎之一。然后是从非洲出口的象牙，也使许多伦敦民辛巷的商人发了财，并为英国、法国、德国、瑞士和北美刀把和钢琴键等物件的生产提供了原材料。

非洲被卷入西欧的轨道加快了后者的技术发展。例如，从 16 世纪到 19 世纪欧洲造船的演变过程就是在那个时期它对于海上贸易垄断的必然结果。在此期间，北非人被限制在地中海，没有进一步的有价值的研究进展，尽管欧洲人最初是从他们那里借用了大量的航海仪器。欧洲原有的优势并不足以保证其高高至上，它就有意破坏其他人的努力。例如，印度海军就遭到英国航海法的严格控制。然而，建设新的更好的欧洲船只的费用来自与印度和非洲等地的海外贸易获得的利润。荷兰人在造船方面是先锋，这些航船成功地将西班牙和葡萄牙带出了大西洋。在亚洲、非洲和美洲运营的接二连三的荷兰贸易公司负责这方面的实验。到了 18 世纪，英国人用荷兰的专有技术作为超越荷兰的基础，大西洋又成了他们的实验室。人们常说，奴隶贸易是英国海员的一个训练场。关注大西洋贸易是海军技术不断发展的一种刺激可能更有意义。

在欧洲，与非洲贸易有关的最引人注目的特点就是海港城市的兴起——尤其是布里斯托尔、利物浦、南特、波尔多、塞维利亚。直接或间接地连接到这些地区，往往就会出现产生"工业革命"的制造中心。在英国，兰开夏郡是第一次工业革命的中心，兰开夏郡的经济发展首先取决于进行奴隶贸易的利物浦港的发展。

在英格兰增长过程中，奴隶制和资本主义之间的关系在埃里克·威廉斯（Eric Williams）的著名作品《资本主义与奴隶制》（*Capitalism and Slavery*）中有充分的记录。威廉斯清楚描述了英格兰从奴隶贸易和剥削奴隶中获得的许多好处，他还给指名道姓地说出了一些受益者和资本主义企业。戴维斯和亚历山大·巴克莱（Alexander Barclay）就是突出的例子。1756 年他们从事奴隶贸易，后来用战利品建立了巴克莱银行。劳埃德（Lloyds）的例子也表明了类似的进展，一个伦敦的小咖啡屋在从奴隶贸易和奴隶制获得利润后，成为世界上最大的银行和保险公司之一。然后是詹姆斯·瓦特，他对于直接资助了他著名的蒸汽机的西印度群岛的奴隶主表达了永恒的感激，是他们将蒸汽机从绘图板引到了工厂的制作。

类似的情况也出现在对于法国资本主义与奴隶制的详细的研究之中。事实上，18 世纪的西印度群岛在法国对外贸易中占据了20%，比整个非洲在当前世纪中所占的比例还大。当然，利益并不总是直接与某个特定的欧洲国家在大西洋贸易的参与量成正比。葡萄牙海外企业巨大的利润迅速从葡萄牙的经济流入更发达的西欧资本主义国家的手中，他们为葡萄牙提供了资本、船只和贸易货物。德国被列入这一范畴，还有英国、荷兰和法国。

第三章　非洲对欧洲资本主义发展的贡献

从非洲获取的商业利润大大有助于加强西欧经济内的跨国联系，记住，美国的产品也是非洲劳工的结果。例如，巴西染料木通 86 过葡萄牙再出口到地中海、北海和波罗的海，进入到 17 世纪大陆的织布业。加勒比的糖从英国和法国再出口到欧洲的其他地方，以至于德国的汉堡在 18 世纪上半叶成为欧洲最大的制糖中心。德国为斯堪的纳维亚、荷兰、英国、法国和葡萄牙提供制成品，再转售给非洲。英国、法国和荷兰认为有必要交换各类商品以便更好地兑换非洲的黄金、奴隶和象牙。热那亚的金融家和商人支撑着里斯本和塞维利亚的市场，荷兰银行家对于斯堪的纳维亚和英国来说扮演了类似角色。

西欧是欧洲的一部分，其 15 世纪的最明显趋势就是封建主义让位给资本主义。（在 19 世纪的东欧，封建主义依然很强劲。）农民被迫离开英国的土地，农业成为一种资本主义经营，它在技术上更先进，生产食物和纤维来支持更多的人口，特别是为毛麻行业打下了更有效的基础。产业的技术基础以及社会和经济组织正在发生转变。非洲贸易促进了多个方面，包括上述的西欧一体化。这就是为什么非洲关联做出的贡献不仅仅在于经济增长（涉及的数量维度），也在于加强进一步增长和独立的能力意义上的真正发展。

在谈到欧洲的奴隶贸易时，必须提到美国，不仅因为它占主导地位的人口是欧洲人，也因为欧洲将其资本主义制度转移到北美比地球上的其他任何地方要更全面，同时在消灭了土著居民和剥削了数百万非洲人的劳动后建立了一个强大形式的资本主义。像新世界的其他部分一样，英国王室的美洲殖民地被作为再出口到欧洲的资本原始积累的工具。但北美殖民地也直接受益于存在于南美洲、英属和法属西印度群岛的奴隶制。和欧洲一样，由奴隶制和奴隶贸易获得的利润首先到了商业港口和工业区，主要是被称为新英格兰和纽约州的东北沿海地区。泛非主义者 W. E. B. 杜波依斯（W. E. B. Du Bois）在一项有关美洲奴隶贸易的研究中引用了 1862 年的报告如下：

欧洲如何使非洲欠发达

从事奴隶贸易的人数和包含在里面的资本的数量超过了我们的计算能力。直到很晚（1862 年），纽约市这个具有不好的商业名声的城市成了世界的主要港口；虽然波特兰和波士顿在分销方面仅次于它。

直到 19 世纪中叶，美洲经济发展完全依赖于对外贸易，而它是以奴隶制为核心。在 19 世纪 30 年代，奴隶种植的棉花约占美国所有出口值的一半。此外，从 18 世纪北美殖民地的例子中，我们也能观察到非洲以各种各样的方式做出的一个又一个的贡献。例如，在新英格兰，与非洲、欧洲和西印度群岛之间进行的奴隶和奴隶种植产品的贸易为他们的商船供应了货物，刺激了他们造船工业的发展，建立了他们自己的城镇和城市，使他们能够更有效地利用他们的森林、渔业和土壤。最后，西印度奴隶殖民地和欧洲之间的贸易运输推动了美洲殖民地从英国统治下的解放。同时，争取美国独立的斗争从新英格兰的波士顿发起也非偶然。在 19 世纪，与非洲的联系继续在美洲政治发展中起着间接的作用。首先，奴隶活动的利润进入了政党的金库，甚至更重要的是，非洲的刺激和黑人劳动在延伸欧洲人对于今天美国领土的控制方面发挥了重要的作用——特别是在南方，但也包括所谓的"狂野西部"，那里活跃着黑色牛仔。

奴隶制对于早期的资本积累是有用的，但对于工业发展过于死板。奴隶们必须得到粗糙的非易碎性的工具，这些工具阻碍了资本主义农业和工业的发展。这说明了一个事实，即美国北部比南部从奴隶制获得了更多的产业效益，而南部的土地上实际上设有奴隶机构。最终，在美国独立战争期间，当北方的资本家结束了国内的奴隶制时，美国达到这样一个阶段，从而使整个国家能推进到一个更高层次的资本主义发展水平。

实际上可以说，在 19 世纪下半叶，美国南部的奴隶关系开始与作为一个整体的美国的生产基地的进一步扩展产生冲突。同时，暴力冲突接踵而来，直到法律上的自由劳动力的资本主义关系成为

第三章　非洲对欧洲资本主义发展的贡献

一种普遍现象。欧洲人在远离欧洲社会的地方保持了奴隶制；因此 88
欧洲本身的资本主义关系在不受美国奴隶制度的负面影响的情况下
变得日益复杂。在欧洲也出现了这样一种时刻，主要的资本主义国
家发现美洲的奴隶贸易和奴隶劳动的使用不再对其进一步发展有
利。英国早在 19 世纪早期就做出了这个决定，其后是法国。

由于资本主义与其他任何生产方式一样是一个总的系统，也包
括意识形态方面，有必要关注非洲对欧洲资本主义社会的上层建筑
领域里的思想发展所产生的影响。在这个领域，最明显的特征无疑
是欧洲思想元素中的一个广为传播的根深蒂固的种族主义的崛起。
人们已经仔细研究了在某些情况下奴隶制度在促进种族偏见的意识
形态中的作用，特别是在美国。简单的事实是，无人可以在没有优
越感的情况下连续几个世纪地奴役他人。同时，当那些人的颜色和
其他物理性状完全不同时，以种族歧视的形式出现的这种偏见是不
可避免的。从非洲本身来看，在南非的开普省就有同样的情况，那
里的白人从 1650 年就对非白人树立了军事和社会方面的优越感。

如果认为在欧洲的所有种族和肤色的偏见都是来自于早期国际
贸易中对于非洲人的奴役和非白种人的剥削的话，这种说法过于笼
统。在更早的时期，欧洲内部也有反犹太主义，当不同文化背景的
人们走到一起时，总是有怀疑和不理解的元素。但是，可以毫无保
留地肯定，遍及世界的白人种族主义是资本主义生产方式的一个组
成部分。这也不仅仅只是一个白人如何对待一个黑人的问题。欧洲
的种族主义是一套并没有科学依据的概括和假设，但从宗教学到生
物学的各个领域都得以合理化。

偶尔会有人错误地认为，欧洲人基于种族歧视的原因奴役了非
洲人。欧洲的种植园主和采矿主因为经济原因奴役了非洲人，这样
就可以剥削其劳动力。事实上，如果没有非洲的劳动力，人们就不
可能开发新世界并使用它作为一个不断制造财富的发动机。没有其
他的替代者可以选择，美洲土著（印第安人）几乎被消灭殆尽，
欧洲当时的人口太少不适合居住海外。然后，在变得完全依赖于非
洲劳动力时，国内外的欧洲人发现有必要使种族主义的剥削合理 89

化。压迫从逻辑上随着剥削而来，从而保证后者。以纯粹的种族理由对非洲人民的压迫，伴随且加强了以经济原因对之进行的压迫，并使二者难以区别。

著名的泛非主义者和马克思主义者 C. L. R. 詹姆斯曾经说过：

> 种族问题在政治上是附属于阶级问题的，以种族主义的方式来考虑帝国主义是灾难性的。但是忽视种族因素且将其看作偶然的也是一个错误，只是将种族作为根本问题的错误更严重。

人们可以进一步认为，在 19 世纪，当白人种族主义在资本主义世界（特别是美国）已经制度化时，有时可以将它先于利润最大化考虑，从而作为压迫黑人的动机。

在短期内，欧洲种族主义似乎没有伤害欧洲人，他们用这些错误观点来对其在殖民地时代进一步统治非欧洲人民的行为进行合理化。从长期来看，偏执和不科学的种族主义思想在国际上的扩展必将有负面后果。当欧洲人把他们数以百万计的兄弟（犹太人）送到纳粹的炉下时，可谓恶有恶报。这种"民主"欧洲的内部行为并不像所了解的那样奇怪。在阐述欧洲内部的民主思想和阐述欧洲人对非洲人的专制残暴的实践之间总是有矛盾。当法国革命以"自由、平等和博爱"为名时，这并没有延伸到在西印度群岛和印度洋上被法国人奴役的非洲黑人。事实上，法国反对那些致力于解放自己的人民，同时他们资产阶级革命的领导人直率地说，他们的革命并不代表黑色人种。

即使认为资本主义在欧洲内部而不是在外部发展了民主的观点也不对。在内部，资本主义会有一些关于自由的谈话或修辞，但这些不会从资产阶级延伸到受压迫的工人。对非洲人的待遇肯定已经使欧洲人的生活形成了这种虚伪的习惯，尤其是那些统治阶级。人们要如何才能解释这一事实：基督教会充分参与了对奴隶制的维护，却仍然谈论着拯救灵魂！在美国，这种虚伪程度达到了最高的

水平。18 世纪在美国与英国殖民者进行的美国民族解放战争的第
一个殉道者就是非洲人后裔——克里斯帕斯·阿塔克斯（Crispus
Attucks）；在华盛顿的军队中，奴隶与自由的非洲人发挥了关键的
作用。然而，《美国宪法》却认可对于非洲人的继续奴役。在最近　90
一个时期，一些自由主义者所关注的是，美国在越南美莱（My
Lai）发布的屠杀命令已经构成了战争犯罪。但事实是，美莱事件
始于对非洲人和美洲印第安人的奴役。在早期几个世纪的国际贸易
中，种族歧视、暴力和野蛮与资本主义制度的海外扩张相伴而行。

阅读指南

非洲对欧洲发展的贡献这一主题揭示了限制作家陈述客观现实
的几个因素。例如，语言和国籍就是有效沟通的障碍。英语著作很
少考虑法国、荷兰和葡萄牙在前殖民地时期通过奴隶制和其他形式
的商业剥削非洲人所带来的影响。意识形态上的鸿沟导致的事实
是，大多数资产阶级的学者在描写一些现象如英国工业革命时，一
次也没有提到作为原始资本积累的一个因素，即欧洲的奴隶贸易。
马克思本人非常重视海外资本积累的来源。但马克思主义者（突
出的有毛里斯·多布和 E. J. 霍布斯鲍姆）多年来集中研究了欧洲
内部的资本主义摆脱封建主义后的演进，只偶尔提及对非洲人、亚
洲人和美洲印第安人的剥削。

ERIC WILLIAMS, *Capitalism and Slavery*, Chapel Hill：Univer-
sity of North Carolina Press, 1944. OLIVER Cox, *Capitaqlism as a
System*, New York：Monthly Review Press, 1964.

考克斯（Lox）是一位非洲裔美国人，他的基本观点是资本主
义从很早开始就是一种国际体系。埃里克·威廉斯是西印度群岛
人，非常精确和详细地说明了英国资本主义和受奴役的非洲人之间
的关联。

W. E. B. Du BOIS, *The Suppression of the Atlantic Slave-Trade to
the United States of America—1639 – 1870*, New York：Social Science

Press，1954.

RICHARD PARES，*Yankees and Creoles*：*the Trade between North America and the West Indies before the American Revolution*，London：Longmans Gress，1956.

这两部著作都为非洲劳动力在奴隶制时代为美国资本主义发展做出的贡献提供了数据。

LEO HUBERMAN，*Man's Wordly Goods*：The Story of the Wealth of Nations，New York and London：Harper Bros.，1936.

F. CLAIREMONTE，*Economic Liberalism and Underdevelopment.*

休伯曼（Huberman）的书是一部从整体上研究摆脱封建制度的欧洲资本主义发展的优秀著作。其中有一部分突出了奴隶制的作用。克莱蒙特（Clairemonte）的研究认可了在欧洲建立过程中印度次大陆所起的作用。

PHIPIP D. CURTIN，*The Image of Africa*，Madison：University of Wisconsin Press，1964.

WINTHROP JORDAN，White Over Black：*American Attitudes towards the Negro*，Chapel Hill：Published for the Institute of Early American History and Culture at Williamsburg，1968.

虽然这两部著作都没有对种族主义和资本主义的关系做出足够明确的区分，但是这两部著作都与白人种族主义兴起的问题有关。

第四章　欧洲及非洲欠发达的根源

——1885 年以前

非洲人民的贫困程度与他们不得不忍受的剥削的长度和性 95
质之间的关系是显而易见的。非洲仍保留着奴隶贩子犯罪的印
记：到现在为止，非洲的潜力因人口过少而受到限制。

艾哈迈德·塞古·杜尔（Ahmed Sekou Toure），

几内亚共和国，1962 年

欧洲奴隶贸易为非洲欠发达的基本因素

谈论殖民统治前 400 年间非洲人和欧洲人之间的贸易，事实上
是讨论奴隶贸易。严格地说，只有当非洲人在一个社会作为奴隶工
作时，他才成为奴隶。在这之前，他首先是一个自由人，然后才是
一个俘虏。然而，奴隶贸易是指将俘虏从非洲运到世界其他地方，
他们在那里作为欧洲人的财产生活和工作，这种说法是可以接受
的。本章节的标题是刻意挑选以引起大家注意这一事实：货物都是
由欧洲人经手运到欧洲人控制的市场。这是欧洲资本主义的利润，

而不是别的。在东非和苏丹,很多非洲人被阿拉伯人卖给阿拉伯买家。这便是人们所知的"阿拉伯奴隶贸易"(欧洲的书籍中)。因此,我们清楚,当欧洲人把非洲人运给欧洲的买家,这便是来自非洲的"欧洲奴隶贸易"。

毫无疑问,除了极少数像霍金斯这样的人,欧洲买家在非洲海岸购买非洲俘虏,在欧洲人与非洲人之间的交易就是贸易的形式。一个俘虏在他从内地到起航港口的路上往往被一卖再卖,这也是事实,这也是贸易的形式。然而,总体上说,在非洲这片土地上获取俘虏的过程根本就不是贸易。俘虏是通过战争、欺骗、抢劫和绑架而获取的。如果我们尝试着就欧洲奴隶贸易对非洲大陆的影响做出估量,有必要认识到我们是在对社会暴力的影响而绝非正常意义上的贸易的影响做出估量。

关于奴隶贸易及其对非洲造成的后果,许多方面仍不确定,但总体来说,其破坏性的图景是明确的。这种破坏性可以从俘虏96 的募集方式在非洲产生的合乎逻辑的后果中表现出来。不确定性之一就是输入的非洲人到底有多少这一基本问题。长期以来,人们一直在猜测,估计数从几百万到超过一亿。最近的一项研究表明,约1000万非洲人在美洲、欧洲和大西洋群岛上登陆并活了下来。因为这是一个很低的数字,它已经被那些为资本主义制度以及它在欧洲和其他国家的长期的残忍记录作辩护的欧洲学者使用。为了掩饰欧洲奴隶贸易,他们觉得一开始就将相关数据最小化,这样很方便。事实是,输入到美洲的非洲人数仅仅基于现存记录必然会很低,因为当时有那么多的人在走私奴隶上有既定利益(和拒绝给予数据)。然而,即使只有1000万这么低的数据可以作为评价奴隶制对整个非洲影响的基础,能够得出的合理结论很有可能使那些企图不把1445年到1870年间掠夺非洲人这一经历当一回事的人惊慌失措。

涉及活着在美洲登陆的非洲人,我们首先必须扩展其统计范围,从计算转运途中的死亡率开始。被欧洲奴隶贩子称为跨越大西洋或"中间通道"的路线,因为途中发生的死亡数而臭名昭著，其死亡率平均在 15% ～ 20% 。奴隶在非洲从被抓到登船这期间也有大量的死亡，尤其是在俘虏需要行走几百英里才能到达海岸这种情况下。最重要的（考虑到战争是获得俘虏的主要方式）是有必要对遇难和受伤的数量做出估算，正是从所有这些人中抓到了那些数以百万计的健康和活着的人。由此产生的数据将会是在非洲以外地区数百万依然活着登陆的人数的好几倍。这个数目才能代表因欧洲人创立奴隶生产而直接从非洲人口和劳动力中除掉的非洲人。

非洲劳动力的大量流失更具有决定性意义，因为流失的劳动力由身强力壮的年轻男女组成。奴隶买家首选的受害者在 15 岁至 35 岁之间，最好是二十岁出头；男女比例为 2∶1。欧洲人会接受非洲儿童，但很少接受老年人。他们把最健康的人运到任何可能的地方，不嫌麻烦地得到那些已经历了当时世界上最具杀伤力的疾病之一——天花的考验而存活的人，这样他们就可以免受此疾病的进一步侵害。

由于缺乏有关 15 世纪非洲人口规模的数据，人们很难对非 97 洲人口外流的结果进行科学的估算。但是，没有任何迹象表明大陆人口在奴隶贸易的几个世纪里有任何增加，尽管当时世界其他各地的趋势也是这样。显然，与本来的情况相比，婴儿的出生更少了，这是因为排除了数以百万的生育年龄的人。此外，有一点很重要，横跨大西洋的奴隶贸易不仅仅是欧洲与非洲的奴隶贸易的关系。印度洋的奴隶贸易一直被称为"东非奴隶贸易"和"阿拉伯奴隶贸易"，它隐藏了也属于欧洲奴隶贸易的范畴。当起源于东非的奴隶贸易在 18 世纪至 19 世纪初期达到巅峰时，大多数俘虏的目的地是欧洲拥有种植园经济的毛里求斯、留尼汪岛、塞舌尔以及通过好望角到南北美洲。另外，18 世纪至 19 世纪在某些阿拉伯国家的作为奴隶的非洲劳动力，最终还是为对奴隶种植产品有需求的欧洲资本主义制度服务，如桑给巴尔（Zanzibar）的丁香就是在阿拉伯主人的监督下种植的。

欧洲如何使非洲欠发达

没有人能够提出一个数据以说明奴隶贸易存在的几个世纪以来，从各地运到各目的地的奴隶劳动力对非洲人口造成的全部损失。然而，从 15 世纪开始，其他大陆的人口不断上升，有时甚至出现惊人的自然增长；而令人吃惊的是，非洲没有出现这种情况。一位欧洲学者根据各大洲的推算做出了以下世界人口的估算（以百万为单位）：

	1650 年	1750 年	1850 年	1900 年
非洲	100	100	100	120
欧洲	103	144	174	423
亚洲	257	437	656	857

上述数据不是很精确，但确实表明人口研究人员一致认为庞大的非洲大陆在这方面存在反常的停滞，而且除了可以引起关注的奴隶贸易，没有任何诱发因素。

这样对人口损失的强调与社会经济发展的问题紧密相关。人口增长在欧洲发展中起到了主要作用，提供劳动力、市场和进一步发展的压力。日本的人口增长也有类似的积极影响；在亚洲的其他前资本主义地区，与仍然是人烟稀少的非洲大陆相比，人口规模导致更加集约的土地开发。

只要人口密度低，那么被视为劳动力单位的人远比土地这样的其他生产因素更重要。从非洲大陆这一端到另一端，这样的例子很多，非洲人民意识到在他们生活中人是最重要的生产要素。例如，奔巴人认为臣民的数量比土地更重要。坦桑尼亚的香巴拉人（Shambala）也是一样，那里有句俗语"国王是人"。在几内亚 - 比绍的巴兰特人（Balanta）中间，耕种土地的劳动力数量代表着家庭的力量。当然，许多非洲国家统治者因为自身利益对欧洲奴隶贸易采取默许的态度，人口流出对非洲社会来说，除了是灾难，别的什么也不是，也根本没法计算出人口流出的合理比例。

非洲经济活动直接和间接地受到人口流失的影响。例如，当存在着采采蝇生活环境的地区的居民减少到低于一定数量时，其余的人不得不放弃这一地区。实际上，被奴役导致这些人失去了驯服和治理大自然的战斗力——一场以发展为基础的战斗。暴力也意味着不安全。由欧洲奴隶贩子们提供的机会成为刺激非洲社区之间以及社区内部的许多社会暴力产生的主要因素（虽然不是唯一的）。它带来更多的袭击和绑架而不是普通的战争，这一事实增加了恐惧感和不确定因素。

　　无论是以公开还是暗示的方式，19 世纪欧洲所有列强表示他们认识到逮捕俘虏的行动与其经济追求不一致。当时，特别是英国想要非洲人收集棕榈产品和橡胶以及种植农作物来取代奴隶出口，很明显，对奴隶的袭击与西部、东部和中部非洲这一目标相冲突。早在这之前，当欧洲人自身的利益涉及其中时，他们承认了这一事实。例如，17 世纪，葡萄牙人和荷兰人实际上阻止了"黄金海岸"上的奴隶贸易，因为他们认为这影响到当地的黄金贸易。然而，17 世纪末，在巴西发现了黄金，产于非洲的黄金供应的重要性减弱。在整个大西洋模式中，非洲的奴隶变得比黄金更重要，巴西金矿被提供给维达（达荷美）和阿克拉的非洲俘虏开采。从那一刻起，奴隶劳动开始破坏"黄金海岸"的经济，摧毁了黄金交易。奴隶袭击和绑架使得采矿不安全，带着黄金旅行也不安全，而抢劫俘虏比开采黄金更有利可图。在现场的一个欧洲人注意到，"一次幸运的抢劫使一个本地人一夜暴富，因此他们在战争、抢劫和掠夺中发挥自己的才能，而不是在旧的挖掘行业和黄金收集行业中发挥自己的才能"。

　　上述从黄金开采到奴隶袭击的转变发生在 1700 年至 1710 年间的几年内，"黄金海岸"每年供应大约 5000～6000 名俘虏。18 世纪末，尽管从"黄金海岸"输出的奴隶数量少了很多，但这种活动已经造成伤害。值得注意的是，欧洲人在不同时段寻求非洲中西部不同地区来充当美洲奴隶主要供应者的角色。事实上，这意味着塞内加尔和库内纳河之间这一漫长的西部海岸线的几乎每一区域，都至少有几年密集型奴隶贸易的经历且承受由此带来的所有后果。

此外，在尼日利亚东部、刚果、安哥拉北部和达荷美的历史上，平均每年保持输出成千上万的奴隶的情况延续了数十年。那些地区大部分在非洲属于相对发达地区，它们是非洲的领导力量，本可以将其能力用于促进自身以及为非洲大陆的整体改善做出贡献。

向好战和绑架的转换必定影响到所有的经济活动，特别是农业。有时，在某些地区粮食产量增加到可以向运送奴隶的船只提供补给，但整体来说，贩卖奴隶在非洲西部、东部和中部地区的影响均为负面。劳动力从农业中被抽走，情况因此变得一片混乱。达荷美曾在 16 世纪因食品出口到现在的多哥部分地区而闻名，可在 19 世纪却遭受饥荒。现在的非洲人很容易回想起，在殖民统治时期，身体强壮的男人作为迁徙劳工离开自己的家乡后打乱了家里常规的耕作，由此经常造成饥荒。然而，奴隶贸易也意味着一种劳动力迁移方式，但其具有的残酷性和破坏性远在百倍以上。

100　　　一个国家经济要发展，必要的条件是让本国的劳动力和自然资源得到最大限度的利用。这通常要求和平的环境，但历史上总是出现这么一些情况，一个社会团体通过袭击邻近的社区而获得妇女、牛群和商品，变得更强大，因为他们可以使用这些袭击所得的"战利品"来满足自己社区的利益。在非洲贩卖奴隶甚至无法得到类似弥补。俘虏被运到外地而不是被某个既定的非洲社区用来创造财富。在一些地区，为欧洲人招募俘虏的非洲人意识到他们将俘虏留给自己用会更好一些，但这只是一种偶然的副产品。总之，贩卖奴隶使得剩下的人口无法有效地从事农业和工业生产。更有甚者，还雇用专业的捕房奴隶的人和士兵来从事破坏而不是建设。且不说道德层面和由此引起的巨大痛苦，仅从非洲发展的角度来说，欧洲奴隶贸易在经济上是完全缺乏理性的。

为达到某些特定目的，在论及奴隶贸易时有必要参照一些地区的不同影响，而不是以整个大陆的角度谈问题。奴隶袭击在不同地区的不同力度众所周知。一些南非人被布尔人（Boer）奴役，而一些北非穆斯林被基督教的欧洲人奴役，但这些只是小插曲。这些地区最臭名昭著的人口输出，首先是从塞内加尔到安哥拉纵深约

200 英里的西非地区，其次是中、东部非洲，包括现在的坦桑尼亚、莫桑比克、马拉维、赞比亚北部和刚果东部。而且，在这广泛的区域中，可以看到精细的区别。

可能有人认为，因为非洲有些地区不存在人口输出或人口输出很少，因此奴隶贸易可能对这些地区的发展并没有产生不利的影响。然而，欧洲奴隶贸易是导致非洲大陆欠发达的一个因素这一观点必须维持，因为不能认为一个没有与欧洲进行贸易的非洲地区可以完全不受欧洲的任何影响。欧洲货物渗透到内陆的最深处，（更重要的是）非洲大陆的大部分区域的人口输出取向使积极的相互作用已变得不可能。

通过比较或许能让人们对上述命题有充分的了解。在任何一个既定的经济体制中，各种不同部门的利益息息相关。因此，当一个部门不景气，那么这种不景气总会在一定程度上影响到其他部门。同样，当一个部门的价格居高不下，那么其他部门便会受益。再转 101 向生物学，人们会发现，生态学的学生认识到一个单一变化如一个小物种的消失，可能会在某些范围引起表面上看似无关的消极或积极的反应。一些免于出口俘虏的"自由"非洲地区肯定受到这种巨大紊乱的影响，至于以何种方式则实在不易了解，因为这只是一个可能会发生的问题。

一些假设的问题，如"如果……有可能会发生了什么？"有时会导致荒谬的推测。然而，有些问题的提出是完全合理且非常必要的，如"如果在中部非洲紧挨巴罗策兰（赞比亚南部）的北部地区没有推广奴隶贸易，巴罗策兰会发生什么？""如果加丹加人专注于将铜销售给布干达，而不是将俘虏卖给欧洲人，那在巴干达会发生什么呢？"

殖民时期，英国强迫非洲人唱：

不列颠统治，不列颠统治着海洋

不列颠人决不，决不，决不会成为奴隶

欧洲如何使非洲欠发达

18世纪早期，非洲奴隶的使用达到顶峰，英国人自己也开始唱这首歌。"如果数百万的英国人在四个世纪的时间里离开家乡被当作奴隶使用，英国的所谓的发展水平会是什么样子？"进一步说，即使假定那些活得很精彩的人决不、决不、决不会成为奴隶，但如果欧洲大陆被奴役，人们可能会进一步考虑对他们的发展起作用的因素。那样的话，其最近的邻国就会排斥同英国进行卓有成效的贸易。毕竟，学者们一致认为不列颠群岛与波罗的海和地中海这些地区的贸易是对封建晚期和资本主义早期的英国经济的最早刺激，而这发生在海外扩张时代之前。

目前某些欧洲（包括美国）学者采用的观点是，欧洲奴隶贸易无疑是一种道德上的邪恶，但对非洲来说经济上有好处。在这里只能非常简要地提请大家注意几个论点，以表示他们是多么可笑。一个备受重视的论点是非洲统治者和其他一些交换俘虏的人获得了欧洲商品，这就是非洲人获得的"财富"。这一种意见没有考虑到这样的事实，即一些欧洲进口商品的竞争扼杀了非洲产品；它也没有考虑到这样的事实，即诸多欧洲商品中缺乏进入生产过程的那种类型的产品，而相当多的产品被迅速消耗或被毫无用处地收藏入箱；还有一个事实居然被忽略，那就是大部分进口商品即使是作为消费商品也存在严重的质量问题，如廉价的杜松子酒、廉价的火药、漏水的罐子和水壶、珠子和其他的分类垃圾。

根据上面的论点，有人认为某些非洲王国在经济和政治上发展壮大得益于与欧洲的贸易。西非王国中发展最快的有奥约、贝宁、达荷美和阿散蒂（Asante）。奥约和贝宁在与欧洲人接触之前就发展得很好，尽管达荷美和阿散蒂在欧洲奴隶贸易时期发展得更强大，但他们成就的根源可以追溯到更早时期。与此同时——而且这是那些奴隶贸易辩护者的主要谬论——一个既定的非洲国家在向欧洲出售俘虏的同时在政治上变得更加强大这一事实并不能自动归于奴隶贸易的功劳。霍乱的蔓延可以杀死一个国家成千上万的人，然而人口却增加。这里明显不是因为有霍乱而是在于尽管有霍乱人口仍然有增加。这一简单的逻辑被那些认为欧洲奴隶贸易使非洲受益的人忘了。奴隶贸易的破坏性可以清楚地确定；在奴隶贸易时期，一个国家无论在哪些方面看似发展了，但结论都很简单，尽管奴隶贸易过程中所产生的不良影响比霍乱更具破坏性，但这个国家仍然发展了。这是通过对达荷美进行详细研究后得出的结论，说到底，尽管达荷美在与奴隶贸易保持关系时仍尽其所能来发展政治和军事，但这种经济活动形式严重破坏了它的经济基础，使它的情况更为糟糕。

　　一些关于欧洲奴隶贸易对非洲的经济利益的观点，只不过是说输出数以百万计的俘虏是非洲避免饥饿的一种方式！对此试图做出回应是痛苦的，而且还浪费时间。但是，也许一种比较含蓄的类似论点需要回应，即在奴隶贸易过程中非洲有所收获，因为非洲从美洲大陆获取了新的粮食作物，而这些作物成为非洲的主要食物。提到的农作物是玉米和木薯，它们在 19 世纪及 20 世纪成为非洲的主要食物。但农作物的迁移是人类历史上最普遍的现象。大多数农作物最先只起源于某一大陆，然而社会接触使得它们移植到其他大陆。奴隶贸易与农作物的迁移没有特殊的关联，最简单的贸易形式 103 会取得同样的结果。今日，意大利人有面条和通心粉这样（硬质）小麦食品的主食，而大多数欧洲人用马铃薯作主食。意大利人关于意大利式面条的想法来源于中国面条，是马可波罗从中国旅行返回后的事情，而欧洲是从美洲印第安人那儿接纳马铃薯的。这两种情况都不是因为欧洲人受到奴役才获得的好处，而是全人类合理的遗产。但非洲人却被告知，是欧洲奴隶贸易给非洲带去了玉米和木薯从而使他们得到发展。

　　以上观点来自最近出版的书籍和文章，也是英美一些主要大学的研究成果。实际上，在欧洲资产阶级学者眼中，它们可能不是最普遍的，却是一个似乎有可能成为新的宗主国资本主义国家的正统观点；有意思的是，这与欧洲在经济上和精神上进一步反对非洲的非殖民化十分吻合。从某种意义上讲，最好是对这些垃圾观点不予理睬，让我们的年轻人远离其侮辱；但不幸的是，当前非洲欠发达的表现之一是资本主义出版商和资产阶级学者占主导地位，这有助于使他们的观点形成全球性的观点。正是由于这个原因，必须揭露将奴隶贸易合法化的著作，因为这些著作是对种族主义的资产阶级宣传，与现实和逻辑毫不相关。这不仅是一个历史问题，也是一个当今非洲解放斗争的问题。

非洲前殖民时代的技术
停滞和经济扭曲

有数据表明 15 世纪欧洲的技术并不完全比世界其他地区先进。某些特定的特点对欧洲发展非常有利，如航运和（较小程度上）枪。与非洲做贸易的欧洲人不得不利用亚洲和非洲的消费品，这表明其生产系统并非具有绝对优势。特别引人注目的是，在早几个世纪的贸易中，欧洲人很大程度上依赖印度的布料，然后将其转售给非洲，同时他们也购买西非海岸几个地区的布料转售给其他地方。摩洛哥、毛里塔尼亚、塞内冈比亚、科特迪瓦、贝宁、约鲁巴地区和卢安果（Loango）都是通过欧洲中间商（middlemen）把产品出口到非洲其他地区。然而，直到进入殖民主义时代，非洲几乎只注重出口原棉并进口已加工好的棉布。这种显著的逆转与欧洲的技术进步相关，也正是因为与欧洲的这种贸易导致了非洲技术的停滞。

布业制造经历了一个手摇纺织机和小型工艺生产的阶段。16世纪之前，这是非洲、亚洲和欧洲普遍使用的织布模式，亚洲人当时是最熟练的织布人。印度就是典型的例子，英国人使用一切可以使用的手段扼杀印度的织布业，因而使英国的布匹可以出售到任何地方，包括印度本身。在非洲，这种情况并不是那么明显，也不需要欧洲人那么故意地去摧毁非洲的织布业，但破坏趋势是相同的。欧洲通过对外贸易往来在技术上获得收益，而非洲要么没有利益，要么实际上是完全丧失了技术。18 世纪后期，英格兰通过对外贸易所获取的利润被再投资后，出现了重要的发明和革新。事实上，

104

第四章　欧洲及非洲欠发达的根源

新机械代表着通过贸易和奴隶制度产生的原始资金积累进行的投资。非洲和印度的贸易加强了英国工业的发展，后者却打压现在被称为"欠发达"国家中的所有行业。

15～17世纪，非洲对于布的需求迅速增加，因此，不管是当地生产的还是从欧洲和亚洲进口的布匹当时都有市场。但是，欧洲工业在贪得无厌的资产阶级的控制下，大规模利用风、水、煤的能量以增强其生产能力。欧洲布业能够复制时尚的印度款式和非洲款式，并最终取代它们。办法之一是通过在非洲海岸建立据点从而对布匹分销实施控制，另一做法是大批量进口布匹以打压非洲的产品。最终，欧洲商人成功地结束了非洲布匹制造业的扩张。

许多不同的社会因素结合起来才可决定一个社会什么时候才能有重大的突破，即从小规模的工艺技术到设计出利用自然的设备以提高劳动效率。其主要因素之一是手工制作的产品远远不能满足人们对产品的需求，所以，对于一定的社会需求，如对衣服的需求，要求在技术上做出反应。当欧洲的布匹成为非洲市场的主导产品时，这意味着非洲生产商由于不断增长的需求而被削减。面对廉价的欧洲布匹，工艺生产商要么放弃他们的工作，要么继续通过同样的小手工工具为当地市场创造出风格不一的布匹。因此，就有被称为"技术抑制"或停滞的现象，在某些情况下是实际的退化，因为人们甚至忘了他们祖先的简单技术。非洲大部分地区遗弃传统的冶铁技术可能是技术退化的最典型实例。 105

发展意味着自我持续增长的能力，这也意味着经济必须首先发展，从而能反过来促进更大的进步。如果我们从现代科学成果的角度，甚至以18世纪末英国标准的角度来衡量，非洲工业和技术的损失非常小。然而，必须记住，在一个阶段被阻碍发展意味着不可能往下一阶段发展。当一个人只受了两年小学教育后被迫离开学校，毫无疑义，无论在学业上还是在知识上，他都比不上那些有机会一直读到大学的人。非洲在早几个世纪的贸易中所经历的一切确实失去了发展的机会，这是极为重要的。

与科技进步相关的一个特点是与生产过程密切相关的科学探索

精神。这促使创造力和创新的产生。在欧洲资本主义发展时期，历史学家也一再强调英国 18 世纪的创造性精神。社会主义社会不会将发明仅仅归功于机遇或好运——他们积极培育创新的风气。例如，德意志民主共和国在 1958 年由年轻人成立了"青年创新博览会"，号召社会主义青年积极参与知识创新。因此，在后来的十年里，博览会上呈现了 2000 多个新发明。始于 15 世纪的非洲和欧洲之间的接触直接和间接地阻碍了非洲技术创新的精神。

欧洲奴隶贸易直接阻碍了非洲的创新发展，数以百万的青少年和青壮年被迫迁移，创造力正是来自他们。在那些因捕捉奴隶而受到重创的地区，留下的人们最关注的是保证自由而不是提高生产。此外，即使对于西部非洲、中部非洲或东部非洲那些最繁忙的人而言，由于与欧洲的联系，他们更多关注的是贸易而不是生产。这种情况并不利于技术进步。在非洲很大一部分地区中，最具活力的群体都与外贸相关——尤其是上几内亚湾的非裔葡萄牙中间商、阿肯人市场的女人、莫桑比克的阿罗（Aro）商人，以及东非的斯瓦希里人（Swahili）和瓦尼亚姆韦齐人（Wanyamwezi）。他们进行的贸易就是出口俘虏和象牙这类不需要机械创新的商品。除此之外，他们还是欧洲进口产品的分销代理商。

当英国是世界领先的经济强国时，它曾经也被称为店主之国，但是其国内大多数商品都是他们自己生产的，而且，其工程师的很多创造发明都是为了解决生产所带来的问题。可非洲的贸易集团对技术没有做出什么贡献，因为他们的角色和注意力使得他们没有将自己的思想和能力放在生产上。

除了发明，我们还必须考虑技术的引用。无论出于何种原因，当一个国家发现自己在技术上落后于别人，光靠独立的发明是赶不上的，而是要考虑引进技术。事实上，人类重大的科学发现很少是由不同的地方和不同的人单独发现的。一旦一个原理或一种工具被大家知道，它很快就被传播或扩散到其他国家。可为什么欧洲技术在欧非两大洲接触了好几个世纪却没能进入非洲呢？其根本的原因是，非洲与欧洲贸易的本质对欧洲资本主义制度的积极思想和技术

第四章　欧洲及非洲欠发达的根源

传入非洲前资本主义（社群主义、封建主义和前封建主义）生产体制非常不利。

　　唯一一个从欧洲有效引进技术并成为资本主义的非欧洲国家就是日本。19世纪，日本已经是一个封建社会高度发展并逐步向资本主义发展的国家。它不是欧洲的殖民地，它的对外贸易关系是非常顺利的，它的人民也不被欧洲人奴役。例如，日本的纺织品制造商在国内受到不断增长的市场刺激，国外也受到一些亚洲和欧洲市场的刺激。在这种情况下，日本年轻的资产阶级（包括许多以前的封建地主）在19世纪末从欧洲引进技术，并成功地在国内运用。用这个非洲以外的例子是要强调，对非洲来说，获得欧洲技术的需求来自非洲的内部——且最有可能来自一个阶级或集团，因为他们看到新技术中的利润。但必须还有两种前提，即欧洲人愿意转让技术以及非洲社会经济结构能够利用该技术并能对其内化。

　　狩猎大象或俘虏，使非洲除了对枪支有技术需求外，通常不会对任何其他技术有所需求。附属于外贸的经济活动线路要么是像奴隶制那样具有毁灭性，要么充其量是纯粹的采掘，如猎捕大象以获取象牙以及砍伐紫木树。因此，没有理由要求引进欧洲的技术。非 107洲经济也很少有行业容下这些技术，除非那些具有负面影响的出口类型完全停止。一个值得注意但很少公开的事实是，在非洲大陆、不同地区的几个非洲国家的统治者都清楚地看到了这种情况，他们要求欧洲将技术用于内部开发，以取代奴隶贸易。

　　欧洲人有意忽略非洲人对于欧洲应将一定技能和技巧让非洲人使用的请求。16世纪初的刚果就是这种情况，这在前面已经提及，埃塞俄比亚也是一样，虽然那儿与欧洲人没有奴隶贸易。1520年，葡萄牙外交大使抵达埃塞俄比亚王宫，莱布纳·登格尔（Legna Dengel）皇帝仔细看了葡萄牙的剑、步枪、衣服、书籍等，觉得有必要将欧洲的技术知识引进埃塞俄比亚。他还和欧洲统治者如曼努埃尔一世（Manuel Ⅰ）、葡萄牙的约翰三世（John Ⅲ）等国王以及教皇利奥十世（Pope Leo X）之间有通信往来，信中也请求欧洲援助埃塞俄比亚工业。直到19世纪后期，埃塞俄比亚的请求几乎毫无效果。

18世纪上半叶，另外两个例子也说明非洲国家的统治者欣赏欧洲技术，并表明他们特别偏爱技术，而非贩奴船。达荷美的阿嘎加·特鲁多试图阻止俘虏贸易，为了引起欧洲工匠的兴趣，他派出驻伦敦大使。18世纪20年代后期，有一位在达荷美王宫的欧洲人告诉他的同胞，"任何裁缝、木匠、铁匠或有类似手艺的白人男子，只要他空闲并愿意来这里，他会得到很好的奖励"。阿散蒂国王（Asante hene）奥坡库·瓦里（Opoku Ware）（1720~1750）也要求欧洲在阿散蒂建工厂并在此酿酒，但他没有得到任何回应。

鉴于日本的历史，应该指出的是，首先请求技术援助的埃塞俄比亚帝国和刚果帝国，它们在16世纪无疑可与当时多数欧洲封建制国家比肩，唯一例外的是，它们还没有产生资本主义的萌芽。18世纪，达荷美和阿散蒂这两个伟大的非洲国家变得非常突出。它们已经经过了社群主义阶段，已经有一点封建社会的阶级分层以及许多领域如黄金制造、铁器制造和织布行业等的专业化。在奥坡库·瓦里统治下的阿散蒂社会已经显示出寻求创新的能力，不辞辛苦地获取进口丝织物并解开它，以便将丝线和棉结合来制成著名的肯特（Kente）布。换言之，在这样的非洲国家，当时要掌握欧洲的专门技术并弥合它们与欧洲之间存在的差距是没有困难的。

虽然非洲统治者和欧洲资本家之间都在谈论取代奴隶贸易，但到19世纪，欧洲对非洲提出的实用性援助的请求同样冷漠对待。19世纪初，卡拉巴尔（Calaber）（尼日利亚东部）的国王写信给英国人请求建立制糖厂。1804年，达荷美的国王阿丹多赞（Adandozan）竟敢请求建立枪械厂！在这之前，西非许多地区都在交战中使用欧洲的枪支和火药。在达荷美有一说法，"谁制造火药，谁就赢得战争"，这一说法极有远见，表明他们意识到非洲人在欧洲的先进武器技术面前必定会倒下。当然，欧洲人也充分认识到，他们的武器技术是决定性的，而且他们绝对不可能同意教非洲人使用枪支和弹药。

非洲与欧洲之间的贸易环境对非洲持续提出与发展相关的技术

需求是不利的，这种需求一提出，就被资本主义者忽略或拒绝。毕竟，发展非洲不符合资本主义的利益。在当代，西方资本家拒绝了加纳总统克瓦米·恩克鲁玛（Kwame Nkrumah）关于建立沃尔特河大坝的请求，直到后来他们意识到捷克斯洛伐克人会为加纳建水坝，才同意这一请求；他们拒绝为埃及建设阿斯旺大坝，后来，苏联不得不出手相救；在类似情况下，他们对坦桑尼亚至赞比亚的铁路建设设置障碍，这条铁路的建设后来由社会主义中国介入，以切实可行的方式表达与非洲农民工人的团结一致。从历史的角度来看整个问题，我们发现资本主义一直阻碍非洲的技术革新，并阻止非洲接触自己的技术。在随后的章节中可以看到，资本主义将其物质文化的有限方面引入非洲，以利于更有效地对非洲进行剥削。总的趋势是资本主义在技术方面一直力图使非洲处于欠发达状态。

一般来说，欧洲奴隶贸易和海外贸易对欧洲的发展产生了被称为"乘数效应"的非常具有积极意义的作用。对外交往的效益影响到欧洲生活中与对外贸易没有直接联系的诸多方面；同时，整个社会自身内部的发展配套也越来越好。然而，非洲正好相反，这不 109 仅体现在关键的技术领域，而且对于每个经济体的大小和目的也是一样。在正常的发展过程中，经济稳步增长，然后，两个相邻的经济体融合为一，西欧各国正是通过逐渐将曾经相互分离的地方性经济进行融合形成国民经济。实际上，欧—非贸易有助于欧洲更加紧密地熔铸不同国家的经济，但在非洲，却只有地方一级的分裂和瓦解。与此同时，各地方经济不再仅仅甚至不再主要以满足居民的需求为定向；并且（不论个别非洲人是否意识到）其经济成果为外部利益服务，使他们依附于以西欧为主的外力。这样一来，作为一个整体，非洲经济偏离了以前的发展路线，并变得扭曲走样。

如今，大家都知道，目前非洲不能轻易实现真正产业化的主要原因之一是，任何单个的非洲国家对制成品的需求市场太小，而且非洲没有跨区域的综合市场。非洲与欧洲的这种关系从一开始到现在一直背离了使当地经济一体化的方向。非洲大陆上建立起的某些领土间的联系因为 15 世纪后与欧洲的贸易而分解。在从西非海岸一直到安哥拉的地区出现过几个例证，因为在那些地方，欧洲贸易量最大，且保存下来的书面记录也比较全面。

15世纪70年代，当葡萄牙人来到现在的加纳时，他们没有几种商品可供当地居民选择，很难交换到欧洲觊觎已久的黄金。然而，他们能够从贝宁将尼日利亚所需的棉布、珠子和女奴隶进行转运，这些商品在"黄金海岸"很畅销。葡萄牙人这么做是对"黄金海岸"既定需求的回应，因此，以前的贸易肯定已经存在于贝宁人和"黄金海岸"人特别是阿肯人之间。阿肯人是黄金生产者，而贝宁人是专业工匠，他们有多余的布料和他们自己制造的珠子。由于贝宁是拥有庞大军队的扩张主义国家，能够获得战俘；当时，阿肯人似乎关注增加自己的人口和劳动力，所以阿肯人从贝宁获取女俘虏并快速使她们成为人妻。当葡萄牙人干预这种交换时，它附属于欧洲贸易的利益。一旦葡萄牙和其他欧洲国家有充足的商品，不用依赖贝宁特定商品的转口贸易，那么剩下的一方面是"黄金海岸"和欧洲之间的关系，另一方面是贝宁和欧洲之间的联系。

或许贝宁的产品早已途经现在的达荷美和多哥海岸背后的小湾到达"黄金海岸"。因此，一旦欧洲人在开阔的海面建立直接的联系，这种贸易会更方便。正如刚才说到的，欧洲人在海上的优势具有最大的战略价值，加之它们的组织能力。可以从以下几个地方进行说明，首先是马格里布和毛里塔尼亚。葡萄牙人在取得非洲西北部的大西洋沿岸的控制权后，他们能够获得马匹、羊毛制品和珠子，他们把这些商品继续向南运到西非用以交换黄金和奴隶；16世纪初，葡萄牙人带到塞内冈比亚进行交易的最重要的商品就是马。一匹马可以让他们换到15个俘虏。北非的毛织品和珠子同样被葡萄牙人用来购买冈比亚河以及南至塞拉利昂的黄金。

需要回顾的是，西苏丹曾与西非沿海和北非都有联系。早在欧洲人到来以前，马从北非被运送过来，并与西非当地的马匹异种交配。阿拉伯人和毛里塔尼亚人前往塞内加尔河并进一步南下，与曼丁加人中的迪奥拉（Djola）商人会面并向他们交付其商品，如休达的珠子和由北非的羊毛纺成的布。葡萄牙人因为具有海上运输快速性的优势，而不是在陆路上穿越沙漠，从而有效分裂了该地区的经济一体化。以贝宁—阿肯人为例，需要注意的是，在葡萄牙成为中间人后便有机会开发了一种崭新的贸易格局，这种格局使西北非洲和西部非洲双方都指望欧洲，却均把对方忘了。

上几内亚海岸也出现了类似情况，这次欧洲人的开发是由住在佛得角群岛的白人出面帮助的。葡萄牙人和佛得角定居者从15世纪70年代就打入了在上几内亚当地形成的贸易格局。他们介入原棉和靛蓝染料的转运，将这些产品从非洲一个地区转运到另一个地区，佛得角定居者建立了一个繁荣的棉花种植和棉花制造产业。他们利用来自大陆的劳动和技术，然后将成品沿海岸出口到阿克拉。

葡萄牙人也接管了刚果及其近海岛屿的贝壳贸易、安哥拉海岸的食盐贸易以及安哥拉南北部之间的高品质的棕榈布贸易。在某些　111情况下，他们取得支配地位不只是因为其船只和商业技巧，同时也通过使用武力的优势——假如他们在海岸经营，有可能会将大炮投入使用。例如，在东非，葡萄牙人用暴力从阿拉伯人和斯瓦希里人手中夺得了贸易。在"象牙海岸"和"黄金海岸"之间，对非洲贸易的瓦解也是采用这个模式。在这两个地区之间，有着一个强大的沿海独木舟贸易，拉乌角（现代"象牙海岸"）的人驾着独木舟，经过三尖角，把他们的布出售到远至阿克拉的地方。葡萄牙人在靠近三尖角的阿克西姆（Axim）设立了堡垒，为的是与内地进行黄金交易时能提供服务；其功能之一就是切断东西海岸的非洲贸易。他们禁止阿克西姆居民前往拉乌角，他们规定独木舟从"象牙海岸"向东行驶不得超过阿克西姆。其目的显然是分离这两个地区的经济实体，使之完全依赖于欧洲。

上述的非洲贸易证明其具有商业根基。当荷兰人于1637年接手阿克西姆时，他们发现这一贸易仍在发展。经营"黄金海岸"的荷兰西印度公司的雇员希望完全终止这种非洲贸易。当他们没能达到目的时，他们试图强迫"象牙海岸"的人购买一定数额的荷兰商品。荷兰规定，每个驾独木舟前往拉乌角的阿克西姆人应随身携带价值至少4盎司黄金的荷兰货物。其目的是将一个纯粹的非洲内部交易转换成欧—非贸易。

非洲在尝试整合自己的经济时面临着双重不利。当欧洲人成为非洲当地贸易网的中间商时，他们主要是为了方便获得俘虏，同时他们也使非洲整个经济从属于欧洲奴隶贸易。在上几内亚和佛得角群岛，葡萄牙人和他们的后裔混血儿从事种类繁多的交易，包括棉花、染料、可乐果以及欧洲产品，其目的是填满奴隶船的底舱。刚果和安哥拉也出现了同样的画面。落入葡萄牙人手中的盐、贝壳和棕榈布弥补了其贸易货物的短缺，而且有助于在海岸不同地区以及边远内陆各地购买俘虏。

从属和依附两大要素对了解今天的非洲欠发达非常重要，其根源早在国际贸易时代就存在了。还值得一提的是，有一种为了依附性而伪装的虚假性整合。当今，这种虚假整合在世界上前殖民地地区表现为自由贸易区的形式。这些自由贸易区是为跨国公司的渗透而定做的。从 15 世纪起，非洲就出现了远离海岸的经济连接形式的虚假整合，其目的是让俘虏和象牙能从既定的内陆地区通过并到达大西洋和印度洋既定的港口。例如，俘虏从刚果穿过现在的赞比亚和马拉维后到达莫桑比克。在那儿，葡萄牙人、阿拉伯人或法国人买家接管他们。这不是对非洲相关地区经济的真正融合。这种贸易只代表国外渗透的程度，从而扼杀了当地贸易。

西非黄金交易没有受到破坏，但它从北方穿过撒哈拉沙漠的商道变成了直接依赖欧洲买家。在西苏丹的萨凡纳（Savannah，即热带草原）地带，穿越撒哈拉的黄金贸易从公元 5 世纪起就培育了非洲最发达的政治区域之一的崛起。但对欧洲来说，在西海岸获得黄金要比通过北非中介人更方便。人们不禁会思考这个问题，如果黄金交易在 17～18 世纪一直在这一地区稳步增加，那么西苏丹有可能会发生什么情况呢？然而，欧—非对这一特殊商品进行交易，有些事说来还是有利于非洲的。黄金生产涉及采矿并在非洲形成有序的分销体系，到 19 世纪，阿肯人地区、津巴布韦和莫桑比克部分地区的社会政治系统持续保持着繁荣的发展，主要是因为黄金生产。

象牙出口也带来了一定的收益。寻找象牙一度成为东非几个国家最重要的活动，有时它与俘虏贸易结合在一起。坦桑尼亚的瓦尼亚姆维齐人是东非最有名的商人——他们通过携带商品在坦噶尼喀湖和印度洋之间数百英里进行交易而获此殊荣。当瓦尼亚姆维齐人将他们的注意力放到象牙出口时，这带动了其他方面的有利发展，如他们自己和相邻地区之间在锄头、食品和盐方面的交易不断增长。

然而，在任何区域，象牙是一种被迅速耗尽的资源，而且，努力确保新的象牙供应可能会导致暴力，这可以与寻找俘虏而引发的暴力相比拟。此外，象牙贸易最具决定性的限制是它不可能通过本土需求和本地生产形成顺理成章的增长。非洲任何国家都不需要大量的象牙，直到欧洲或亚洲有此方面的需求时，非洲国家才开始进行大规模的大象猎杀和象牙收集。任何一个重视象牙出口的非洲国家，事后不得不重新构建其经济，其目的是使象牙贸易获得成功。113反过来这又导致了过度不良地依赖海外市场和外部经济。这样一来，贸易额会有所增长，积极的副作用也有可能出现，但实现经济独立和自给自足的社会进步的能力会下降。此外，在任何时候都必须记住：非洲的贸易具有辩证的对立面，即欧洲的生产或者欧洲控制下的美洲的生产。与欧洲产品相关的利润、技术和技能的比较，非洲通过猎杀大象产生的社会需求的副产品可以说是微乎其微。这样一来，非洲和欧洲之间的差距不断拉大，正是在这个差距的基础上形成了发达与欠发达。

非洲政治军事的继续发展
——1500～1885 年

现代非洲民族主义的历史学家们实事求是地强调，早在欧洲人到来之前，非洲已经存在一个有意义的过去。他们还强调，非洲人民在与欧洲接触后很长·段时间内一直在创造他们自己的历史，确切地说，直到殖民地时期。以非洲为中心对大陆的过去进行研究的方法与强调外部力量的改革作用完全一样，如奴隶、黄金、象牙等海外贸易。这两种方法的协调是通过以下三个因素实现的，我们应该牢记在心：

（1）直到1885年，外部（主要是欧洲）的影响从地理上来看很不均匀，沿海一带的影响比较明显。

（2）与欧洲人的通商在不同程度上影响着非洲人生活的方方面面，而在政治、军事和意识形态方面几乎没有受到影响。

（3）独立非洲动态特征的演化和发展（如第二章所示）直到1500年之后仍在继续进行。

人们认为尝试将非洲划分为受奴隶贸易影响的地区和未受影响的地区有可能具有误导性，因为整个大陆不得不承担其代价。然而，就目前而言，大致区别非洲那些直接卷入欧洲活动的地区和那些继续以传统方式来表现的地区已经足够了。

114　　某些地区发展仍在继续，如非洲中南部，因为那里的人民可以自由追求一条由非洲人与非洲环境互动而支配的道路。此外，即使是遭到贩卖奴隶猛烈冲击的社会也取得了一些成就。奴隶贸易导致了在国际贸易的背景下欧洲对非洲的商业控制。只有在极少数的情况下，欧洲人才得以设法在各种社会制度中取代非洲政权。因此，在前殖民时期，非洲国家在与欧洲的密切接触时仍然有政治运作的空间，这些国家能够也确实在不断演进。

对非洲的军事征服发生在帝国主义瓜分年代。在与欧洲有来往的前殖民时期的多个世纪里，非洲的军队是存在的，并具有所有社会武装部门的社会—政治影响。同样重要的事实是，思想文化领域方面直接从欧洲的输入几乎是零。基督教试图零星地、摇摆不定地在大陆的一些地区产生影响，但刚果、安哥拉和几内亚为数不多的几个传教士均专心于求神赐福于非洲人，因为他们随后很快就会被卷入横跨大西洋的奴隶制。事实上，基督教只有在埃塞俄比亚得以存续，因为那里有其本土之源。其他地方有活跃的伊斯兰教和其他宗教，与欧洲的贸易没有任何关系。像以前一样，宗教仍然作为上层建筑的一个元素，它在国家发展中是至关重要的。

尽管非洲大陆因为陷入欧洲资本主义的卫星轨道而被强加了一些约束条件。只要存在政权，只要能够调动人们使用武器，只要社会有机会来定义自己的意识形态和文化，那么，这个社会的人民对自身的命运便有所控制，总之，虽然历史的发展离不开物质条件和技术状况，但是不同阶段的历史发展还是可以通过人们的意识得到部分的控制。这就是我们在一开始提到的上层建筑和基础部分的相互依存关系。

革命是有觉悟的人和阶级在历史舞台上引人注目的表现；但是，在不同程度上，任何社会中的统治阶级总是作为变化或守旧的自觉工具而被卷入发展过程。这一部分的注意力将集中在政治领域和其权力的伴侣——军事上。在那些地区，非洲人即使是面临着奴隶贸易，他们也做得胜人一筹。

1500 年至 1885 年的非洲政治—军事的发展意味着，非洲的社会集体已经变得能够保护其成员的利益，而不是指定社区之外人民的利益。这也意味着，政治成熟和军事强大的国家里的个人可以免除被强力掳走的外部威胁。在国家的保护下，他会有更多的机会在 115 不同的领域如吟游技艺和青铜工艺等工作中致力于运用自己的技能。他还可以利用他的创新和发明改进自己国家人民的宗教，或制定一个更具操作性的宪法，或提高有助于战争的新技术，或促进农业和贸易。当然，这些贡献确实只为非洲社会的少数人服务，不论是在贩卖奴隶的社会还是在没有奴隶贩卖的社会；因为随着社群主义的消失，平均分配的原则受到了忽视。我们可以在所讨论的前殖民地时期从整个大陆找出具体的历史实例来阐述这些不同的论点。

约鲁巴人

在前面的讨论中，约鲁巴人的奥约王国仅仅是作为在 15 世纪欧洲人到来前夕非洲发展的一个杰出代表。人们对 14 世纪和 15 世纪的奥约、其起源地国家伊费以及相关国家贝宁的非凡艺术成就已有很好的研究，主要是因为象牙、陶俑和青铜雕塑的保存。显然，最早的青铜器是最好的，从 16 世纪到 18 世纪，在制作和光感度方面都开始退化。然而，从政治上看，奥约和贝宁这样的国家在欧洲人到达非洲西海岸之后继续繁荣和发展了很长一段时间。由于奥约和约鲁巴人处于奴隶贸易密集的地区，他们在 1500 年和 1885 年之间的命运具有重大意义。

直到 18 世纪末，奥约王国一直未参与奴隶贸易。相反，奥约王国的人民关注当地的生产和贸易以及这种贸易的巩固和扩大。事实上，虽然奥约王国的核心在 15 世纪时就已经建立了，但是在接下来的三个世纪期间，它扩展并致力于控制后来被称为尼日利亚西部的广大地区、尼日尔河北部的大部分地区以及现今达荷美的整个地区。这实际上是一个由阿拉芬（Alafin）与贵族一起统治的帝国。在 16 世纪、17 世纪和 18 世纪，调节阿拉芬和他的主要臣民之间关系以及首都与各省之间关系的微妙的宪政机制已经形成。

直到当时为止，奥约对于海岸的兴趣是将它作为一个出口更多布匹而不是出口奴隶的地方。由于地处内陆，奥约的约鲁巴人主要116 关注与内地的关系，从而与西苏丹的贸易区连接。奥约从北方引进了马群，这使得其军队获得了人们的敬畏。奥约是非洲根植于过去并在人与环境之间的矛盾中得以发展的一个主要例子。它的人民在没有刻意去操纵各种力量的基础上，通过深思熟虑的政治技巧继续发展。

一般来说，在 19 世纪早期，奥约和约鲁巴地区已开始出口大量俘虏。这些俘虏一部分是在约鲁巴地区以外的军事行动中捕获，有些是获得的当地奴隶。当地奴隶的获取牵涉到绑架、武装袭击、不确定性和分裂。这些特点，连同内部构成的紧张局势和来自北方伊斯兰的外部威胁，导致奥约帝国在 1830 年的灭亡。著名的约鲁巴人祖先的故乡伊费也遭受掠夺，其公民变成了难民，这也是因为绑架出售奴隶引发的约鲁巴人内部的争斗。

但非洲在那一部分地区的发展水平得到了证实，因为就在几年之内，当地居民便能够重建新的政治国家，特别是新奥约（New Oyo）、伊巴丹（Ibadan）、阿贾伊（Ajaye）、阿贝奥库塔（Abeoku-ta）和伊杰布（Ijebu），每个国家都以一个城镇为中心，同时拥有足够的土地用于成功的农业生产。直到英国人来到尼日利亚并好心地强加"秩序"之时，约鲁巴人都在不断地尝试各种政治形式，非常强调军事的作用，同时还保持了他们祖先的宗教。

由于具有领土边界的意识，任何国家的居民和统治者经常卷入与邻国的冲突。欧洲和亚洲封建时代的国家特别关注军事能力。统治阶级将国家全部的或部分专业的战斗力量组合起来。他们在对享受社会剩余价值主要部分作辩护时的一个合理化解释就是他们为普通农民或农奴提供了武装保护。这种概括既适用于 19 世纪的约鲁巴人地区，也适用于普鲁士和日本。毫无疑问，这一地区的非洲人继续沿着朝向社会组织的方向发展，可与欧洲、亚洲和非洲其他部分如埃塞俄比亚和马格里布地区的封建主义相比较，只是那些国家早在几个世纪之前就经历了这个阶段。

在奥约帝国，文职力量是主导，军事将领是国王的仆人。然而，军方随后接管了有效的政治权力。例如，阿贾伊王国是由库伦米（Kurunmi）建立的，据说他是在奥约倒台后的乱世期间约鲁巴人最伟大的将军。库伦米在阿贾伊建立了个人的军事统治。伊巴丹 117 略有不同，在那里有一群军官集体形成的政治精英。使文职官员重新执政的努力是半心半意的，也并不成功。毕竟，城市本身就是从一个军营发展起来的。

阿贝奥库塔城邦国也许是为了使军队成为文职政府的一个部门而做出最为持续努力的国家之一。但是，最重要的是在阿贝奥库塔坚固的城墙里面对于城镇的保护。阿贝奥库塔的坚固城墙因许多竞争对手的军队败于此地而著名；在这种情况下，奥罗根（Ologun）或战争首领代表着社会和政治的权力。

在约鲁巴地区发生政治军事化之时，其社会结构也发生着变化，随之而来的是尖锐的阶级分层。在战争中抓到的许多俘虏大多数被贩卖到欧洲。因此，直到 1860 年，约鲁巴地区以提供奴隶而臭名昭著。然而，许多战俘被留在当地成为奴隶或农奴，这取决于他们是不是第一代俘虏。有时，那些从被摧毁了的村镇逃离出来的难民没有其他的选择，他们成为其他自由的约鲁巴人的被庇护者或农奴。这些难民靠耕种土地为新主人提供服务，回报是获得武装保护。但是，农奴也被当作士兵，这意味着他们已经获得生产资料（土地），只要满足服兵役的义务就行。这是一种衡量，以了解在何种程度上亲属关系的原则已被削弱。它表明，与典型的社群主义的村落不同，那些类似约鲁巴地区 19 世纪的国家将角色和报酬分配给它们的公民，这是以作为封建主义的典型特征互惠义务为基础的。

在我们所讨论的这一时期，随着专业士兵或被称为"战争男孩"的崛起，约鲁巴人之间的劳动分工得以扩展。专业士兵都是贵族子弟，他们将农业不屑一顾地交给了囚犯和农奴，这些人很多，足够保证大面积的农业耕作。其他部门的经济活动也在蓬勃发展，尤其是棉布和棕榈油的制作以及各种产品的贸易交换。这些都是真实的场景，虽然因为奴隶出口的形式或是由于参与抓捕他人出口的形式，劳动力正以各种方式减少。在 19 世纪中叶到约鲁巴地区访问的欧洲游客仍然可以欣赏到它的物质文化水平，还有它那丰富多彩和令人印象深刻的非物质文化，如一年一度的"薯蓣节"（Yam Festivals）以及桑戈（Shango）、奥博尼（Ogboni）等宗教崇拜仪式。

118　　　非洲人焦急寻找的同时又很容易从欧洲人那里得到的一项欧洲技术就是武器。从 19 世纪 20 年代起，约鲁巴人获得了大量的欧洲武器，同时还将武器整合到了贸易、政治和军事战略的模式之中。在殖民统治前夕，约鲁巴的将军们千方百计想得到后膛步枪甚至火箭；但欧洲人很快就插手了，以防事态发展得太远。通过一系列早从 1860 年就在拉各斯采取的行动（包括传教士的渗透以及武装入侵），英国人得以将非洲的那一部分纳入殖民主义的统治之下。

经济发展是提高生产能力的事业，这与土地使用权和阶级关系相关。这些基本事实在约鲁巴失去独立之前的几十年的历史中，以积极的和消极的形式表现出来。只要农业生产不中断，那么我们所知道的约鲁巴国家就仍处于强有力的地位。伊巴丹曾经在约鲁巴地区拥有最强大的军事力量，它贩卖俘虏，同时出于自身利益保留了许多俘虏作为劳动力。但是，伊巴丹的农业地区遭受了战争，伊巴丹的统治者们也开始将耕种土地的俘虏转而卖给欧洲人。这种交易变得很有必要，因为伊巴丹需要枪支，而这些只能靠卖奴隶来获取。正是在这一点上，在海岸上出现的欧洲奴隶买家所具有的破坏性影响变得确实非常重要。

通过出售自己的俘虏和奴隶，伊巴丹破坏了自身的社会经济基础。如果因犯们被发展成为一个真正的农奴阶级，那么社会就必须保证这些犯人有权被保留在固定的土地上，同时还要保护他们免于被买卖。这就是在欧洲作为一种生产模式的奴隶制度，不得不让位于农奴制和封建制度的原因之一。在正常情况下，约鲁巴社会确实迅速保证了那些融入当地生产模式的俘虏们的不可移动性。但是，作为奴隶买家的欧洲人的出现所释放的力量太大且无法抵挡。因此，解决这一问题的希望随着殖民主义统治下的政治权力的丧失而消失。

历史学家们经常会过分强调 19 世纪约鲁巴国家的失败，它没能团结起来从而产生一个比之前的奥约帝国大的国家。但是，首先，一个政治单位的大小并不是评价业绩最重要的标准。其次，一国人民可以在政治上进行瓦解，然后进行更有效的整合。伊巴丹、阿贝奥库塔、阿贾伊等约鲁巴人国家拥有 10 万余公民——与封建德国的多数城市国家、公国和领地一样大。这是一个值得公之于世的比较，这使 19 世纪中叶到过约鲁巴地区访问的欧洲观察员感到震惊。 119

德国一直以来都有一种共同的文化和语言，从 12 世纪到 15 世纪在神圣罗马帝国的统治下有一种政治统一的形式。然而，在神圣罗马帝国改革和解体之后，德国人民被分为许多独立的政治实体——正如一年分为每天一样，有的政治实体还不比一个公园大。然而，整个德国内部的阶级关系和生产力在继续发展，最终于

1870 年再次实现统一，封建主义让位给一个强大的资本主义民族国家。同样，约鲁巴是一个拥有单一语言的广泛的文化实体。奥约帝国垮台后，内部和外部的因素使其发展的过程放缓，但发展并没有停止。是欧洲殖民主义的到来使其停止了发展。

在贩卖奴隶的非洲西部和中部地区，国家建构仍在进行并且取得了不同程度的成功。例如，阿肯人王国体系的成长方式和奥约帝国的一样令人印象深刻。对于阿肯人来说，幸运的是，奴隶贩卖仅在 18 世纪前半期达到惊人的程度。那时候，如阿散蒂这样的国家已经深深扎根，足以承受奴隶贩卖所产生的不利影响。到 19 世纪 70 年代，与西苏丹中心地带的合作仍在继续，当英国人试图强行主宰阿散蒂时，这些著名的非洲人民并没有放弃英勇的武装斗争。

18 世纪阿散蒂与奴隶出口的关联使其统治者对通过战争、突袭贡品，以及获取战俘作为其被俘地区的贸易品这一类型的扩张表示关注。此外，15 世纪以来，阿肯人国家一直在增加而不是出口其人力资源。俘虏被纳入本地社会；在殖民主义前夕，阿散蒂社会中有相当比例的人口是奥东科－巴（Odonk-ba），他们是俘虏的后代，是这块土地上的劳动人口。发展不是通过出口劳动力和失去劳动力，而是通过增加劳动力和使劳动力最大化。

达荷美

过了沃尔特河，阿散蒂的东部邻国就是达荷美。由于达荷美卷入欧洲奴隶贸易很深，而且经历了一段很长的时期，因此，我们必须用很长的篇幅来叙述它的经历。

120　　在整个 18 世纪和 19 世纪，达荷美的人口如果不是下降的话，至少也已经停滞了，同时除了奴隶出口，几乎没有其他的经济支柱。达荷美的成功之处在于，尽管有如此磨难，仍对非洲大陆人所取得的成就作出了贡献。应当明确的是，达荷美阿贾人或丰人社会政治发展的基础早在欧洲影响西非之前就已经奠定了。在 15 世纪，阿拉达（Allada）和维达的阿贾人诸国早已存在，他们与伊费的约鲁巴人有着松散的联系。16 世纪时，达荷美是阿拉达的一个衍生物，但到 18 世纪初，它已经扩展到将阿拉达和维达包括在内。

阿拉达和维达的国王们犯了错误：或是无法保护他们自己的公民免受奴役，或实际上纵容他们被奴役。达荷美并未遵循这样一种直接与维护国家相冲突的政策。相反，在无法使欧洲人接受除了人之外的其他产品之后，达荷美最终成为西非典型的奴隶劫掠国家。为了实现这一目标，达荷美必须首先建立一个严密的有组织的军事国家，其国王更接近独裁或比奥约的阿拉芬或阿散蒂的阿散蒂赫内（Asantehene）更专制。其次，达荷美对于其军队投入了大量的时间和精巧的装备，以保护自己的公民和进行对外战争。

在欧洲的历史上，斯巴达作为一个完全致力于战争艺术的城邦国家脱颖而出。18 世纪和 19 世纪在非洲的欧洲人总是把达荷美称作黑色斯巴达。在 18 世纪，奥约的骑兵远胜过达荷美的步兵，达荷美只能向奥约帝国进贡。但随着奥约的垮台，达荷美成为该地区的最重要的军事国家，同时，的确还对原来的约鲁巴霸主实施了报复。战争对于保证在达荷美之外获取奴隶和武器是必要的。事实上，战争是生存的根本。

达荷美人对于军事活动的高度的全神贯注可以从多方面加以阐述。他们的价值观奖励勇敢和获胜，同时无情地鄙视甚至是清除懦弱者和战场上的失败者。国王的两个首席部长就是军队里"左翼"和"右翼"指挥官，同时，其他的军事官员也肩负着政治要职。当时，艺术媒体也不断地制作出战争主题的作品。美丽的马赛克和壁画出现在达荷美宫殿墙壁上，所有都是军事胜利的题材。专业传 121 诵者呈现的历史叙述反映出同样的偏见；棉布工人们忙于为将军和军团制作各种徽章、旗帜和遮伞。

两个独特的创新使达荷美不同于非洲的邻国，甚至可以说在封建和半封建的军事组织的环境下给予它一种特殊的荣誉。首先，达荷美鼓励年轻男孩成为战争学徒。到了 11 岁或 12 岁，一个男孩会跟着一个老兵，帮助他运送给养并观察战斗。第二个创新（这一个得到了更广泛的评论）是达荷美在军队中对于女性的运用。显然，在 18 世纪，皇室的妻妾开始参加仪仗卫队，然后逐渐成为达荷美战争机器的一个组成部分，与其他军人完全平等，同甘共苦。在 19 世纪，达荷美的人口可能不超过 20 万；每年，国家设法将 12000～15000 名战士派到各种战役中。在这些人中，据估计 1845 年有 5000 名左右是女性——所谓的"达荷美的亚马孙人"，她们在战争中的凶猛为敌人所惧怕。

从长远来看，奴隶贸易摧残了达荷美。奴隶战争是昂贵的，且不能保证以得到俘虏为回报。根据欧洲的条件，欧洲的买家在某些年份没有出现，例如在美国独立战争、法国大革命和随后的革命战争时期，达荷美的奴隶出口停滞了，因为没有几艘欧洲船只可以抽出来做奴隶贸易。由于不能贩卖俘虏去获得枪支来进行更多的奴隶战争，达荷美感到自己的光荣和军事荣誉在下降。人祭是为补偿国家和君主荣誉的消退，正如 19 世纪贝宁王国的奥巴（Oba）那样。

即使如此，达荷美野蛮美誉的故事被难以置信地夸大了。达荷美王国发明了一些优化措施如人口普查；进行深入广泛的外交，制定了通常只有在"文明"的欧洲国家才能听到的所有的细节和协议；并建立了一个间谍和情报系统作为自身安全的重要组成部分。首先，至少应将注意力简要集中在艺术家在达荷美社会中的作用上。许多非洲艺术源于对事物功能性的细述，如陶器和棉布。然而，宗教和国家权力同时也刺激了艺术。例如，伊费的黄铜器和青铜器的制作代表着宗教崇拜，同时与伊费的奥尼（Oni）以及王室有关。事实上，封建统治阶级对艺术家的保护、支持和认可，是最普遍的一种现象。这在华夏中国，对于陶瓷制造者和戏剧艺术家来说的确如此；16 世纪意大利的文艺复兴时期的确如此；在 17 世纪到 19 世纪的达荷美也的确如此。

现在没有人知道，在独立的前殖民时期的任何特定的艺术成就应该是哪一位达荷美人的功劳。然而，在那段时间，每一个艺术家都获得了自我发现和自我发展的机会，同时为作为一个整体的社会服务。他们的任务是释放快乐及捕捉人们的希望和雄心，体现在宫殿的壁画、铁艺雕塑、为皇室设计的手工编织布的压印图案、精雕细琢的国王大使的安全人员头像以及达荷美王国的创始人如何从豹子肚子里走出来的生动故事里面。这是围绕皇室和贵族家庭的艺术，但也是一个国家的产品以及被作为一个整体的人民所认同。随后，这样的艺术技巧要么消失了，或是堕落并服务于庸俗的殖民主义者的好奇心。

仍然有些人认为达荷美在某些领域的发展必须要归功于奴隶贸易。最终要证明的是，整个 19 世纪非洲政治和军事的发展是在较早时代已经奠定好的基础上的一种延伸，我们最好再看看那些未受到外国影响的地区。非洲东部的大湖地区就是其中之一。

东部大湖地区的国家

在前面的讨论中，我们的注意力主要集中在直到 15 世纪作为东非最先进的社会政治形式的布尼奥罗 – 基塔拉王国。它的巴齐维兹人统治王朝不知道什么原因垮台，然后，他们被来自北方的新移民推翻。对巴齐维兹人是否有埃塞俄比亚的渊源虽然有一些怀疑，但有明确的证据表明，16 世纪的移民是来自流经苏丹的尼罗河某河段的卢奥人（Luo people）。

随着卢奥人的迁移，一支被称为巴比托王朝（Babito dynasty）的新家系占据了布尼奥罗的地区。同一王朝的其他分支在其他几个地方登基为王，有时从主线脱离独自为政。19 世纪末，在托罗开创了一个单独的巴比托王国。同时，巴齐维兹人或巴赫马人以一个被称为巴辛达人（Bahinda）的氏族形式在南部地区卷上重来。巴辛达人是古老的布尼奥罗 – 基塔拉王国的一个游牧民族，从 16 世纪起他们的据点就是安科莱地区和卡拉圭地区。

显然，新的巴比托统治阶级立即寻求土地的控制权，但根据已有的非洲习俗，他们后来试图将自己表现为土地的本来主人而非掠夺者。在布索加（Busoga），有几个巴比托小国王，研究者记录了皇室家族成员和平民之间关于土地的以下对话：

> 皇室家族成员："我们发现这个地方什么也没有，就利用起来了。后来你们这些人过来乞求土地，所以我们很慷慨，分给你们一些土地。自然你们现在是我们的奴隶。"
>
> 平民："啊！这都是谎言！你们没来之前我们就已经在这里很久了。你通过欺骗获得了你们的权力。你们这些王子王孙都是坏蛋！"

在这些大湖地区的独立历史的任何阶段，土地都没有成为纯粹的个人财产，也没有像在经典的欧洲封建模型中那样为某个阶级所垄断。学者在承认封建主义时期已经到来之前，经常要求必须具备这种特征；但他们没有考虑土地的分配和使用（或生产）权掌握在少数人手中的现实，他们没有意识到，在牛是财富的主要形式的地方，畜群的私有也是生产者被从生产资料剥离开来这一过程的一部分。具体地说，那些拥有畜群的人通常都是巴辛达人或其他巴赫马人及新的巴比托家族的人，而那些照看畜群的人往往是他们庇护者和庄园主人的农奴。就土地而言，耕种土地的农民以作物形式给族长和执政当局交出沉重的赋税，使得后者不用从事农业劳动也可以享受生活。

要记得，在各大洲独立进化的过程中，生产能力的提高伴随着所有阶段不平等的增加，社会主义阶段除外。谈到大湖地区直到殖民主义前夕的持续不断的发展，就是要突出这些国家扩大的生产能力，同时坦率地承认这是增加剥削的结果，这不仅仅是对自然资源而且也是对大多数人的劳动的剥削。后者被剥夺并受到压迫，他们为了少数几个住在宫殿里的人的利益而终日操劳。

大湖地区王国主要位于现在的乌干达、卢旺达和布隆迪。只有在坦桑尼亚的东北部存在着复杂的大湖地区王国的代表。在前殖民124 时代，坦桑尼亚东北部是该国最发达的地区，因为坦桑尼亚的其余地区是由那些并未被明确地遗留在社群共有阶段的众多小王国组成。但是当殖民时代结束之后，在宣扬一种新的平均主义意识形态时，坦桑尼亚的东北部也是这个国家出现问题的地方，因为在土地和生产品的分配以及个人权利获得方面已经有了一个不平等制度。事实上，从任何有意义的政治角度来看，该地区就是封建主义地区。

对于重要的大湖地区国家布干达的起源问题存在一些分歧。一些传说认为它与布尼奥罗人一样起源于卢奥人，而另一些人倾向于认为它是巴齐维兹人的后裔。它的社会结构当然与巴比托－布尼奥罗的非常接近。与安科莱的情况不同，布干达的巴赫马人没有受到政治权力的控制。他们只是与拥有牛群的统治阶级有关联，通常是在牧民初级能力的层面。在任何情况下，布干达的历史是一个在以布尼奥罗和其他邻国为代价的基础上逐渐扩张和巩固的历史。到18世纪时，它已成为整个地区的主导力量。

布干达王国拥有一个健全的农业基础，以香蕉作为主要食物，还有牛产品。他们的工匠制作的树皮布用于出口，当地的铁器和陶器生产由邻近非洲各国的进口产品作为补充。由于他们缺乏食盐，从而刺激了贸易网络的延伸，以获得必要的用品；有如西苏丹那样，这种扩展的商业网络实际上整合了一种大的区域的生产资源。德国殖民主义在非洲东部的先遣成员卡尔·彼得斯（Karl Peters）说："在对东非的政治和商业事务的评估中，过少强调其部落间的内部贸易。布干达的易货贸易不遵从所有的直接计算。"在布干达的情况下，奴隶贸易的缺失对扩大内部的生产和贸易意义重大，从而为政治上层建筑奠定了一个良好的基础。

布干达的国王们建立了一个小规模永久的武装力量以作为卫队；其余的国家军队在必要时征召。政治管理集中在卡巴卡（Kabaka）手上，地区的统治者由卡巴卡和他的委员会任命，而不是由氏族根据家族世袭来任命。这在设计如何通过地方官员的网络来管理这个大的王国中融入了独特的智慧。也许对布干达在政治成熟方面的最好赞美来自英国，英国人在19世纪发现了布干达和其他东非国家的封建制度。之所以说这些是最好的赞美，是因为这些赞美不情愿地来自白人种族主义者和文化傲慢的殖民主义者，这些 125 人不想承认非洲人能够做任何事情。

131

事实上，欧洲人对在大湖地区看到的印象如此深刻，以至于他们发明了这个命题，即那些政治国家不可能是非洲人所为，而是由早期来自埃塞俄比亚的白种"含米特人"（Hamites）建立的。这一神话似乎从一个事实得到某种支持，即巴齐维兹人据说是浅肤色的。然而，首先，如果有来自埃塞俄比亚的巴齐维兹人，那么他们会是黑色或棕色的非洲人。其次，正如前面所指出的，非洲东部文化进行了本地发展的整合，再加上特定地区之外的非洲人的贡献。他们当然不是从国外进口的。

假设巴齐维兹人或巴赫马人都是来自埃塞俄比亚，那么他们失去了他们的语言，从而像他们的仆人那样讲班图语。巴比托王朝的卢奥人家族也发生了同样的事情，这表明他们已经被当地的文化所容纳。此外，从 16 世纪到 19 世纪，巴比托人和巴赫马人/巴辛达人也加强了紧密联系。实际上，从不同的族群、种姓和阶层中出现了一些"民族群体"。"民族群体"被认为是民族国家之前的社会构成，同时这种定义也适用于布干达、布尼奥罗、安科莱、卡拉圭和托罗的人民，以及那些在卢旺达和布隆迪的人民。

卢旺达

大湖地区西部的大部分地区是卢旺达王国和布隆迪王国。现在有着这些名字的两个国家位于老王国的周围。这里将以卢旺达的经历作为实例。

和老布尼奥罗－基塔拉王国及它在安科莱的东北邻国一样，卢旺达被分成两个主要的社会群体。虽然绝大多数的人口是被称为巴胡图人（Bahuta，即胡图人）的农民，但是，政治权力在占人口约 10% 的巴图西人（Batutsi，即图西人）牧民手中。还有一个更小的少数民族巴特瓦人（Batwa，即特瓦人）约占 1%，他们处于前农业社会组织的一个非常低的水平。

卢旺达三个社会阶层的相对体质特征对人类作为一个物种的发展提供了有趣的注释。巴图西人是世界上最高的人群；巴胡图人长得矮小粗壮；巴特瓦人是侏儒。这些差异在很大程度上可以从社会职业和饮食方面来解释。巴特瓦人不是生活在稳定的农业社会；相反，他们结成小群，靠狩猎和挖掘根类食物为生，因此不能保证为自己提供大量和丰富的食物。在另一个极端，巴图西人牧民以源源不断的牛奶和肉类为饮食。巴胡图人比巴特瓦人在社会性方面更加先进，他们比巴特瓦人吃得更多更有规律，因为巴胡图人经营农业，这意味着他们的生活不完全依赖于大自然，也不用像巴特瓦人那样靠捕获稀缺的猎物为生。然而，他们的饮食缺乏巴图西人食物中的丰富蛋白质。因此，人类的发展及身体的发育在广义上与生产能力的扩展和食物分配有关联。

无论如何，从历史的角度来看，正是巴图西人所取得的政治和军事成就而非其身高使他们出名。他们对卢旺达王国的贡献可以追溯到 14 世纪，这是与巴齐维兹人相同的时期。卢旺达和安科莱之间与卡拉圭和布隆迪之间确实有着惊人的相似和实际的联系。但与布尼奥罗－基塔拉不同，14 世纪和 15 世纪的卢旺达远不是一个单独的政治实体。开始有几个小部落，是以卢旺达的图西氏族为中心的扩展才逐渐在 17 世纪创造了一个小型紧凑的王国。后来，卢旺达王国开始从中心往其边界扩展；这种扩展一直持续到殖民主义者来到之时。例如，姆坡罗罗（Mpororo）（安科莱）的统治者就曾给卢旺达朝贡，卢旺达的发展是以牺牲安科莱为代价的。

卢旺达王国的首领是姆瓦米（Mwami）。和许多其他的非洲统治者一样，他的权力由宗教信仰认可，而他自身也为宗教仪式所围绕。欧洲封建帝王常常试图让他们的臣民相信王权来自神，因此国王是"君权神授"。非洲国王的臣民就像卢旺达姆瓦米的臣民一样，经常接受类似的观念。当然，除此以外，国王的权威必须基于真正的力量，卢旺达的姆瓦米没有忽视这一事实。

鲁祖吉拉（Rujugira）是 18 世纪著名的姆瓦米，最后走独立路线的是鲁瓦布基里（Rwaabugiri）（也被称为基格里四世，Kigeri），他于 1895 年去世。加辛迪罗（Gahindiro）是另一位得到宫廷乐师和历史学家歌功颂德的国王。他们都对于国家权力结构进行了改善

133

或精心制定，从而做出了一个或多个贡献，这意味着他们都体现了一定历史的、阶级的和国家的力量。

18世纪的姆瓦米鲁祖吉拉采取的措施是将其边境地区的管辖权置于军事指挥官的专属权力之下，同时驻扎了强大的部队。此举是重要的，因为在任何年轻和成长的国家里最不确定的区域就是那些边境地区，被欧洲的封建术语称为"边境省份"。鲁祖吉拉实际上是将边境省份放在军事法的管辖里，他也将永久性的军事营地驻扎在那些战略性的地方。

在19世纪早期，姆瓦米加辛迪罗对文职管理进行了全面改革。在每一个省，设立一个负责土地的首领和一个负责牛群的首领。一个主要负责农场的租金，另一个负责牛群的税费。此外，所有的省份设有小地区的当权者或"山寨首领"，所有的成员都是巴图西人贵族。不知是意外或是故意，结果是负责不同地区的官员与负责不同事务的官员互相嫉妒，使他们不能够团结起来对抗姆瓦米。"山寨首领"在很长一段时间内都是已有的巴图西氏族或血统的世袭；但在鲁瓦布基里的统治下，他们成为受任命的，从而成为强化中央政府的一个举动。同时，公务员和议员（统称为比鲁，Biru）被授予大量土地，这些土地不受土地首领和牛群首领的干预，从而巩固了比鲁对王位的忠诚。

卢旺达出现的社会关系系统要比非洲其他地方具有更多的等级性和封建性。在军队、民政管理和社会本身的组织结构中都存在着这种阶级与个人之间的等级制度和社会－法律相互依存的特点。除此之外，其余一切事物的关键是对牛群的控制，这是通过一个被称为乌布哈克（Ubuhake）的机构来实施的。这意味着穷人（养牛的）和那些地位低下者（由出生决定的）能够接近占有更多牛群或拥有更受人尊重地位的那些人，并通过提供体力劳动来换取牛群和获得保护。他们得不到牛群的所有权，交给受庇护者的只有使用权。因此，受庇护者只要向他的主人交出牛奶和肉，而且只要他保持忠诚，他就可以长期使用牛群。当然，土地上的农民还得提供劳动服务和进贡食物。

第四章　欧洲及非洲欠发达的根源

巴图西贵族通过在姆瓦米王宫的代表权或在法律案件中为其受庇护者辩护来履行他们提供"保护"的职责。然而，最重要的是，这些保护来自专业的军事艺术。自 15 世纪起，对于某些巴图西血统的人来说就有义务兵役。巴图西人贵族的儿子成为皇家骑士，接收军事方面所有的教育培训。每个新的姆瓦米都要招聘新人添加到现有的军队之中。一些巴胡图人属于特殊的军团体被专门给养，巴特瓦人则被吸收作为特别的专业弓箭手（箭上有毒）。 128

当然，巴图西人向巴胡图人提供"保护"是一个神话，在这个意义上，他们所保卫的是自己对巴胡图人的剥削。他们使巴胡图人不受到外部敌人的侵犯，这样就使巴胡图人的人口密集和富足了。他们保护巴胡图人，使后者可以运用他们高度发达的农艺知识来生产剩余价值。此外，巴图西人的最上层是牛群的主人，他们将牛群留给较低等的巴图西人照看，从而充分剥削普通牧民的劳动力和其具有的丰富知识经验。就像在欧洲和亚洲，这是支持巴图西人贵族休闲生活和权谋的社会经济基础。

巴图西人和巴胡图人之间几乎没有通婚，因此，他们被视为种姓。巴特瓦人也可以进行同样的归类；但由于种姓分层是一个上面接一个的等级制，因此这也是一种阶级的处境，同时有向上和向下的流动，在一定程度上从一个阶级移动到另一个阶级。同时，巴图西人、巴胡图人和巴特瓦人一起演变成了卢旺达民族，他们具有共同利益来抵御也是由巴图西人、巴胡图人和巴特瓦人共同组成的布隆迪王国。卢旺达人民在发展一个王国和一个民族的意识方面并不是独一无二的，他们同时经历了社会急剧分化的阶级和种姓的崛起。重要的是，他们可以自由发展，相对不受外来影响地发展，当然也免受奴隶贸易的直接摧残。

阿马－祖鲁人（Ama-Zulu）

南非同样避免了奴隶贸易，因为从西非出口的俘虏始于安哥拉，同时东非的出口来自莫桑比克及其以北地区。到 15 世纪，在

欧洲如何使非洲欠发达

非洲林波波河南部地区有一些简单的社会形态。到了晚期，东边是人烟稀少的科伊科伊人（Khoi Khoi）牧民，他们慢慢地被班图人排挤掉。当欧洲船只于 16 世纪到达纳塔尔海岸时，它仍然是一个人烟稀少的地区；但在未来几年里，人口密度越来越高，同时发生了重要的政治军事的扩展。

任何对于非洲的过去有所了解的人都会听到恰卡（Shaka）的
129 名字，他是祖鲁人的领袖，是南非东部的社会和政治变化的象征。一位传记作家（欧洲人）曾这样描述恰卡：

> 拿破仑、尤利乌斯·恺撒、汉尼拔、查理曼大帝……这些在世界历史上周期性出现的、具有光辉荣耀的人，使他们超出了常人水平。恰卡就是这样的人，也许是他们中最伟大的那一位。

上面的赞美出现在目前我们在讨论的这位人物的传记书封底上。同时，因为资本主义出版商对待书籍就像对待肥皂粉箱子一样，人们当然可以怀疑这是为了达到卖书的目的而设计的广告。然而，有关恰卡的评论（包括非洲和欧洲）经常将他比作欧洲历史上的"伟人"。因此，对直到 19 世纪的阿马－祖鲁人（祖鲁人的自称）社会进行调查以了解一位领袖在整个社会发展关系中的作用，这样做是适宜的。

恰卡大约出生于 1787 年，在他短暂的 40 年的生命中，这里只能简要列举他的那些令人印象深刻的成就。1816 年，他是阿马－祖鲁人中一个小的阿马－恩戈尼族（Ama-Ngoniclan）的首领。在几年的时间里，他重新组织了军事力量——不仅是在武器方面，同时还在战争的战术和战略方面——因而使阿马－祖鲁族具有了令人畏惧的战斗力。通过战争和政治运筹，他联合指挥了以前被分成许多独立或半独立的阿马－恩戈尼氏族。在某一时间，恰卡似乎将要统一包括现在的纳塔尔、莱索托和斯威士兰的整个地区。在 1828 年他去世时，这项任务还没有完成，他的继任者们也未能保持恰卡的统治。但在 19 世纪末，属于阿马－祖鲁人国家的领土比 1816 年恰卡继承的阿马－祖鲁族的 100 平方英里的领土要大 100 倍。就是这样一个日益消退和不那么强大的阿马－祖鲁人王国，在 1876 年仍然能够使英国在伊桑德尔瓦纳战役（battle of Isandhlwana）中受到打击，这是英国海外冒险史上的最大失败之一。

恰卡长大的时候，正好也是在阿马－恩戈尼人中第一次严肃地提出有关统一和有效军队的问题的时候。此前，这些氏族（与酋邦基本相似）表现出打破或分割成更小单位的倾向。每当一个氏族首领的长子成年后，他出去建立他自己的克拉尔；一个新的低级氏族就诞生了，因为他父亲的氏族仍然是处于更高级别，同时职务转交给了这位"长妻"的长子。只要人口密度低，有大量的土地用于农业和放牧，这种模式的分化就是可能的。在这种情况下，没有什么资源或政治权力的竞争；同时战争也几乎不会比在拉丁美洲 的一场足球赛更危险。通常只是一个氏族与另一个氏族存在传统上的竞争关系。他们彼此很了解，他们的优胜地位是以一种节日精神的战斗来获得。一个或两个人可能被杀死，但是接着每个人都回家去，直到复赛开始。 130

19 世纪早期，阿马－祖鲁人生活和政治的休闲节奏已发生较大变化。更多的人口意味着初级成员难以"聚居"在自己的地盘。这意味着放牧牲畜的上地更少了，同时出现了有关牲畜和土地的纠纷。随着阿马－祖鲁人频繁发动战争，他们开始觉得有必要进行更有效的战争。同时，高级族长们开始认识到需要一个政治结构来保证统一，从而使资源的使用最大化和自相残杀的冲突最小化。

恰卡专心致力于解决祖鲁人地区的军事和政治问题，他认为这个问题是一个硬币的两面。他的想法是中央集权的政治核心应可取得军事上的优势，并显示在其他领域。这通常会导致更大的政治王国的和平认可，或者彻底镇压持不同政见者。

在 19 世纪早期祖鲁的冲突与战争的时代，更经常的是军队面对面的作战，但军事对抗的模式仍然是远程投掷乌姆洪托（umkhonto）或轻标枪。对于近距离的战斗，握在手中的武器更具有杀伤性——正像封建军队在欧洲和亚洲所发现的那样，因此开始使用剑和长矛。恰卡作为一个年轻战士，设计出一种沉重的短标枪，这种武器纯粹用来刺杀而不是投掷。此外，他抛弃了宽松的凉鞋，以便在与敌人短兵相接时更灵巧和更快速。通过他们自己的经历，恰卡和他的年轻同伴发现，盾牌和短标枪相结合能产生最佳效果。

当然，战争不只是包括每个士兵的作战，也包括（更重要的）作为一个整体的针对对方力量的战术和战略关系的模式。恰卡也注意到了战争的这个方面，他杰出的创新是伊津皮（izimpi）形式（军团）的部署，在战斗前锋之后留有一支储备力量，同时从两翼或呈"牛角"来包围敌人的侧翼。最后（最重要的），一支军队必须要进行训练，要有纪律和有组织，这样使它在和平与战争中成为一个有意义的组织。恰卡创造了新的军团，包括年龄到 40 岁的男性。他不131 断地使他的伊津皮操练习武和"劳其筋骨"，以使每个士兵都身体健康并且精通武艺，军队作为一个整体依照其指挥官的愿望同步行动。

祖鲁军队不只是一支战斗力量。它是年轻人的教育机构，同时也是用来建立忠诚、跨越家族达到民族认同的一种工具。升迁是通过成就而非通过氏族或地区渊源。强制使用恩戈尼家族祖鲁人的分支语言也在民族意识的指导下进展良好。在 12000 平方英里的地区，公民自称为"阿马－祖鲁人"，而将他们的氏族名称放在第二位。人们在一个更广大的区域仍然深深地感觉到祖鲁族的影响。抑制巫术占卜者（伊扎努西，izanusi）的过激行为的政策和祖鲁地区没有内部斗争的事实，使得其边界以外人口大量涌入，这是对祖鲁王国资源的一种积极贡献。

欧洲的游客在有关祖鲁人地区的记载中留下了恰卡时代非常清洁的印象（正如 15 世纪时他们在贝宁看到的那样），他们同样也为社会秩序、没有盗窃、安全感等震惊（就像阿拉伯人在西苏丹帝国的伟大时期旅游的印象）。事实上，清洁和生命财产安全等都是祖鲁人以前长期生活的一部分。在恰卡领导下，令人印象深刻的是由于国家保护伞的作用，这些方面在范围和规模上得以扩展。对此留下了深刻印象的是欧洲人；同时欧洲的证据是最好的证据，因为它几乎很难说是亲非洲的宣传。一个白人访客看到十五个恰卡军团的分列式后说："这是一个最激动人心的场面，让我们感到惊讶，一个被称为'野蛮人'的民族可以这样的有纪律和守秩序。"

这里还可以增加大量的有关阿马－祖鲁人的政治机构和军队的内容。但与此有关的是要理解为什么恰卡有可能出现在 19 世纪的非洲，出现在殖民主义统治之前的非洲。

如果恰卡是一个在密西西比州棉花种植主或牙买加蔗糖种植主手里的奴隶的话，那么他有可能因为是一个"顽固的黑人"而被剁掉耳朵或砍断手，在最好的情况下他或会奋起自卫而领导奴隶起义。只有那些在非自由和受压迫人中努力摧毁压迫者的人才是伟人。毫无疑问，在一个奴隶种植园里，恰卡是不可能建立祖鲁人军队和祖鲁人国家的。在殖民主义时期，任何非洲人也不可能建立任何东西，无论他是什么天才。事实上，恰卡是一个牧民和一个战士。作为一个青年人，他曾经在空旷的草原上放牧——自由地发展自己的潜力，并将它应用到自己的环境之中。 132

恰卡能够在一个值得付出努力的建构中投入自己的才华和创造力。他不关心支持或反对奴隶贩子的战斗；他不关心如何贩售在瑞典和法国制造的产品的问题。他关心的是如何在他的人民的资源限制中发展祖鲁人地区。

我们必须承认，军事技术等事宜是现实需要的反映，个人的工作源于社会同时也受到作为一个整体的社会行动的支持，任何一位领袖所取得的一切一定是与历史背景和发展水平相关，这些因素决定了一个人首先能够发现，然后能够增强，进而能够显示他的潜力的程度。

为了证实上述观点，值得注意的是恰卡意识到当投掷用的长矛用作刺伤武器时易断，他接受挑战并创造了重型的短剑。更重要的是，恰卡的想法取决于阿马－祖鲁人的集体努力。恰卡可以提出打造一把更好的短剑的要求，因为阿马－恩戈尼人在铸造铁方面有长期的经验，同时某些家族也有非常专业的铁匠。要为3万多名的常备军供给吃喝，给他们重新配备铁制武器，同时发给每个士兵牛皮制作的全身长的祖鲁盾，这应该归功于作为一个整体社会的组织能力和农业能力。

因为祖鲁人社会缺乏科学依据和实验的前提条件，所以无论恰卡有多大的天才，他都无法设计出火器。但是，他能够让他的人民打造出更好的武器，正如我们上面所说到的那样；当他设立了专门的皇家养牛场时，他发现他的人民能够进行更好的育种选择，因为这里的人们已经拥有了丰富的知识经验同时热爱放牧牛群这一职业。

在政治—军事领域，恰卡跟随着他原来的保护者丁吉斯瓦约（Dingizwago）的脚步，同时在一定程度上跟随了丁吉斯瓦约和他自己的对手兹威德人（Zwide）的脚步。1797年，丁吉斯瓦约在德拉瓜湾（Delagoa Bay）与葡萄牙（主要是象牙）进行开放贸易，同时他刺激了艺术和工艺品的发展。他最著名的创新是在军队中制定了一个根据年龄等级招聘军团人员的系统。以前，一个地方倾向于在某一个特定的军团内占据主导地位；而且，在任何情况下，人们习惯于同自己克拉尔、地区和家族的成员并肩战斗。然而，当某个年龄阶段的所有人都被带到同一军团时，这就强调了一种更大的民族意识，也增加了丁吉斯瓦约对于那些较小的族长们的权力。

丁吉斯瓦约是重要的阿马－姆瑟斯瓦族（Ama-Mthethwa clan）的族长，他在后来成为祖鲁南部的地方成功地建立了至高无上的权力。在北方，阿马恩德万德维族的兹威德人也在进行政治整合。恰卡在丁吉斯瓦约的一个年轻的军团服役，并忠实于后者的集权政权，直到1818年，丁吉斯瓦约死在兹威德人手里。此后，恰卡继承了丁吉斯瓦约的许多军事和政治技巧并在很多方面进行了改善。这就是发展：在继承和缓慢推进的基础上进行建设，但没有人来"教化"你。

到目前为止我们讨论的约鲁巴人地区、达荷美、大湖地区王国和祖鲁人地区，是在殖民主义统治前夕发生在非洲的政治发展中主导力量的例子。他们不是唯一的主导力量，有的甚至是很小的国家，但在政治组织中具有可以观察到的进步性。

第四章 欧洲及非洲欠发达的根源

在 15 世纪最先进的非洲地区一般都能保持他们自己的标准，少数地区如刚果除外。例如，北非和埃塞俄比亚的封建结构保持完好，但明显缺乏一种持续性的增长。西苏丹的豪萨城邦在 17 世纪桑海崩溃后继承了最伟大帝国的政治和商业传统；19 世纪初出现了索科托（Sokoto）的伊斯兰哈里发，以豪萨兰为中心。索科托王国是在非洲大陆建立的最大的政治王国之一，由于缺乏在如此广大的领土上进行适当整合的机制，它遭受了许多内部分裂。以伊斯兰教作为统一的因素，西苏丹继续进行着处理统一问题的实验。19 世纪中期，阿赫马杜·阿赫马杜（Ahmadu Ahmadu）在横跨尼日尔河湾区建立了一个伊斯兰政教合一的国家，艾尔·哈吉·奥玛尔（Al Haj Omar）在上尼日尔地区创造了另一个国家。最突出的是由萨摩利·杜尔（Samori Toure）于 19 世纪 80 年代领导创立的曼丁加人王国。萨摩利·杜尔并非著名的奥斯曼·丹·福迪奥（Uthman dan Fodio）和艾尔·哈吉·奥玛尔那样的学者，这些人在他之前就创造了伊斯兰国家；但萨摩利·杜尔是一个军事天才和政治创 ¹³⁴ 新者，他比其他人更进一步，他建立的政治管理所得到的忠诚感可以超出氏族、地方和族群。

津巴布韦也在前进，尽管它受到欧洲人的轻微干扰。在当地，权力中心从莫塔帕转移到昌加米腊（Changamire）；最终到了 19 世纪，恩古尼人（Nguni people）（逃离出祖鲁人的控制）占领了津巴布韦。只要恩古尼人还在冲锋陷阵，他们显然是具有破坏性的；但是，到了 19 世纪中叶，恩古尼人已经将自己的建筑技术扩展到了莫桑比克和现在的南罗得西亚（津巴布韦旧称），并与当地人一起建立了新的和更大的王国——充满了民族意识，与祖鲁人地区的情况一样。

同时，非洲中部的广大地区也发生了鲜明的政治变化。到 15 世纪，刚果和津巴布韦地区之间的社会组织程度较低。正是在这一地区，出现了被称为卢巴－隆达（Luba-Lunda）的国家群。它们的政治结构而不是领土大小使其意义非凡；他们面对不断蚕食的奴隶贸易活动所取得的成就记录在案。

在马达加斯加大岛，几个较早时期即已存在的小国于 18 世纪后期都让位于强大的梅里纳（Merina）封建王国。通常的情况是，在对非洲大陆进行总体评价时忽略了马达加斯加，尽管（在体质和文化意义上的）非洲显而易见包括马达加什人（Malagasy people）。他们因为奴隶出口也遭受了人口的损失；但梅里纳王国比大多数参与贩卖奴隶的国家做得好，因为精心种植的高产水稻和牛群的育种抵消了劳动力的损失。这种情况应当作为一种提醒，即不能将伴随着奴隶贸易的发展从表面上不合逻辑地归结为人口的出口和与奴隶劫掠造成的混乱。梅里纳王国和所有其他（无论是否从事奴隶贸易）国家政治发展的基础存在于自身的环境中——存在于物质资源、人力资源、技术与社会的关系之中。只要非洲社会至少可以维持其先天的源于多个世纪演进和改变的优势，那么这种上层建筑就可以不断扩大同时为所有的人民、阶级和个人提供进一步发展的机会。

135　　在本节的开始，注意力主要集中在充分承认非洲直到1885年的发展，也意识到那个时代与资本主义欧洲接触的性质给非洲大陆带来的损失。在此，这个问题也必须明确地提出来。认为在前殖民时期与欧洲的接触发展了或有利于非洲的断言显然是荒谬可笑的。认为［如利奥波德·桑戈尔（Leopold Senghor）总统曾经表示的那样］奴隶贸易像丛林火灾一样席卷了非洲而没有留下任何东西的说法也不代表现实。事实是，一个发展中的非洲进入奴隶贸易和与欧洲的商业关系之中就像遇到了一场大的海风，一些社会因遇海难毁灭了，许多社会偏离了航线，普遍都放缓了前进的速度。然而（继续用这一比喻）必须注意到，非洲的船长在1885年之前仍在决定航向，尽管已经有一些力量在起作用，从而最终导致欧洲资本家坚持和成功接管，并发号施令。

帝国主义和殖民主义的到来

在殖民统治之前的世纪中，欧洲以突飞猛进的方式增加其经济

第四章　欧洲及非洲欠发达的根源

能力，而非洲似乎近于停止不前。在 19 世纪末，尽管西欧已经完全从封建主义过渡到了资本主义，非洲则仍然可以描述为部分社群主义部分封建性质的社会。为了阐明本研究的主要论点，我们不仅有必要跟踪欧洲的发达和非洲的欠发达，同时也要明白这两者是如何在一个单一的资本主义的帝国主义体系之中结合起来的。

欧洲经济利用自己的资源和劳动力，同时还利用世界其他国家的资源和劳动力生产了非常多的商品。在欧洲经济中有许多质的变化，伴随着商品数量增加的可能性。例如，机器和工厂而不是土地提供了财富的主要源泉；劳动不再是在一个有限的家庭基础上组织起来。农民被残酷地摧毁，男人、妇女和儿童的劳动遭到了无情剥削。这些都是资本主义制度产生的巨大的社会丑恶现象，也是决不可忘记的。但是，对于比较经济学的问题，相关的事实是，1444 年葡萄牙航行到西非时的细微差异，到 440 年后当欧洲强盗政治家坐在柏林决定谁应该偷窃非洲的哪一部分时，却成了巨大的差别。正是这种差别为欧洲进入帝国主义时代并使非洲殖民化和进一步欠发达提供了必要性和机会。

西欧和非洲之间日益扩大的技术和经济上的差距，是资本主义 136 贫富集中化或两极化趋势的一部分。

在西欧，一些国家在牺牲别人利益的条件下使自己变得越来越富有。英国、法国和德国是最繁荣的国家。贫穷的地区有爱尔兰、葡萄牙、西班牙和意大利南部。在英国、法国和德国的经济中，财富存在着两极分化，一方面是资本家，另一方面是工人和少数农民。大资本家变得更大，小的则被淘汰。在许多重要的领域，如钢铁制造、纺织业，特别是银行业，值得注意的是，两个或三个企业垄断了大部分业务。银行也在整个经济中居于指挥的位置，为大垄断产业公司提供资本。

欧洲垄断企业为控制原材料、市场和通信手段在不断地进行争夺。它们也为成为首先投资于新的有利可图且与他们的业务相关的领域而战，不管是在国内或国外的市场。事实上，它们在国内的经济扩展范围受限之后，主要目标转向了那些经济不发达且对外国资本主义入侵只有少许反对或没有反对的国家。19 世纪末以来外国资本主义在全世界范围内的入侵就是我们所说的 "帝国主义"。

帝国主义意味着资本主义扩张。这意味着欧洲（以及北美和日本）资本家迫于他们竞争系统的内在逻辑，寻求国外欠发达国家的机会来控制原材料供应，寻找市场和有利的投资领域。与非洲进行了几个世纪的贸易极大地促进了这种状况，即欧洲的资本家们在这里必须面对在本国经济以外大力扩展的必要性。

在非洲的某些地区，欧洲的投资就是为了获得直接的超额利润。南非的矿山、北非政府的贷款和苏伊士运河的建设都属于这类。苏伊士运河确保了欧洲在印度的投资以及与印度贸易的更大盈利能力。然而，在帝国主义时代的初期，非洲给欧洲带来的最大价值在于为其提供的原材料如棕榈产品、花生、棉花和橡胶。对于这些材料的需求来自欧洲经济扩张能力、新的大机器以及靠工资收入的城镇人口的增加。所有这些在过去四个世纪中得以发展；在这一过程中又需要重复的重要因素之一是与非洲的不平等贸易。

帝国主义本质上是一种经济现象，它并不一定会导致直接的政治控制或殖民化。然而，非洲是殖民化的受害者。在臭名昭著的 "瓜分非洲"（Scramble for Africa）时期，欧洲人在非洲进行了他们认为可以攫取利润的拼抢，他们甚至有意识地攫取了许多地区，并不是为了马上剥削这些地区，而是着眼于未来。每个持有这种短期和长期经济利益观点的欧洲国家将自己的国旗插在非洲的不同地区并建立了殖民主义统治。在前殖民地贸易期间出现的差距给予了欧洲在非洲实施政治统治的权力。

前殖民地的奴隶、象牙、黄金等贸易是从非洲海岸开始进行的。在沿海地区，欧洲的船只可以控制现场，如果有必要可以建造堡垒。19 世纪之前，欧洲无法渗透非洲大陆，因为他们处理均势的能力不够。但是，为渗透非洲所需而创造的技术变化也创造了征服非洲的力量。帝国主义时代的军火标志着一个质的飞跃。后膛步枪和机枪远不同于以前光滑的前膛枪和燧发枪。在非洲的欧洲帝国主义者吹嘘说，那些算数的事实是他们有机枪而非洲人没有。

第四章　欧洲及非洲欠发达的根源

奇怪的是，欧洲人经常以殖民统治前夕与非洲进行国际贸易的特征为帝国主义和殖民主义进行道德辩护。英国人就是这种观点的主要代言人，即殖民化的愿望在很大程度上是基于他们想制止奴隶贸易的良好意向。的确，在19世纪，英国人反对过奴隶贸易，就像他们曾经支持过它一样。在英国内部的许多变化已经将17世纪对于奴隶的需要转化为19世纪对从非洲清除残余的奴隶贩卖活动的需要，以便组织对于当地土地和劳动力的剥削。因此，一旦奴隶贩卖成为资本主义发展的进一步束缚，它就被拒绝了，在非洲东部尤其是这样，那里的阿拉伯奴隶贩卖一直延续到19世纪末。英国人特别引以为傲的是他们结束了阿拉伯的奴隶贸易，同时以奴隶贩子为由罢免了统治者。然而，正是在那些年月里，英国人镇压了尼日利亚的政治领导人如贾贾（Jaja）和纳纳（Nana），他们那时已停止奴隶出口而是专注于棕榈油和橡胶制品等。同样，东非的德国 138 人假装最反对那些从事奴隶贸易的统治者如布希里等，但德国人对那些无意于贩卖奴隶的非洲统治者同样怀有敌意。推翻西非、中非、北非和南部非洲的统治者的共同因素就是他们妨碍了欧洲帝国的需求。这是唯一重要的因素，而反对奴隶贸易的情感在最好的情况下是多余的，在最坏的情况下是一种算计的虚伪。

比利时国王利奥波德二世（Leopold Ⅱ）也以反奴隶制为借口向刚果引进强迫劳动和现代奴隶制。此外，所有的欧洲人都在15和19世纪之间获得了种族主义和文化优势的思想，同时热衷于种族灭绝和对非白种人的奴役。即使是葡萄牙这个在帝国主义时代已沦为贫穷落后的欧洲国家，仍然认为他们的使命就是去开化非洲的土著人！

存在一种对于争夺和瓜分非洲的荒谬解释，几乎可以等同于认为殖民主义的到来是因为非洲的需求而不是欧洲的需求。他们说，如果非洲要超越在19世纪后期达到的阶段，便需要欧洲的殖民化。显然，他们不会认同这样一种推理：非洲将会发展，如果给予更大剂量的欧洲猛药，正是这种猛药已经开始导致非洲的欠发达；非洲将会发展，如果非洲失去显然已受到前殖民贸易的严重削弱的自由

145

选择的最后机会；非洲将会发展，如果非洲的经济变得与完全取决于欧洲条款来进行的与欧洲经济的进一步一体化。对于任何就有关非洲在特定时代的人类发展做出判断之前试图理解发展过程的人而言，这些言外之意及其谬误是非常清楚的。

在整个 14 世纪，非洲统治者在追求与欧洲文化进行最广泛形式的接触方面表现出极大的主动性。就西非的情况而言，这意味着寻求奴隶贸易的替代品。达荷美这个卷入奴隶贸易程度最深的国家之一，也是那些在独立的最后时期花了许多时间去寻找与欧洲进行文化交流的健康基础的国家之一。

1850 年，达荷美的国王盖佐（Gezo）公布一项法令，即所有年幼的棕榈树的周围都不能有寄生虫，同时，如果有人砍掉棕榈树，将给予严厉的惩罚。盖佐的统治从 1818 年到 1857 年，他是一个改革家，他用真诚的努力面对如传教士和反奴隶制活动家等对其政策的批评；但很快就发现欧洲人不会愿意看到达荷美重新崛起为一个强大国家，而是制造借口和主观条件来为他们对达荷美实现殖民化进行辩护。在这种情况下，最后的达荷美君主格雷雷（Glele）退回到位于阿波美（Abomey）的首都，同时奉行他认为最符合达荷美的尊严和独立的政策。格雷雷突袭了阿贝奥库塔，那里容纳了那些已经是"受英国保护的人"的皈依者。他警告法国人滚出波多诺伏（Port-Novo）；他一直坚持抵抗，直到 1889 年在军事上被法国人击败。

在 19 世纪那些与奴隶的出口没有多少关联的非洲群体也加强了他们融入更广阔世界的努力。冈冈哈纳（Gungunhana）是莫桑比克加沙（Gaza）的恩古尼统治者，他请来了一位瑞士传教士医生，同时让他在王宫里住了几年，直到 1895 年葡萄牙人征服了他的王国。在葡萄牙实行殖民统治后的很长一段时间后非洲人才看到另外一个医生！

我们引用埃及的穆罕默德·阿里（Muhammed Ali）从 1805 年到 1849 年统治的例子特别有益。资本主义欧洲将封建北非保留在 17 和 18 世纪的状态中。穆罕默德·阿里意识到了这一点，并有意识地赶超欧洲。他实行了一系列的改革，其中最重要的是具有经济性质的改革。埃及自己种植和制造棉花，同时还生产玻璃、纸张和其他工业品。埃及不愿成为欧洲倾销其商品的地方，因为这样会损害当地的产业。据此，埃及为自身的"幼稚产业"筑起了保护关税的壁垒。这并不意味着埃及与世界隔绝。相反，穆罕默德·阿里从欧洲请来专家，他也使埃及的对外贸易有所增加。

穆罕默德·阿里的理想可与现代社会科学的习语相关，即作为一种切实可行和自我推进的经济创新，为民族独立提供基础。这样的理想与欧洲资本主义的需要截然相反。英国和法国的工业家想要看到的埃及是一个制造出口原棉的生产商和欧洲制造品的进口商，而不是纺织业的制造者。欧洲的金融家们希望埃及成为一个投资的源头，并在18世纪后半期将埃及的素丹变成了一个国际乞丐，他把整个埃及抵押给了国际垄断金融家。最后，欧洲的政治家希望将埃及的土地作为剥削印度和阿拉伯的基地。因此，由埃及人在埃及的土地上挖出了苏伊士运河，但它却归英国和法国所有，然后英国和法国将政治统治扩展至埃及和苏丹。

教育无疑是欧洲人生活的一个方面，在资本主义时代发展得最 140 明显。通过教育和文字的广泛使用，欧洲人可以将他们发现的物质世界的科学原理以及对人类和社会的不同哲学思考传递给其他人。非洲人尝到了识字教育的好处。在马达加斯加，梅里纳王国为资助阅读和写作做了大量的努力。他们使用自己的语言和阿拉伯文字，他们欢迎欧洲传教士的帮助。这种有意识寻求所有相关的资源的行为只有在他们有选择自由的时候才有可能。殖民化远不是马达加斯加的需要，它成为梅里纳国王们在19世纪60年代和70年代发起的实现"现代化"行动的真正障碍。瓜分的斧子落下来之前的突尼斯的历史提供了另一个相同例子。

在世界的许多地方，资本主义以其帝国主义的形式接受了这样的事实，即在一定程度上，政治主权应保留在当地人民的手中。东欧、拉丁美洲，以及有限范围内的中国，都是这种情况。然而，欧洲的资本家做出决定，认为非洲应该被直接殖民化。有证据表明，这样的行动是完全没有计划的。从19世纪50年代到60年代，英国和法国曾经决定将非洲划分为非正式的"势力范围"。这意味着有一个君子协定，（如）尼日利亚将被英国商人所剥削而塞内加尔将被法国人所剥削。同时，英国人和法国人会在彼此非正式的帝国进行小规模的贸易。但是，首先，在谁应该获取非洲的哪个部分的问题上有分歧（尤其是当德国人也想加入瓜分时）；其次，当一个欧洲列强宣布非洲某地成为保护领地或殖民地时，就提出了对欧洲其他国家商人的关税，从而迫使他们的对手建立殖民地和歧视性的关税。一个事件导致了另一个事件，很快六个欧洲资本主义国家争相在非洲的某一部分地区建立直接的政治统治。毫无疑问，卡尔·彼得斯、利文斯通（David Livingstone）、斯坦利（H. M. Stanley）、哈里·约翰斯顿（Harry Johnston）、布拉扎（De Brazza）诸先生和戈登将军（General Gordon）以及他们在欧洲的主子实际上都在争夺非洲。他们勉强避免了重大的军事冲突。

除了上述引起争夺的连锁反应的因素外，欧洲人也积极地从种族主义动机上寻求对非洲的政治统治。19 世纪是白人种族主义在资本主义社会公开和激烈表白的时代，具体是以美国为焦点，以英国在西欧资本主义国家中为先。英国给予了加拿大、澳大利亚和新西兰的白人移民旧殖民地以自治领的地位；但当白人殖民者被黑人（或棕色人）逐出西印度群岛议会时，英国取消了西印度群岛的自治地位。就非洲而言，英国人强烈反对黑人自治，如 19 世纪 60 年代"黄金海岸"的芳蒂联盟（Fante Confederation）。他们还试图削弱塞拉利昂克里奥（Creoles）黑人的权威。1874 年，当福拉湾学院（Fourah Bay College）寻求并获得了杜伦大学的附属关系时，《泰晤士报》宣称，杜伦大学接下来应该与伦敦动物园为伍！存在于帝国主义之中的广泛和恶毒的种族主义正是经济理性的产物。是经济决定了欧洲应该在非洲投资和控制非洲大陆的原材料和劳动力。是种族主义确认了控制形式应该是直接的殖民统治。

任何地方的非洲人都反对外来的政治统治，他们还得用强力来制服。但也有相当多的少数人坚持他们与欧洲的贸易关系应该保证不断绝，因为这已经证明他们在何种程度上已完全依赖于欧洲。这

第四章 欧洲及非洲欠发达的根源

种依附性的最具戏剧性的例子是，这正是一些非洲人为结束欧洲奴隶贸易而战斗的决心。

对于大多数欧洲资本主义国家来说，对非洲人的奴役在 19 世纪中叶达到了它们的目的；但对于那些经营俘虏的非洲人来说，在任何点上突然终止的贸易就会是一个最严重的危机。在许多地区，所发生的主要社会变化是为了使特定区域有效地为欧洲奴隶贸易提供服务——最显著的就是"家庭奴隶制"和各种形式的阶级和种姓征服的兴起。那些发现他们的社会存在受到最早的法律法令威胁——如 1807 年英国颁布的反对贸易奴隶法——的非洲统治者和商人，千方百计地去接触那些仍然想要奴隶的欧洲人。

在撒哈拉以南的非洲特别是西非，当欧洲人准备购买其他商品时，奴隶的出口迅速下降。当任何地方的居民发现他们有一种可以替代以前的奴隶贸易的产品时，那些居民付诸巨大的努力来准备这些替代品，如象牙、橡胶、棕榈产品、花生等。另外，这些努力再次表现出非洲人中虽小但具有决定性的那部分人的决心。这是一个基于渴望获得欧洲贸易商品的决定，其中许多商品已不再是单纯出于好奇或奢侈品，而被视为必需品。142

在最初四个世纪里的非洲 - 欧洲贸易从真正意义上代表了非洲欠发达的根源。从欧洲的视角来看，殖民主义迅速蓬勃发展，这是因为它的一些特性已经植根于非洲的过去。殖民体系最具决定性的一个特征是非洲人作为欧洲殖民者的经济、政治和文化代理人而存在。这些代理商或"买办"在前殖民时期就已经在为欧洲利益服务。与欧洲贸易的影响将许多非洲统治者降为欧洲贸易中间商的地位；这也提高了普通非洲人作为中间商在商业中的作用；同时它也创造了一个新的混血的贸易集团——欧洲人或阿拉伯父亲的孩子。这些类型都可以被称为"买办"，在欧洲人认为要接管政权时，这些人在从沿海到内陆扩大欧洲活动方面发挥了关键作用。上述一个突出的例子是，法国殖民者把在塞内加尔海岸的非洲人和混血儿作为扩展法国控制的代理人，这种控制蔓延数千英里，覆盖现在的塞内加尔、马里、乍得、上沃尔特、尼日尔地区。这些特殊的黑人和混血儿生活在戈雷（Gorée）、达喀尔、圣路易（St. Louis）和吕菲斯克（Rufisque）的贸易港口；他们已经与大西洋贸易存在着长期关系。

代表欧洲人进行贸易的非洲人不仅是商业的代理人，也是文化的代理人，因为他们不可避免地要受到欧洲思想和价值观的影响。寻求欧洲教育在非洲殖民时代开始之前早已开始。沿海的统治者和商人们认识到有必要更深入地了解那些漂洋过海来到这里的白种人的生活方式。白人商人的混血儿子和非洲统治者的儿子尽最大的努力学习白人的方式。这能帮助他们更有效地开展业务。18世纪塞拉利昂的一个统治者解释说，他希望"从书本中学习做像白人一样的好流氓"；还有许多人看到了读书识字的实际好处。然而，教育过程也意味着吸收进一步征服非洲的价值观。有一个早期的受过教育的西非人用拉丁文写了一篇为奴隶制辩护的博士论文，这并不奇怪。牧师托马斯·汤普森（Thomas Thompson）是"黄金海岸"的第一个欧洲的教育家，他在1778年写了一本小册子，名为《黑人奴隶的非洲贸易证明人性与宗教信仰的律令相一致》。

143　　19世纪西非历史最显著的特征是非洲人从欧洲主人控制之下的奴隶制回来并帮助建立殖民统治的方式。这对于从西印度群岛和北美回到塞拉利昂的非洲人或从奴隶船上被释放并留在塞拉利昂的非洲人来说特别明显。在较小的程度上，这也适用于曾在巴西的非洲人。这样的人有类似资本主义的价值观，和大多数欧洲的传教士一样，推进那些与殖民统治相适应的活动。在一个相当不同的背景下，可以认为，桑给巴尔的阿拉伯人和东非人也转变为欧洲殖民主义的代理人。开始，他们有所抵制，因为欧洲殖民主义影响了他们自己在东非的扩张野心，但他们很快就达成了协议，从而使欧洲人拥有终极权力。欧洲人削弱了阿拉伯小集团的力量，使之成为帝国主义在政治和经济上的工具。

在东非、北非和中东，欧洲人优于阿拉伯人，这表明现代帝国主义离不开资本主义，以及在资本主义背景下奴隶制的作用。数个世纪以来，阿拉伯人把获得的非洲人当成奴隶，但是他们在封建背景下受到剥削。非洲奴隶在阿拉伯人手下成为仆人、士兵和从事农耕的农奴。无论他们生产任何的剩余价值，都不像西印度群岛或北美奴隶制度那样用来再投资和为资本增值，而是为封建精英所消费。事实上，蓄养奴隶常常是为了社会声望而不是经济效益。

这一规则的主要例外是 19 世纪的桑给巴尔和穆罕默德·阿里统治下的埃及。在这两种情况下，非洲劳动力在种植园基础上被剥削而产生利润，这也适用于阿拉伯的椰枣生产。但是，三个世纪以来，欧洲已经最大限度地剥削了非洲劳动力的剩余价值，同时种植园制度对欧洲资本主义发展做出的贡献如此之大，以至西欧在 19 世纪已吞没了较小剥削程度的桑给巴尔和阿拉伯地区，并确保了 1849 年穆罕默德·阿里死后对埃及经济的牢固控制。换句话说，以前分别在桑给巴尔、埃及和阿拉伯半岛殖民化下生产的丁香、棉花和大枣都已用于加强欧洲的贸易和生产。最终，欧洲资本主义的奴隶贩子扩大对于封建的阿拉伯奴隶贩子的政治统治以及使用后者作为东非殖民主义的代理商，这一点毫无问题。

回到在非洲本土的非洲人作为欧洲殖民统治的代理人这一问题，应该认识到的是，从 19 世纪 80 年代到由欧洲人在 1914 年发 144 动的第一次大战的这一段血腥时期，欧洲人招募非洲人到军队服务，实际上用于征服非洲。从殖民主义的受害者中间寻找镇压的代理人，这是殖民主义者所具有的一个普遍特征。然而，如果没有前几个世纪非洲和欧洲之间的贸易，欧洲人就不可能这么轻易招募到阿斯卡里斯（askaris，非洲土著士兵）、搬运工等，这些人使他们的殖民征服成为可能。

塞内加尔港口的非洲居民前面已经提到，是指那些穿着法国陆军制服在非洲内部和沿海其他地区如达荷美为建立法国的统治而战斗的人。当 1874 年英军击败阿散蒂时，他们的"黄金海岸"沿线驻军里就有非洲部队。自从 17 世纪以来，这些非洲人长期以来一直在与欧洲人接触，他们依雇主身份而自诩"荷兰人"、"丹麦人"或"英国人"。他们参加了为一个欧洲国家反对另一个欧洲国家的战斗。到 19 世纪后期，让他们代表英国这个具有征服性的殖民大国去对抗非洲同胞是一件很容易做到的事情。

在葡萄牙的领地，殖民地黑人警察和黑人军队的起源也可回溯到前殖民地贸易时期。在安哥拉的罗安达（Luanda）和本格拉要塞（Benguela fort）周围以及在莫桑比克的洛伦索马贵斯（Lourenço Marques）和贝拉要塞（Beira fort）周围就出现了非洲人、混血儿甚至是印度人的社区，他们在柏林会议（Berlin Conference）后帮助"平定"了葡萄牙的大部分地区。在莫桑比克和非洲东部、西部和中部的其他商人具有先前与欧洲殖民主义者接触的经验，正是他们提供搬运工来搬运重机枪、大炮和给养设备；也是他们将信息和军事情报提供给未来的欧洲殖民主义者以协助他们的征服。他们是在非洲土地上传达欧洲人声音的翻译。

当然，确实有很多与前殖民地的贸易没有什么关系的非洲人也与新来的欧洲人有了结盟。在这方面，欧洲和非洲之间在政治组织上的水平差距是非常重要的。虽然非洲一直以大国的形态在政治统一的发展这一方向稳步推进，但即使如此，柏林会议期间的非洲仍然是一个有着大量社会政治体却没有达成一个共同目的的大陆。因此，很容易被欧洲入侵者玩耍分而制从的经典游戏。这样，某些非洲人成为欧洲人无意的盟友。

145　　许多非洲国家领导人要求与欧洲"联盟"来对付与自己发生了冲突的非洲邻国。这些统治者很少懂得他们的行动所带来的影响。他们不可能知道欧洲人一旦来了就会永久留下；他们不可能知道欧洲人出动是为了征服所有的非洲人而不是一些非洲人。这种对世界认识的不足与不恰当本身就是非洲——相对于欧洲而言——欠发达的一个见证，后者在19世纪末正以一种自信的方式在全球每个地方寻求统治权。

非洲的政治分歧并非先天低劣或落后的证据。这是当时非洲大陆发现自己所处的状况——非洲正处在前进的、他人已经走过的一条漫长道路上的某一个点。欧洲商业的影响减缓了政治融合和扩展的过程；与之相反，与非洲的贸易强化了欧洲的民族国家。当欧洲资本主义以帝国主义的形式开始对非洲进行政治征服时，前资本主义时期非洲正常的政治冲突的形势变成了弱点，并允许欧洲人建立起殖民统治。

总而言之，很明显，要了解殖民主义来到非洲，必须考虑非洲和欧洲在此之前的历史演变，尤其是他们贸易往来的方式以及对两大洲产生的相互影响，这样才能证明被称为"前殖民地"的贸易是殖民地统治时代的准备阶段。

人们广泛地接受这样的说法，即非洲是因为它的弱点而被殖民化的。弱点的概念应该理解为军事的弱点和经济能力的不足，以及一定政治方面的弱点，即未完成的民族国家的建立，大陆处于被分割的状态，同时对于整个世界已经由于资本主义关系的扩展而转变 146 为一个单一系统的认识处于低水平。

阅读指南

本章第三部分关于非洲社会的内容是第二章的延续；在此引用的一般图书也与这方面内容有关。越来越多的非洲作者参与了最近有关前殖民地时期的研究，这当然是民族斗争的一个方面。在特定的学科和领域里还有更多更好的专著。但是，对于帝国主义到来这一问题还缺乏从非洲人的观点进行的认真研究，已经发现了不少有关非洲在 1500～1885 年发生的各种事件的相关证据，但将理论与这些事实相结合的研究明显缺乏。

J. B. WEBSTER and A. A. BOAHEN, *History of West Africa*；*the Revolutionary Years*—1815 *to Independence*, New York：Praeger, 1967.

BASIL DAVIDSON with J. E. MHINA, *History of East and Central Africa to the Late Nineteenth Century*, New York：Doubleday Anchor Book A 677.

这两部著作应被添加到一般教科书的书单中，它们都提供了一个长时段的地区概览。它们的优点在于一种条理分明的解释而不是论文集。

WALTER RODNEY, *West Africa and the Atlantic Slave Trade*,

Nairobi：Published for the Historical Association of Tanzania by the East African Publishing House，1969.

E. ALPERS，*The East African Slave Trade*.

I. A. AKINJOGBIN，*Dahomey and Its Neighbours*，Cambridge：Cambridge University Press，1967.

前面两部著作是有关奴隶贸易对相关非洲地区影响的简要描述。第三部著作是由一位尼日利亚学者撰写的达荷美与欧洲人的接触与牵连的详细记述。

JACOB U. EGHAREVAB，*A Short History of Benin*，Ibadan：Ibadan University Press，1968.

B. A. OGOT，*History of the Southern Luo*，Nairobi：East Africa Publishing House，1967.

ISARIA KIMAMBO，*A Political History of the Pare of Tanzania*，New York：International Publications，1971.

JAN VANSINA，*Kingdoms of the Savanna*，Madison：University of Wisconsin Press，1966.

前三部著作都是由非洲学者提供的有关从与欧洲接触之前即已开始的历史发展的好例子。它们的特点是其解释使用非洲口述传统。第四部著作（由欧洲人撰写）是一项开创性的工作，在中部非洲历史的重构中运用了大量的口头传说。

J. ADE AJYI，*Christian Missions in Nigeria*，1845 ~ 1891，New York：Internatioal Publications，1971.

E. A. AYANDELE，The Missionary Impact on Modern Nigeria，New York：Humanities Press，1967

已由非洲的（以及许多不是非洲人的）历史学家探讨的帝国主义时代的一个方面是基督教传教士，以上著作就是证明。

第五章　非洲对欧洲资本主义发展的贡献

——殖民时期

殖民地是由宗主国为宗主国所创造的。

——法国谚语

在美国的销售业务以及对于十四家（联合利华）工厂的管理，直接来源于位于纽约时尚公园大道的利弗大厦。看着这个高大、惊人的玻璃和钢铁结构的大厦，不知道用了多少低收入黑人劳工，耗费了多少千吨被低估的棕榈油、花生以及可可来建造它。

——W. 阿尔菲俄斯·亨顿（W. Alphews Hunton）

非洲剩余价值在殖民主义统治下的外流

资本和非洲工资劳动力

殖民地非洲处在国际资本主义经济范畴，其剩余价值被吸取来供养宗主国部门。如前所述，土地和劳动力资源的开发是人类社会进步所必不可少的，但这是建立在开发的产品在该区域可以得到这样的假设之上。殖民主义不仅仅是一种剥削制度，其主要目的是将获取的利润返回给所谓的"母国"。从非洲的观点来看，这就是由非洲劳动力利用非洲资源生产的剩余价值的持续性外流。这意味着处于同一辩证过程中的欧洲的发达和非洲的欠发达。

　　从任何标准来衡量，非洲劳动力便宜，从非洲劳工中获取的剩余价值很大。在殖民主义统治下，雇主支付的工资非常少——这些工资通常少得都不足以保证工人的生存。因此，工人还需靠种粮来维持生存。这尤其适用于种植型的农场劳动、矿山的工作和一定形式的城市就业。在欧洲实施殖民统治的时候，非洲人能够靠土地谋生。在之后的几年里，他们大多保留一些土地，他们外出工作而远离他们的香巴（shambas），是为了纳税，或因为他们被迫这样做。在欧洲的封建制度结束后，工人除了向资本家出售自己的劳动之外，绝对没有其他的谋生手段。因此，在某种程度上，雇主有责任给工人一种"可以维持生计的工资"。在非洲则不是这样。欧洲人提供尽可能最低的工资，同时依靠立法来处理其他的问题。

　　几个原因可以解释为什么非洲劳工比 20 世纪他的欧洲同行们受到更残酷的剥削。首先，在通过武力摧毁了所有反对力量之后，外国殖民国家取得了政治权力上的垄断。其次，非洲工人阶级很小，很分散，同时由于迁徙的习惯也很不稳定。再次，资本主义愿意剥削各地的工人，在非洲的欧洲资本家在不正当地处理非洲工人事宜时有更多种族上的正当理由。有关黑人不如其他人种的种族主义理论导致他应该得到较低的工资；有趣的是，浅肤色的北非阿拉伯和柏柏尔人群被法国的白人种族主义者视为"黑人"。反过来，上述因素的组合使非洲工人自己组织起来非常困难。只有工人阶级的组织和决心可以使工人免遭资本主义那种自然倾向的最大剥削。这就是为什么在所有的殖民地，当非洲的工人意识到工会团结的必要性时，殖民政权便在他们前进的道路上设置了许多障碍。

　　在可比较的范围内，欧洲和北美洲支付给工人的工资比非洲给

156

第五章 非洲对欧洲资本主义发展的贡献

工人支付的工资高得多。在埃努古（Enugu）工作的尼日利亚矿工，地下作业每天挣 1 先令，地面上作业，每天挣 9 便士。这样一种可怜的工资水平是一个苏格兰或德国的煤矿工人所无法理解的，因为他们几乎在一个小时就能够赚到埃努古矿工要每周工作 6 天的钱。港口工人中也存在同样的差距。美国大型航运公司法瑞尔航线的记录表明，在 1955 年，花在非洲和美国之间装卸货物的总费用，5/6 支付给了美国工人，1/6 支付给了非洲工人。然而，两方货物装载和卸载的数量是相同的。支付给美国的搬运工人和欧洲的煤矿工人的工资仍然是以保证资本家的利润为前提的。这里的重点是说明对于非洲工人的剥削率有多高。

当以上的差距在殖民时期和之后的时期被指出来时，那些有正当理由的殖民主义者迅速做出回应，声称资本主义国家的生活水平和成本都较高。事实上，更高的生活标准是由于对殖民地的剥削而 ₁₅₁ 成为可能。正是非洲人的付出没有理由在这样一个有可能更好的时代，在有可能有一种更高的生活标准的情况下让非洲的生活水平一直低下。非洲大陆由非洲劳工所支持的生活标准很容易通过在非洲的白人的工资和生活方式来说明。

殖民地政府在高级别人才方面对于非洲人的就业存在歧视；而且，每当白人和黑人招聘到相同的职位时，白人肯定会得到更多的工资。从公务员岗位到煤矿工人的岗位，这种情况确实出现在所有的职位水平上。在英国殖民地的"黄金海岸"和尼日利亚工作的非洲白领员工比他们在非洲大陆其他地区的兄弟的工资待遇要好一些，但他们都被限制在公务员的"初级员工"水平上。在上一次世界大战之前的时期，"黄金海岸"的欧洲公务员每月平均工资为 40 英镑，还享有宿舍和其他的特权。非洲人的平均工资只有 4 英镑。有例子表明，在一家公司工作的一名欧洲员工所挣的工资比他的 25 个非洲助手所挣得工资的总和还多。除了公务员的工作，非洲人还从事矿山、基建项目或家仆等工作——都是低收入的工作。这是不负责任的和没有补偿的剥削。1934 年，41 位非洲人在"黄金海岸"开采黄金的矿山灾害中丧生，资本家的公司只为每位员工的家属提供 3 英镑的赔偿。

那些有大量欧洲移民的地方也存在明显的工资差别。在北非，摩洛哥和阿尔及利亚人的工资是欧洲移民工资的 16% ~ 25%。在东非，情况更加糟糕，尤其是在肯尼亚和坦噶尼喀。相较白人移民的工资收入和生活标准，非洲人低下的工资形成了鲜明的对照。当德拉米尔勋爵（Lord Delamere）控制着 10 万英亩的肯尼亚土地时，肯尼亚人却必须携带基潘德通行证（Kipande pass）在自己的国家乞求一个每月工资为 15 先令或 20 先令的工作。在非洲大陆的南部，剥削更为残酷；例如，在南罗得西亚，农业劳动者每月所得很少超过 15 先令。在矿山的工人，如果他们是半熟练的工人的话，挣得稍多一点，但他们的工作条件却更难以忍受。在北罗得西亚（赞比亚旧称）矿山的那些不熟练的劳动者经常每月都挣不到 7 先令。在著名的铜矿带，卡车司机属于半熟练的工种等级。在一个矿井，欧洲人所做的工作是每月 30 英镑，而在另一个矿井，非洲人做同样的工作，每月只有 3 英镑。

152　　在所有的殖民地地区，工资在"经济危机"期间都有减少，20 世纪 30 年代的这一危机动摇了资本主义世界，直到上一次资本主义世界大战之后，工资才得以恢复或增加。1949 年，在南罗得西亚市区受雇的非洲人获得奖励，每月的最低工资从 35 先令提升到 75 先令。相比以前的岁月这是一个相当大的改进，然而白人工人（每天工作 8 小时，而非洲人每天工作 10 或 14 小时）获得了每天最低工资 20 先令加上免费宿舍，等等。

罗得西亚提供了一个南非种族隔离制度的缩影，其在非洲大陆拥有受到压迫的最大的产业工人阶级。在南非联盟，非洲劳工在地下深处作业，其非人道的待遇对欧洲矿工而言是不能忍受的。因此，南非的黑人工人从矿床里获得黄金以作为补偿，这在其他地方会被视为非商业性行为。然而，对工人阶级而言，这是干净的部分，即可以得到的与工资和工钱相关的任何形式的福利。官员们承认，矿业公司可以给白人支付比世界其他任何地方的矿工都要高的工资，因为支付黑人工人一点微薄的报酬就可以取得超额利润。*

　　归根结底，矿业公司的股东们是最受益的。他们仍然生活在欧洲和北美，每年从由非洲劳工在南非地下开采的黄金、钻石、锰、铀等矿藏中获取巨大的股利。多年来，资本主义新闻称赞南非是获取超级投资回报率的投资出路。从对非洲的争夺一开始，巨大的财富就是由在非洲南部如塞西尔·罗得斯这样的人通过黄金和钻石而获得的。在20世纪，投资和剩余价值的外流都在增加。投资主要集中在矿业和金融这些具有最大利润的领域。在20世纪50年代中叶，英国在南非的投资估计为8.6亿英镑，同时取得了每年稳定的15%或1.29亿英镑的利润。大多数矿业公司都有远高于平均水平的投资回报。在整个20世纪50年代，德比尔斯统一矿业（De Beers Consolidated Mines）取得了惊人和连续的收益，赢利高达2600万~2900万美元。

　　南部非洲矿业的复杂运作不只是局限于南非本身，而且包括西南非洲、安哥拉、莫桑比克、北罗得西亚、南罗得西亚和刚果。刚 153果不断为欧洲提供巨大的财富，因为从殖民时代到1906年，比利时国王利奥波德二世从橡胶和象牙上至少获利2000万美元。矿产剥削的时代很早就已经开始，在政治权力于1908年从利奥波德国王转到比利时国家手里以后有了新的起色。根据比利时人的估计，从1887年到1953年，流入刚果的外国资本已达57亿英镑。同一时期资金外流的价值据说已达43亿英镑，不包括保留在刚果本身所获得的利润。与非洲大陆其他地方一样，随着殖民时期逐渐走向尽头，刚果的剩余价值外流也在增加。在独立前的五年，从刚果流向比利时的资本达到巨大比例。大部分剩余价值的外流是由一家欧洲主要的金融垄断公司即社会兴业银行处理。社会兴业银行拥有其最重要的子公司上加丹加矿业联盟，其自1889年便已垄断了刚果的铜生产（当时称为加丹加公司）。据悉，上加丹加矿业联盟一年

---

*　众所周知，这些条件仍然存在。然而，本章用过去时态提出问题，以此来描绘殖民时代的画面。

内就赚了 2700 万英镑。

难怪殖民时期刚果生产的财富总量的 1/3 多以大企业利润及其外籍职工的工资形式流出。但是在英属北罗得西亚，这一数字是 1/2。在加丹加，矿业联盟至少享有某种声誉，因为它将利润的一部分为非洲工人提供职工住房和生育服务。罗得西亚铜矿带的公司则毫无顾忌地使利润全数外流。

不应忘记，在殖民时期的南部非洲以外地区，也有很重要的采矿业。在北非，外资开发了磷酸盐、石油、铅、锌、锰和铁矿石等自然资源。在几内亚、塞拉利昂和利比里亚，也有黄金、钻石、铁矿石和铝土矿等重要矿业。除此之外，还应该加上在尼日利亚开采的锡，加纳的黄金和锰，坦噶尼喀的黄金和钻石以及乌干达和刚果（布）的铜。想要了解每一种情况，首先必须研究非洲资源和劳动力的剥削程度，然后必须跟踪非洲以外剩余价值目的地——直到那些掌控着巨大跨国连锁矿业股份的资本家的银行账户。

非洲工人阶级生产的供出口的剩余价值并没有从事农业的公司那么高。农业种植广泛分布在非洲的北部、东部和南部，在西非也有较小程度的分布。这些公司的利润主要依靠强加于非洲农业劳动者令人难以置信的低工资和恶劣的工作条件。事实上，他们获得的土地只花了少量资金投入，这些土地是殖民统治者从非洲人那里成批抢劫过来，然后以微不足道的价格卖给白人。例如，在肯尼亚高地宣布成为"皇家领地"后，英国政府以一便士一英亩的价格转给德拉米尔勋爵 10 万英亩的最好土地。弗兰西斯·司各特勋爵（Lord Francis Scott）购买了 35 万英亩，东非地产公司买了另外的 35 万英亩，东非辛迪加买了 10 万英亩与德拉米尔勋爵毗邻的地产——所有这些都是以赠品的价格获得。不用说，这样的种植园赚取了大量的利润，尽管其利润率低于南非的金矿或安哥拉的钻石矿。

在殖民地时代，利比里亚被认为是独立的；但实质上，它却是美国的殖民地。1926 年，美国费尔斯通橡胶公司能够在利比里亚以每英亩 6 美分的成本和橡胶出口价值的 1% 获得 100 万英亩的森林土地。由于对于橡胶的需求及其战略重要性，来自利比里亚土地和劳动力的利润将费尔斯通橡胶公司带到美国大公司排名的第二十五位。

欧洲贸易公司与非洲农民

到目前为止，这部分已经讲述了由非洲工薪阶层在矿山、种植园所生产的剩余价值。但在殖民主义统治下的非洲工人阶级的数量非常小，绝大多数从事殖民地货币经济的非洲人都是独立的农民。那么，如何解释这些自我雇佣的农民对非洲剩余价值外流起的作用？殖民主义的辩护者认为，向这些农民提供种植或收集如咖啡、可可、棕榈油等产品的机会，并用来创造剩余价值具有积极效益。澄清这种误导至关重要。

一个种植经济作物或收集劳动产品的农民，他的劳动受到从当地商人开始的链条式的各种个体的剥削。有时，这些当地商人是欧洲人。他们很少是非洲人，通常是从国外引入的少数民族群体来充当服务于白人殖民者和受剥削的非洲农民的中间人。在西非，黎巴嫩人和叙利亚人扮演了这一角色；而在东非，印度人提升到了这个位置。在桑给巴尔以及在东非海岸的其他几个地方，阿拉伯人属于这个中间角色的范畴。 155

种植经济作物的农民自己没有任何资本。他们从种植一种作物到另一种作物，取决于收成和良好的价格。任何收成不好或价格下降将使农民不得不借钱，以用于交税和购买一些生活必需品。为了安全起见，他们将他们未来的农作物抵押给属于中间人范畴的放债人。欠债不还的话，甚至有可能导致他们的农场被放债人夺走。贷款的利息率高得惊人，达到了所谓的"高利贷"。在东部非洲，情况如此糟糕，以致英国殖民政府不得不介入并制定一个"土著信贷条例"（Native Credit Ordinance）来保护非洲人免受亚洲商人的侵害。

然而，尽管在殖民主义者和中间商人之间存在一些小冲突，但是他们都是同一剥削体制上的部件。从总体上来说，黎巴嫩人和印度人经营一些较小的业务，这是欧洲人不屑一顾的事情。例如，他们拥有棉花轧棉厂，将棉籽从皮棉里分离出来；而欧洲人关注的则是设在欧洲的工厂。中间商人也常去农村，而欧洲人喜欢留在城市。在农村，印度人和黎巴嫩人接管了几乎所有的买卖，将大部分的利润运回给在城镇和海外的欧洲人。

相对于大的欧洲企业的商业利益和欧洲各国政府获得的利润，中间商人获得的利润份额是微不足道的。殖民贸易公司是最直接与非洲农民打交道的资本主义机构，也就是那些专注于将货物从殖民地运进和搬出的公司。其中最臭名昭著的是法国的公司，如法属西非公司（CFAO）、西非贸易公司（SCOA）和英国控制的联合非洲公司（UAC）。这些公司主要负责将由农民辛劳创造的大量非洲财富送往非洲之外。

一些殖民地的贸易公司因为参与奴隶贸易，双手已经沾满了非洲人的鲜血。波尔多的法国商人从欧洲人的奴隶贸易中获得财富之后，在19世纪中期将这些资产转到了从塞内加尔和冈比亚出口花生的贸易。虽然几经易手，也有很多兼并，但公司在殖民主义时期仍然继续做生意。在塞内加尔、毛里塔尼亚和马里的毛雷和普罗姆公司（Maurel & Prom）、毛雷兄弟公司（Maurel Brothers）、布汗和156 特塞雷公司（Buhan & Teyssere）、德尔马斯和克拉斯特雷公司（Delmas & Clastre），这些名字都是众所周知的。他们中的一些最终被纳入西非贸易公司，这家公司是由法国和瑞士金融财团主导的。法国马赛港口的双向进程使得奴隶贸易资本转移到非洲和法国之间的直接贸易。在第一次世界大战结束后，大多数马赛的小公司被大型的法属西非公司兼并，将任何市场需要的欧洲商品运往法属西非，然后从那里出口主要是由农民劳动生产的农产品。法属西非公司的确也有英国和荷兰的资本，其活动扩展到利比里亚以及英国和比利时的殖民地。据说，法属西非公司和西非贸易公司在好的年份的利润率达90%，在差的年份其利润率也有25%。

当奴隶贸易在19世纪早期变得困难或不可能的时候，臭名昭

著的英国奴隶贸易港口利物浦率先转向了棕榈油贸易。这意味着利
物浦的公司不再通过将实际的劳动力从世界一个地方转到另一个地
方的做法来剥削非洲。取而代之的是，他们在非洲内部来剥削非洲
的劳动力和原材料。在整个 19 世纪直到殖民主义时代，利物浦主
要集中在进口非洲农民的产品方面。由于有曼彻斯特和柴郡
（Cheshire）工业区的支持，在殖民主义时期，这个英国港口在英
国和欧洲与非洲贸易方面掌握着很大的控制权——就像在奴隶贸易
时期所拥有的那样。格拉斯哥对于殖民地贸易也很感兴趣，伦敦的
大商业利益财团和企业亦如此。1929 年，伦敦取代利物浦成为处
理非洲进出口货物的主要港口。

　　如前所述，联合非洲公司是商业界最有名的一家英国公司。它
是盎格鲁—荷兰垄断巨头联合利华的一个附属公司；其代理机构遍
布所有英属西非殖民地，在东非也有较小规模的分布。联合利华还
控制了法属尼日尔公司、法属"象牙海岸"公司以及在乍得的奎
卢·尼阿里贸易公司（SCKN），还有在塞内加尔的非洲新贸易公
司（NOSOCO）、在葡属几内亚的 NSCA 和在达荷美的约翰·沃尔
肯有限公司（John Walken & Co. Ltd）。有些英国和法国的公司并
不是在每一个殖民地都存在，但是它们在特定的区域做得不错，可
以说是根深蒂固。举例来说，尼日利亚的约翰·霍尔特公司（John
Holt）就是这一类。

　　东非的进出口贸易公司一般比西非的要小一些。即使这样，也
有 5 家或 6 家的规模远比其他的要大且占有最大份额。史密斯·麦
肯齐公司（Smith MacKenzie）是最老的公司之一，它是苏格兰的
麦金农与麦肯齐公司的分支，不仅是英国殖民东非的急先锋，在印 157
度也有利益。其他著名的商贸公司有 A. 鲍曼公司（A. Baumann），
威格尔斯沃思公司（Wigglesworth and Company），达尔格蒂、莱斯
利和安德森公司（Dalgetty, Leslie & Anderson），拉利兄弟公司
（Ralli Bros.），迈克尔·科茨公司（Michael Cotts），乔斯·汉森公
司（Jos. Hansen），非洲商业公司（African Mercantile）和特恩驰国
际贸易有限公司（Twentsche Overseas）。它们中的有些公司在殖民

统治结束前合并了，它们都有一些下属公司，同时它们自身也隶属于宗主国更大的公司。联合非洲公司在东非也有一些进口贸易业务，培育了由白人定居者于 1904 年开办的盖利和罗伯茨公司（Gailey and Roberts）。

在东非，剩余价值的占有模式是容易跟踪的，提取机制主要集中在内罗毕和蒙巴萨（Mombasa）港口。所有大公司均从内罗毕经营，在蒙巴萨设有重要的办公室来处理仓储、运输和保险等事宜。乌干达和坦噶尼喀也因大公司在其首都坎帕拉（Kampala）和达累斯萨拉姆开办的分支而被纳入这一系统。直到第二次世界大战开始前，东非的贸易量都很小，但随后它迅速提升。例如，肯尼亚进口额从 1938 年的 400 万英镑增长到 1950 年的 3400 万英镑，到 1960 年增至 7000 万英镑。当然，出口额也在同时上涨，而商业公司是对外贸易增长中的主要受益者之一。

在非洲农民广泛种植经济作物的那些地方，贸易公司大都以较小的投资获得了巨额财富。这些公司不用花费一分钱来种植农业原材料。非洲农民从事经济作物的种植有很多原因。少数人急切地抓住机会继续获取欧洲的商品，因为他们在前殖民时期已习惯于这些商品。非洲大陆的其他人开始赚钱，因为他们要用钱来缴纳各项税收或是因为钱被迫去工作。非洲人在枪杆和皮鞭的威逼下被迫种植经济作物的很好例证，可以在 20 世纪 30 年代德国统治下的坦噶尼喀、葡萄牙殖民地以及法属赤道非洲和法属苏丹找到。* 在任何情况下，农民很少完全依赖经济作物作为他们实际的生计。贸易公司充分利用了这一事实。了解到一个非洲农民和他的家人会通过他们自己种植食物的耕地来维持生计，公司便对农民及其家人需要足够工资来维持其生存这一点不承担任何责任。在某种程度上，这些公司只是从被征服人民那里接受贡品，甚至没有必要庸人自扰地去了

---

* 当非洲人采取了暴力手段时，这些事件戏剧性地引起了外部世界的注意。例如，强迫种植棉花产生的不满情绪导致了在坦噶尼喀的马及马及战争以及在 20 世纪 60 年代晚期的安哥拉的民族主义起义。

解这些贡品是如何生产出来的。

　　贸易公司在非洲内部也有他们自己的运输工具，如摩托车和货车。但是，他们通常把运输成本的负担通过黎巴嫩人或印度的中间商人转嫁给非洲的农民。这些资本主义的公司以双重的挤压来控制非洲的农民，控制农作物收购价格，同时控制农民所渴望的进口商品的支付价格，如工具、服装和自行车的价格等。例如，1929 年在尼日利亚的联合非洲公司和其他贸易公司大大地降低了棕榈产品的收购价格，生活成本则由于进口货物费用的上升而增加。1924 年，棕榈油的价格每加仑 14 先令，到 1928 年下降到 7 先令每加仑，在接下来的一年降至 1 先令稍多一点。虽然在经济大萧条时期，贸易公司从每吨棕榈油中收益不多，但他们的利润率是增加的，这表明剩余价值是如何肆无忌惮地从农民身上压榨出来的。在大萧条时期，联合非洲公司获得了可观的利润，1934 年的利润为 6302875 英镑，同时普通股的红利为 15%。

　　在大萧条的年代，非洲殖民地的每一个地方都遵循同样的模式。1930 年，在苏库马兰（Sukumaland）（坦噶尼喀）棉花价格从每磅 50 分下降到每磅 10 分。法国的殖民地遭受的影响稍迟一些，因为直到 1931 年经济萧条才使法国货币区受到了影响。然后，塞内加尔的花生价格削减了一半以上。咖啡和可可的跌幅更大，因为对于欧洲买家来说，它们相对奢侈一点。可以再次指出的是，法国的公司如法属西非公司和西非贸易公司，当这些公司在欧洲出售原材料时，面临更低的价格，但他们不会有任何的损失。相反，非洲的农民和工人承受着压力，即使这意味着强制劳动。在法国领地的非洲农民被迫加入所谓的合作社，他们被强迫种植某些农作物如棉花，同时迫使他们接受任何既定的价格。

　　大萧条尚未结束，欧洲又发生了战争。西方列强拖着非洲人民为争取自由而战！贸易公司以上帝和国家的名义加紧对非洲的掠夺。在"黄金海岸"，战前可可豆每吨要支付 50 英镑，现在他们每吨只支付 10 英镑。同时，进口商品的价格增加了一倍或两倍多。许多必需品的价格超出了普通人的支付能力。在"黄金海岸"，战 159

165

前卖 12 又 1/2 先令的一块花布到 1945 年卖 90 先令。在尼日利亚，一米的卡其布为 3 先令，到战前上升到 16 先令；一捆铁皮的原成本为 30 先令，也涨到 100 先令。

城市工人受到价格上涨的打击最大，因为他们不得不用钱购买日常用品，同时他们的食品有些是进口的。工人的不满突出表现了战后的这种剥削。出现了一些罢工，在"黄金海岸"，1948 年对于进口商品的抵制是恩克鲁玛自治政府的前奏。然而，农作物收购的低价格和昂贵的进口商品也使农民变得坐立不安。1947 年，在乌干达种植棉花的农民再也无法忍受了。他们不能插手英国大的进出口公司，但他们至少可以对付印度和非洲的中间商人。因此，他们游行反对印度的轧棉厂，同时在卡巴卡（国王）王宫门口举行示威游行，这位世袭统治者在乌干达以英国代理人身份行事。

为了确保在任何时间利润率都尽可能保持最高，贸易公司发现最便捷的方式是形成"合伙经营"制。合伙经营者制定支付给非洲耕种者的价格，并将价格降到最低。此外，贸易公司蔓延到殖民地经济生活的其他几个方面，从而通过多种渠道榨取剩余价值。举例来说，在摩洛哥，摩洛哥总公司拥有大量的房地产、畜牧场、木材加工业、矿山、渔业、铁路、港口和发电站。法属西非公司和联合非洲公司也像巨人一样涉足于各个领域。法属西非公司的利益范围从花生种植园到法布尔和法拉西奈（Fabre & Frassinet）船运公司的股份。加纳和尼日利亚人到处都可以看到联合非洲公司的影子。它控制着批发和零售贸易，拥有奶油厂、锯木厂、肥皂厂、衬衫厂、冷藏厂、工程和汽车修理店、拖船、沿海船舶等。有些企业直接剥削非洲的廉价劳动力，而他们所有的运作都是用这样或那样的方式从农民努力生产的经济作物中获取利润。

有时，在非洲收购农产品的公司即是利用这些农产品原材料生产出商品的同一个公司。例如，吉百利公司（Cadbury）和弗赖伊公司（Fry）是英国可可和巧克力的两个最重要的制造商，它们也是西非海岸的买家，而在东非，制茶企业布鲁克·邦德公司（Brooke Bond）既生产也出口茶叶。许多马赛、波尔多和利物浦的贸易公

司也从事制造业，如在本国的领土上生产肥皂和黄油。这种情形也
完全适用于联合非洲公司，强大的勒西尔集团（Lesieur group）在　160
法国加工油脂，在非洲有商业买家。然而，有可能将贸易活动同工
业制造分离开来。后者代表的是对非洲农民劳动剥削漫长过程中的
最后阶段——在某些程度上来说是最具破坏性的阶段。

　　农民要花大量的时间来生产一种特定的经济作物，而那种产品
的价格就代表着那些漫长时间劳动的价格。因为从非洲生产的主要
产品的价格一直都很低，因此，原材料的买方和使用者对于农民进
行了大规模的剥削。

　　以上概括可参照对于棉花的说明，因为棉花在非洲是一种最常
见的经济作物。乌干达农民种植的棉花最终成功地进入在兰开夏郡
的一家英国工厂或英国人在印度开设的一家工厂。兰开夏郡的工厂
老板尽可能少地支付薪水给他的工人，但他对于工人们的劳动剥削
受到了多个因素的限制。然而，他对乌干达农民的劳动剥削是不受
限制的，因为他在殖民地国家的权力可以确保工人工作的时间很
长，而得到的很少。此外，生产出来的棉衬衫的价格又太高，以至
于当它们重新进口到乌干达时，以衬衫形式存在的棉花价格大大超
越了那些棉花种植农的购买力。

　　非洲原材料的出口价格和制成品进口价格之间的价格差别构成
了一种不平等的交易形式。在整个殖民时期，这种不平等的交易变
得越来越糟。经济学家称这一过程为贸易的恶化条件之一。殖民地
人民在 1939 年用全部原材料只可以购买他们在成为殖民地之前的
1870 ~ 1880 年十年间可购买的制成品的 60% 。到了 1960 年，相同
数量的非洲原材料可购买的欧洲制成品的数量进一步下降。不存在
决定原材料如此不值钱的客观经济规律。事实上，发达国家出售的
某些原材料如木材和小麦的价格，要比殖民地所能控制的价格高得
多。可以解释的是，这是殖民主义者的政治和军事霸权对非洲所施
加的不平等交易，就像在国际关系范畴中，对于那些处于依附地位
的小国家所实施的不平等条约，如拉丁美洲的那些小国。

　　宗主国和殖民地之间的不平等贸易进一步被"保护市场"的概

念所强调，这意味着即使是一个低效的宗主国生产者，也可以在一个他所属的阶级具有政治控制权的殖民地找到稳定的市场。此外，
161 正如在前殖民地贸易时代，欧洲的制造商建立了有用的商品附带销售体系，这些商品在他们自己的市场是不符合标准的，尤其是纺织品。欧洲农民也在用同样的方式出售廉价黄油，而斯堪的纳维亚的渔夫则用自己的方式出口腌鳕鱼。相比其他各洲来说，非洲并不是一个很大的欧洲产品市场，但购买价格和销售价格都是由欧洲资本家制定的。这样无疑使欧洲制造商和贸易商轻而易举地获取非洲所生产财富的剩余价值。当然，如果非洲人有能力提高自己的出口价格的话，这样做就不那么容易了。

运输和银行服务

贸易公司和工业企业还未穷尽对剩余价值的剥削渠道。船运公司构成了一个不可忽视的重要的剥削途径。最大的船运公司都聚集在那些殖民国家的旗帜下，尤其是英国。船运公司几乎可以独断独行，它们由于可以创造超级利润而倍受其政府的宠爱，可以刺激工业和贸易，可以传递邮件，当战争来临时，还可以为海军做贡献。非洲农民对于收取的运费绝对没有控制权，实际上他们比其他国家的公民要支付得更多。从利物浦到西非的面粉运费是 35 先令一吨，与之相比，从利物浦到纽约只有 7 又 1/2 先令（大致相等的距离）。货物运费率通常随着货物体积的变化而变化。然而，可可的运费率固定在 50 先令一吨，不论是在 20 世纪初出口不多时还是后来出口增加时，运费一直保持同样水平。20 世纪 50 年代，航运商将咖啡从肯尼亚运到纽约，每吨可挣 280 先令（约合 40 美元）。从理论上讲，应该是由商人来支付船运公司的运费，但在实践中这意味着农民的生产承担了所有费用，因为商人支付的是从农民廉价购买得来的利润。同样，在肯尼亚的白人定居种植者支付的费用，之后通过对于农村工资劳动力的剥削而重新获得。

船运公司通过类似于商业公司的"合伙经营"的做法，保留

第五章 非洲对欧洲资本主义发展的贡献

了高额的利润。他们建立了所谓"协商路线"(Conference Lines),即允许两个或两个以上的船运公司在最有利的基础上分享他们之间的货物运输。他们的投资回报率是如此之高,他们的贪婪是如此失控,以至于受到殖民国家商人的抗议。从 1929 年到 1931 年,联合 非洲公司(由联合利华支持)与由英国艾尔德·德姆斯特航运公司(Elder Dempster)、荷兰西非航运公司和德国西非航运公司组成的西非航线协商会(West African Lines Conference)进行了一场经济战。在这种情况下,贸易垄断战胜了航运垄断;但这就像大象打架,草地遭殃。最后,非洲农民是最大的输家。因为贸易者和船运者通过降低支付给非洲原始产品的价格来调整他们之间的差异。

在殖民地的舞台背景下,银行、保险公司、海上保险公司和其他金融机构忙于运作。之所以说"背景",是因为农民从来就不可能直接与这些机构打交道,他们也都不明白这些机构的剥削功能。农民或工人不可能获得银行贷款,因为他们没有"证券"(securities)或"抵押品"(collateral)。银行和金融公司只与其他的资本家打交道,因为这些人可以向银行家们证明,无论发生了什么银行都可以收回钱并获得利润。在帝国主义时代,银行家们成为资本主义世界的贵族,所以从另一种意义上来看,他们都非常引人注目。落到城市银行家们手中的由非洲工人和农民生产的大量的剩余价值十分惊人。他们登记的资本投资回报率甚至高于矿业公司的收益,同时,他们每一个新的直接投资,都意味着非洲劳工成果被进一步剥夺。此外,在殖民地的所有投资实际上都牵涉金融垄断巨头的参与,因为最小的贸易公司最终也与大银行家有联系。在殖民地的投资回报率始终高于在宗主国的投资,所以金融家通过赞助殖民企业来获益。

在殖民主义的最初岁月里,在非洲的银行很小,又是相对独立的。始于 1853 年的塞内加尔银行(*Banque de Senegal*)就是如此,最初是艾德尔·德姆斯特航运公司的一个分支的英属西非银行也是如此。然而,一旦资本的交易量表明值得进入非洲时,自 19 世纪 80 年代起一直对发展进行远程控制的欧洲各大银行马上转向殖民地银行业。1901 年，塞内加尔银行并入西非银行（BAO），加强了与强大的印度支那银行的联系，后者正是法国宗主国的几个银行家的杰作。1924 年，非洲商业银行（BCA）出现在法国领地，与法国的里昂信贷银行和国家工商银行（BNCI）相关联。那个时候，英属西非银行得到了劳埃德银行（Lloyds Bank）、威斯敏斯特银行（Westminster Bank）、标准银行（Standard Bank）和国民地方银行（National Provincial Bank）资金上的支持——所有这些银行都在英格兰。另一个英国大银行巴克莱银行（Barclays）直接迁到了非洲。它购买了殖民银行并将它命名为巴克莱 DCO（即自治领与殖民地）银行。

163

英属西非银行（1957 年成为西非洲银行）和巴克莱银行掌握着英属西非银行业务的最大份额，正如西非银行和非洲商业银行分享法属西非和法属赤道非洲一样。1949 年，法国和英国的银行资本在西部非洲结成联盟，形成了英国和法国的西非银行。法国和比利时的剥削在金融领域也有重叠，因为社会兴业银行既有比利时的资本又有法国的资本。它支持法属非洲的银行和刚果的银行。其他较弱的殖民列强使用的是国际银行如巴克莱银行等的服务，同时向自己国家的银行开放其殖民地。在利比亚，就有罗马银行（Banco di Roma）和那波里银行（Banco di Napoli）；而在葡萄牙的领地上，最熟悉的名字就是大西洋银行（Banco Ultramarino）。

在南部非洲，最杰出的银行是南非标准银行有限公司，由在开普殖民地与伦敦有紧密联系的商务企业领袖于 1862 年创办。它的总部在伦敦，通过资助黄金和钻石的开采，以及通过塞西尔·罗得斯和德比尔斯的掠夺而发了财。1895 年，标准银行扩延到了贝专纳（Bechuanaland）、罗得西亚和莫桑比克；它是在英属东非建立的第二家英国银行。它的实际利润的规模也很大。在一本由标准银行官方赞助的书里，作者谦虚地归纳如下：

> 这本书在文字上对标准银行业务的财务结果没有多少关注，但其盈利能力是其生存的必然结果，因此从始至终，这必

然是其首要目的。

1960 年，标准银行获得了 1181000 英镑的净利润，并将其 164
14％的股息支付给了股东。这些股东大部分是在欧洲或南非的白
人，而利润主要是由非洲东部和南部的黑人产生的。此外，欧洲银
行将其在非洲分支的储备转移到伦敦总部，并在伦敦货币市场进行
投资。这就是非洲的剩余价值最快速外流到宗主国的方式。

19 世纪 90 年代设立在非洲东部的第一家银行是一家在印度开
办的英国银行的分支。后来它被称为国家格林雷斯银行（National
Grindlays）。1905 年，德国人在邻近的坦噶尼喀建立了德属东非银
行，但在第一次世界大战后，英国几乎垄断了非洲东部的银行业。
在殖民时期，东非共有九家外资银行，其中的三大银行是国家格林
雷斯银行、标准银行和巴克莱银行。

东部非洲为外国银行如何有效地剥夺非洲财富提供了一个有趣
的例子。大多数银行和其他金融服务是为那些"家"的概念一直是
英国的白人殖民者提供的。结果是，在殖民地结束时期，当白人殖
民者感到有威胁时，他们急忙将钱送回英国的家。举例来说，1960
年，当英国决定承认肯尼亚的自治时，一笔 550 万美元的巨款立即
由在坦噶尼喀的白人"安全"地转移到伦敦。这笔钱，像所有殖
民银行的其他汇款一样，代表着对非洲土地资源和劳动力的剥削。

作为经济剥削者的殖民地管理

除了私人公司，殖民政府也直接参与了经济剥削和使非洲贫困
化的过程。每个殖民国家的等同殖民办公室的部门与其在非洲的总
督联手开展多项工作，主要的功能列举如下：

（1）保护国家利益免受其他国家资本家的竞争。

（2）仲裁本国资本家之间的冲突。

（3）确保私人公司可以剥削非洲人的最优化条件。

最后提到的目的是最重要的。这就是为什么殖民政府反复强调

说"要维护法律和秩序",这就意味着维护有利于资本主义扩张和掠夺非洲的最有利的条件。这就导致了殖民政府的征税。

殖民地税收系统的一个主要目的是提供必要的资金,从而管理殖民地以便于剥削。欧洲殖民者要确保非洲人能够养得起那些压迫非洲人的省长和警察,这些人是私人资本家的看门狗。确实,19世纪征收的税款和关税主要为了收回殖民列强派出军队征服非洲所需要的成本。因此,殖民政府实际上没有投入一分钱到殖民地。所有费用均来自于对非洲大陆的劳动力和自然资源的剥削;维持殖民地政府机器运转的所有费用则是非洲劳动产品的一种异化。在这方面,法国殖民地受害最深,特别是自 1921 年以来,来自当地税收的收入支付了全部费用以及建立储备金。

在非洲的土地上建立了军队、警察、行政部门和司法部门之后,殖民宗主国要比以前更直接地干预非洲人的经济生活。从资本主义的观点来看,非洲的一个主要问题是如何引导非洲人成为劳动力或经济作物的农民。在一些地区,如西部非洲,非洲人在早期的贸易中已经变得依赖于欧洲制造的产品,他们自己主动地同时准备竭尽全力参与殖民地的货币经济。但这并不是普遍的反应。在许多情况下,非洲人没有觉得货币的激励大得足以改变他们的生活方式从而变成劳动力或生产经济作物的农民。在这种情况下,殖民政府通过使用法律、税务和强制要求的干预迫使非洲人采取一种有利于资本主义利润的方式。

当殖民地政府占领了非洲的土地时,他们同时达到了两个目的。他们满足了自己公民的欲望(那些想要开采特许权或耕作土地的人),同时他们创造了条件使那些失地的非洲人为了纳税和生存不得不去工作。在一些白人定居地如肯尼亚和罗得西亚,殖民政府也阻止非洲人种植经济作物,这样白人就有劳动力了。定居在肯尼亚的白人格罗根上校(Colonel Grogan)在谈到基库尤人时直截了当地说:"我们已经偷了他们的土地。现在我们要偷他们的四肢。强制劳动是我们占领这个国家的必然结果。"

在非洲大陆那些土地仍保留在非洲人手中的地区,殖民地政府

第五章　非洲对欧洲资本主义发展的贡献

强迫非洲人种植经济作物，无论这种作物的价格多么低。最受喜欢的方式就是税收。许多东西都成为征收现金税的项目——牲畜、土地、房屋和人口。支付税款的钱是非洲人通过种植经济作物或在欧洲农场或矿山工作获得的。在法属赤道非洲，有一个关于什么是殖民主义本质的典型例子，法国官员禁止曼加人（Mandja people）［在今刚果（布）］狩猎，这样他们就只能专门从事棉花种植。尽　166管这个地区只有少量家畜而且狩猎是当地人们饮食的主要肉食来源，但法国仍实施了狩猎的禁令。

　　最后，当其他措施都失败了，殖民列强广泛地采用体力上的强迫劳动——当然是以法律制裁来支持，因为任何殖民政府所选择的做法都是"合法"的。在英属东非，农民被法律和法规要求至少要保持经济作物像棉花和花生的种植面积，这是殖民国家强制的有效形式，尽管它们一般不会被放在"强迫劳动"的名目下来考虑。

　　最简单的强迫劳动形式是殖民政府要求开展的"公共工程"。劳工每年在一些指定的天数必须免费为这些"公共工程"工作——为总督建城堡，修筑非洲人的监狱，为部队建军营，为殖民官员盖房子。大量的强迫劳动投入到了公路、铁路和港口建设，为私人资本主义的投资提供了基础设施同时促进了经济作物的出口。只举一个来自英国殖民地塞拉利昂的例子，人们发现，成千上万的来自村庄的农民充当了在19世纪末开始修建的铁路所需的强迫劳动力。艰苦和恶劣的工作环境导致大量从事铁路工作的劳工的死亡。在英国殖民地，这种强迫劳动（包括少年劳动）如此普遍存在，以至于在1923年制定了"当地权威条例"（Native Authority Ordinance）以限制在搬运、铁路和公路建设上使用强迫劳动。很多情况可以绕过这个立法的手段。1930年，所有殖民列强签订了一个国际强迫劳动公约，但随后的实践却受到忽视。

　　法国政府有一个巧妙的方法来获取无偿劳动，他们首先要求非洲男性都应该成为法国士兵，然后利用他们作为无偿劳动力。这种被称为"给付"的形式和其他形式的强迫劳动被广泛应用于法属苏丹和法属赤道非洲的广大地区。因为在这些地区没有种植经济作

173

物，榨取剩余价值的主要方法是通过人力，使其在离海岸近并有种植园或经济作物的地区工作。今天的上沃尔特、午得和刚果（布）在殖民主义统治下提供了大量的强迫劳动力。法国迫使非洲人从1921年开始建设布拉柴维尔到黑角（Pointe－Noire）的铁路，直到1933年才完成。期间每年约有1万人被赶到现场，有时路程超过1000公里远。每年至少有25%的劳动力死于饥饿和疾病，最糟糕的时期是从1922年到1929年。

除了"公共工程"给资本家带来直接价值的事实，殖民地政府也协助私人资本家并向他们提供强迫招募的劳工。这在殖民初期尤其突出，并以各种方式一直延续到第二次世界大战爆发，有的地方甚至持续到殖民主义结束。在英国的领地上，这种实践在1929～1933年的经济萧条时得以恢复，并在随后的战争中继续。在肯尼亚和坦噶尼喀，强迫劳动被重新引入以保证定居者的种植园在战争时期正常运作。在尼日利亚，锡业公司受益于强迫劳动的立法，允许他们每天支付工人5便士加上口粮。在殖民地的大多数时期，法国政府对于在加蓬和"象牙海岸"享有优惠土地条件的大木材公司实施的也是同样的方法。

葡萄牙和比利时的殖民政权的手段最无耻，它们直接将非洲人集中到私人资本家类似奴隶制的条件下工作。在刚果，残酷的和广泛的强迫劳动始于19世纪的国王利奥波德二世。很多刚果人被利奥波德的官员和警察枪杀和伤害，这甚至在殖民暴行普遍时也招致欧洲人的不满。在1908年，当利奥波德将政权交给比利时政府时，他已经取得了巨额财富；同时比利时政府也从来没有放松过对于刚果的剥削强度。

葡萄牙有着从事类似奴隶制做法的最坏纪录，他们也曾多次受到国际舆论的谴责。葡萄牙殖民主义的一大特征就是，它不仅为自己的公民提供强迫劳动，也为在殖民地边界之外的资本家提供。安哥拉人和莫桑比克人被出口到南非矿山为生计而工作，而在南非的资本家为每名工人向葡萄牙政府提供一定的金额。（对南非出口非洲人仍在继续。）

第五章　非洲对欧洲资本主义发展的贡献

　　在上面的例子中，葡萄牙的殖民主义者与其他国家的资本家联手，使对非洲劳动力的剥削最大化。整个殖民时期，有过这种合作的情况，同时也有在宗主国之间的权力竞争。一般来说，当某个欧洲国家的资产阶级的利润受到其他国家活动的威胁时，这个列强就会进行干预。毕竟，在非洲建立殖民政府的目的就是要为国家垄断的经济利益提供保护。因此，比利时政府立法以确保从刚果运进和 168运出的货物主要由比利时航运公司承担；同时法国政府对于由外国船运入法国的花生征收很高的税收，这是通过另外一种方式以确保法属非洲的花生出口只能使用法国船只。从某种意义上说，这意味着非洲人的剩余价值是通过一种方式而不是另一种方式失去的。但这也意味着其剥削总量更大，因为如果允许欧洲人之间的竞争，将会降低服务成本，并提高农产品的支付价格。

　　非洲人最遭罪的是与"母国"进行的排他性贸易，尤其是在"母国"是落后国家的情况下。在葡萄牙殖民地的非洲农民获得的是更低的粮食价格，却要为进口商品支付更高的价格。然而，英国这个非洲最大的殖民主义国家也要面临来自德国、美国和日本的更强有力的资本家的竞争。英国商人和实业家游说政府设置壁垒以防止外来竞争。例如，日本出口到英属东非的布从 1927 年的 2500 万码提高到 1933 年 6300 万码，从而导致英国贸易委员会主席沃尔特·伦希曼（Walter Runciman）提议让议会对日本进入英属非洲殖民地的商品征收高额关税。这意味着非洲人不得不为进口主要商品支付更高的价格，因为英国的布更昂贵。从非洲农民的角度来看，这些意味着他的劳动成果的进一步异化。

　　非洲生产营销委员会（Produle Marketing Boards）为殖民地政府及其资产阶级公民之间的利益认同提供了一个完美的例证。委员会的起源可追溯到 1937 年"黄金海岸"的"可可禁卖"运动（cocoa hold-up）。数月间，可可农拒绝出售他们的作物，除非提高销售价格。"可可禁卖"运动明显有利的结果是英国政府同意设立一个营销委员会负责从农民那里购买可可，而不是直至当时那样仍由联合非洲公司和吉百利那样的大企业直接充当买主。1938 年成立了西非可可控制委员会，但英国政府以此作为一种遮掩，隐藏私人资本家，同时允许他们继续获取巨额利润。

从理论上来说，营销委员会应该给农民的农作物以合理的价格。委员会将农作物出售到海外，同时保留一部分剩余价值作为改善农业之用，并在世界市场价格下跌时以稳定的价格支付农民。在169实践中，多年来世界市场的价格不断上涨，而委员会支付给农民的是固定的低利率。非洲人没有获得任何好处，反而是英国政府和作为买卖产品的中介机构的私人公司得到了好处。联合非洲公司和约翰·霍尔特公司这样的大公司在委员会有代表配额。作为政府的代理人，他们不再直接受到攻击，而他们获得的利润可以得到保证。

营销委员会的想法获得了英国最高决策者的支持，因为战争正好在那个时候爆发，同时英国政府急于采取措施以确保一些殖民地的产品在适宜时间有足够的储存，因为在战争时期可用于商业用途的船只数量有限。他们也急于拯救那些由于与战争有关的事件而造成了不利影响的私人资本家。例如，日本从菲律宾和荷属东印度群岛切断类似硬质纤维的供应后，东非剑麻对于英国和其战争盟友来说变得至关重要。实际上，即使是在战争爆发之前，剑麻就是由英国政府成批购买的，用以帮助在东非的那些不是非洲人的种植园主，因为他们失去了在德国和欧洲其他地区的市场。同样，委员会从 1939 年 9 月就开始购买油类种子（如棕榈和花生），以备黄油和海洋油的短缺。

生产营销委员会以远远低于世界市场价格的数字购买了所有农民的经济作物。例如，在 1946 年西非生产委员会支付给尼日利亚人的棕榈油价格为每吨不到 17 英镑，同时通过国家食品部以 95 英镑的价格卖出，这是接近世界市场的价格。委员会以每吨 15 英镑的价格收购花生，在英国出售时卖到每吨 110 英镑。此外，殖民地官员对委员会的销售征收出口关税，这又是对农民的间接征税。这种情况发展到极点，以致很多农民试图逃离委员会的控制。1952年，塞拉利昂的咖啡价格如此之低，以至于咖啡种植者将咖啡走私到附近的法国领土。大约在同一时间，尼日利亚农民逃离棕榈油的生产而从事橡胶的采集或林木采伐，因为这不属于生产委员会所管辖的范围。

如果人们接受政府是特殊阶层的仆人这一说法，那么就可以理解为何殖民地政府已经伙同资本家将剩余价值从非洲运输到欧洲。但即使在不这样认为（马克思主义）的前提下，也不可能忽略殖民地政府工作人员如何以各种委员会来代表大资本家利益开展工作的相关证据。殖民地的总督必须听从公司当地代表及其领导们的吩咐。事实上，公司的代表同时对于几个殖民地都有影响力。在第一次世界大战前，整个英属西非的一个最重要的人物是艾尔德·德姆斯特公司总裁、西非银行董事长、英国棉花种植协会主席艾尔弗雷德·琼斯（Alfred Jones）先生。20 世纪 40 年代后期，在法属西非，法国总督急于取悦于一个名叫马克·鲁卡尔特（Marc Rucart）的人，因为这个人在法国几家贸易公司拥有很大的利益。这样的例子在殖民地的整个历史上比比皆是，虽然某些人对于白人殖民者的影响大于对宗主国个体商人的影响。

在欧洲的公司股东们不仅游说议会，而且实际上也控制了政府本身。国家食品部的可可委员会主席不是别人，正是约翰·吉百利（John Cadbury），他是参与了剥削西非可可农民的"合伙经营"制的吉百利兄弟公司的总监。前联合利华雇员在国家食品部的油脂处担任关键职位，同时继续从联合利华收到支票！油脂处将生产委员会购买配额的分配交给西非商人协会，这个协会是由联合利华的子公司联合非洲公司来控制的。

难怪食品部对一位颇有名气的黎巴嫩商人发出指令，他必须签署一项由联合非洲公司制定的协议。难怪各公司可以在随意降低非洲物价和必要时保证获取强迫劳动力等方面得到政府的帮助。难怪联合利华公司可以通过有利的价格在获得英国政府保证的市场上出售肥皂、人造黄油等产品。

当然，宗主国政府也保证了一定比例的殖民地剩余价值直接进入国库。它们都以各种方式在资本主义企业进行直接投资。比利时政府投资于采矿，葡萄牙政府具有安哥拉钻石公司（Angolan Diamond Company）的部分所有权。法国政府总是愿意加强自身与金融部门的联系。当殖民银行陷入困境时，它们可以依靠法国政府的救援，他们的一部分股份实际上掌握在法国政府的手中。英国殖民政府也许是最少愿意直接参与企业日常经营的，但它确实也参与了尼日利亚东部煤矿和铁路的开发。

171 　　营销委员会帮助殖民政权涉足一些现金的交易。你会发现可可委员会以非常低的价格出售产品给英国食品部；反过来英国食品部将产品卖给英国制造商，其利润在一些年份中高达 1100 万英镑。更重要的是，营销委员会把产品卖到美国，这是最大的市场，价格非常高。非洲农民没有得到这些利润，而是以美元的形式表现在英国的外汇中。

　　从 1943 年开始，英国和美国从事被人们称为"反向租借"（reverse lend-lease）的事宜。这意味着战时美国给英国的贷款有一部分是由从英国殖民地运到美国的原材料来偿还的。在这样的背景下，来自马来亚的锡和橡胶是非常重要的，而非洲提供了范围广泛的产品，包括矿物和农业产品。可可是在锡和橡胶之后的第三种赚取美元的产品。1947 年，西非的可可为英国带来了超过 1 亿美元（3800 万英镑）盈余。此外，由于其对于钻石生产的垄断，（南）非洲也能将其产品卖到美国为英国赚取美元。1946 年，哈里·F. 奥本海默（Harry F. Oppenheimer）告诉他的德比尔斯统一矿业的董事会同人："在战争中宝石钻石的销售为英国赚得了 3 亿美元。"

　　正是在这个关于货币流通的问题上，殖民政府采取了人为操控的办法以确保非洲的财富能流入宗主国的国库。在英国的殖民地，硬币和纸币首次通过私人银行发行。然后，这一功能分别由在 1912 年和 1919 年建立的西非货币委员会和东非货币委员会接管。由殖民地货币委员会发行的货币必须由"英镑储备"来支持，这就是从非洲赚来的钱。该系统的工作方式如下。殖民地（主要）通过出口赚取的外汇都是以英镑在英国储存。同时在殖民地发行等量的东非或西非当地货币用于流通，而英镑仅用于投资英国政府公债，从而为英国赢得更多的利润。商业银行与宗主国政府携手合

第五章 非洲对欧洲资本主义发展的贡献

作，而货币委员会使这一系统正常运作。它们一起建立了一个复杂的金融网络，为牺牲非洲而使欧洲致富这一共同目的服务。

殖民地对于英镑储备的贡献是给英国财政部的礼物，而殖民地只收到很少的利息。到 20 世纪 50 年代末，像塞拉利昂这样一个小 172 的殖民地就已经达到了 6000 万英镑的储备；而在 1955 年，英国政府持有 2.1 亿英镑，来自"黄金海岸"可可和矿物的销售。埃及和苏丹也对英国做出了巨大的贡献。在 1945 年，非洲对于英国英镑结存的贡献总计为 4.46 亿英镑，到 1955 年上升至 14.46 亿英镑——超过英国和英联邦储备中黄金和美元总量的一半以上，后者总量达到 21.2 亿英镑。像亚瑟·克里奇－琼斯（Arthur Creech-Jones）和奥利弗·利特尔顿（Oliver Lyttleton）这样的英国殖民地主要决策人物也承认，在 20 世纪 50 年代早期，英国就是靠从殖民地获取的美元收入生活的。

在向其殖民地索取供品方面，英国政府不及比利时，特别是在过去的世界大战之中和之后。当比利时被德国占领之后，流亡政府在伦敦建立。这个流亡政权的殖民大臣戈丁先生（Mr. Godding）承认：

> 战争期间，刚果有能力承担在伦敦的比利时政府所有的财政支出，包括外交服务以及我们的军队在欧洲和非洲的费用，总共有 4000 万英镑。事实上，由于有刚果的资源，在伦敦的比利时政府没有借一先令或一美元，同时比利时的黄金储备也能保持原封不动。

自从战争开始以来，刚果收入的剩余价值所得中所有不是比利时法郎的货币都流入了比利时的国家银行。因此，除了所有私人资本家对于刚果的掠夺，每年获得多达数百万法郎的比利时政府也是直接受益人。

在这种情况下讨论法国殖民主义在很大程度上将重复英国和比利时的做法。几内亚是一个"贫穷"的殖民地，但在 1952 年，基于对铝土矿、咖啡和香蕉的出售，获取了法国的 10 亿（旧）法郎或约 560 万美元的外汇。法国的金融手段与其他殖民国家略有不同。法国倾向于使用更多的商业银行，而不是建立独立的货币发行局。法国也通过加强征收用于军事目的的税收，从非洲挤压出了更多的剩余价值。法国政府让非洲人在法国军队穿着制服，让他们对付其他的非洲人，对抗其他殖民地如越南的人民，同时在欧洲战场上作战。殖民地的预算不得不承担派送这些非洲的"法国"士兵死亡的成本，但如果他们活着回来，他们要从非洲基金里得到养老金。

简要地总结，殖民主义意味着在非洲内部的巨大的强化剥削——其程度远远高于以前非洲社会存在下的社群主义或封建类型。同时，这也意味着有大量剩余价值的出口，那是殖民主义的中心目的。

173

资本主义在技术和军事方面的加强

殖民主义给欧洲带来的非货币利益的初步探讨

还有一些资产阶级的宣传者认为殖民主义对于欧洲人来说不是一种补偿机制，正如有人说奴隶贸易对于欧洲人来说没有获利一样。不值得给予这一观点直接的反驳，因为这要消耗时间，还不如把这些时间用到更有益的工作上。前面的部分对殖民列强从非洲获取的实际货币利润进行了阐述。但是，非洲对于欧洲资本主义的贡献远远大于给予这些资本家们在金钱上的回报。殖民制度允许技术和技能在帝国主义宗主国中飞速发展。它也使资本主义企业以及帝国主义的现代组织技术作为一个整体得以精细化。事实上，殖民主义给资本主义增添了生机，同时延长了它在西欧的存在，这里是资

第五章　　非洲对欧洲资本主义发展的贡献

本主义的摇篮。

在殖民地时期伊始，应用于生产的科学技术在欧洲已经具有一个坚实的基础——正如前面已经解释的情况，其本身就与海外贸易有联系。然后，欧洲进入了电气的、先进的黑色有色冶金以及人造化学品生产的时代。所有这些是殖民时期的最高亮点。电气设备以及设备的小型化，加上电信的惊人进步和计算机的发明，提升了电子技术新的质量水平。化学工业为原材料的选择提供了广泛的合成替代品，同时出现了一个全新的石油—化学品的分支。通过冶金创新的合成金属，意味着这种产品可以提供更高的耐热性、亮度以及抗拉强度等。到了殖民主义末期（1960 年），欧洲已经处于另一个时代——核电时代的边缘。

大家都知道，在殖民主义时期，宗主国和殖民地之间的差距至少增加了十五到二十倍。更重要的是，在殖民主义时代结束时，宗 174 主国先进的科学技术加深了非洲和西欧生产力水平之间的鸿沟。因此，了解殖民主义本身在为宗主国带来科学进步及其在工业上的应用等方面所起的作用是至关重要的。

如果说在非洲或其他地方的殖民主义导致了欧洲科学和技术的发展，是非常幼稚的。由于受利益的驱动，技术创新和改造的趋势是资本主义制度本身所固有的东西。然而，如果说非洲和世界其他地区的殖民地，在使以欧洲资本主义为基础的技术转换成为可能的事件环节中形成了一个必不可少的链接，是完全准确的。没有这样的链接，欧洲资本主义不可能达到 1960 年生产商品和提供服务的水平。换句话说，我们衡量发达国家和不发达国家的标准就会不同了。

来自非洲的殖民主义的利润与其他来源的利润一起为科学研究提供资助。从一般意义上来说，20 世纪富裕的资本主义社会可以有更多的钱和休闲时间来进行研究，这确实如此。同时，因为在帝国主义时代资本主义的发展使资本主义宗主国内的劳动分工在继续，以致科学研究成为劳动分工的一个分支，而且是其最重要的一个分支，这也是不可争辩的事实。在欧洲社会，科学研究已不再是一种特设的、个人的甚至异想天开的事情，而是处于一种由各国政府、军队和私人资本家优先考虑的状态。这种研究是有资助和指导的。仔细的审查表明，资金来源和研究方向深受殖民情况的影响。首先，应当指出，由欧洲从非洲获得的利润代表可投资的盈余。利润不只是利润本身。因此，东部和西部非洲货币局投资了英国政府的股票，而商业银行和保险公司投资了政府债券、抵押贷款和工业股。这些投资基金从殖民地获得收益，这种收益蔓延到宗主国的许多部门，同时也使与殖民地产品加工无关的行业受益匪浅。

　　然而，追踪殖民剥削对殖民地进口产业的直接影响比较容易。这样的行业不得不临时拼凑那种能最有效地利用殖民地原料的机械。这样的例子有破碎棕榈壳而取其仁的机械，以及将咖啡变为不太奢侈却为人喜爱的可溶性粉（即"速溶咖啡"）的工艺流程。商人和企业家也考虑如何对殖民地的原材料进行加工改造以满足欧洲工厂规格的质量和数量要求。举例来说，在爪哇的荷兰人和在利比里亚的美国人种植和嫁接更多新品种的橡胶植物，使之产量更多，更耐病。最终，寻找更好的优质原材料与搜索原材料来源合二为一，这使欧洲资本主义较少依赖殖民地，从而导致了整合。

　　在船舶领域，很容易理解，一定的技术改造和革新会与这样的事实有关，即大量的航运通常是将殖民地和宗主国联系在一起的。船舶必须制冷来运输易腐的货物；要特别装运笨重的或液体货物如棕榈油；以及运输来自中东、北非和世界其他地方的石油，这使油轮成为一类特殊的船只。船只的设计和其运输货物的性质也影响了宗主国港口设施的种类。

　　即使是联系较远或甚至显然不存在联系，人们仍然可以认为殖民主义是欧洲技术革命的一个因素。随着科学在 20 世纪的飞速发展，内在的互联关系变得纷繁复杂。人们不可能跟踪每个观念和每一个发明的起源，但严肃的科学历史学家，非常了解科学知识本身的发展及其日常生活的应用是依赖于在整个社会机体里勃发巨大能量，而不只是依赖于在已知科学分支方面的想法。随着帝国主义的兴起，在宗主国的资本主义社会中最强大的力量之一正是来自殖民

第五章　非洲对欧洲资本主义发展的贡献

地或半殖民地地区。

上述观点完全适用于有关帝国主义军事方面的讨论，对帝国的保护成为一个从封建社会以来就已经军事化的社会里的军备科学至关重要的推动力之一。欧洲军事关注的新殖民特点很明显，那就是在第一次世界大战之前以及战争期间，英、德、法、日四国海军的竞争非常激烈。对殖民地的统治以及在资本投资方面的竞争产生了新型的武装舰艇，如驱逐舰和潜艇。在二战结束之际，军事研究已成为组织化程度最高的科学研究分支，也是资本主义国家利用国际剥削的利润资助的研究。

两次世界大战期间，非洲对欧洲组织化技术革新最重大的贡献 176 是垄断资本的加强。在 1914 年战争之前，泛非主义学者杜斯·穆罕默德·阿里（Duse Mohammed Ali）和 W. E. B. 杜波依斯认为垄断资本是帝国主义扩张的主要因素。俄国革命领袖列宁对这一现象做出了最全面、最著名的分析。事实上，列宁就是先知。因为，随着殖民时代的发展，越来越明显的是，那些受益最多的便是垄断行业，特别是那些涉及金融的垄断行业。

非洲（加上亚洲和拉丁美洲）对策略的精细化功不可没，凭借策略精细化，在各种经济活动中，小公司之间的竞争让位于少数厂商的控制。在印度的贸易线路制定上，船舶公司于 1875 年第一次提出了"协商航线"。这种垄断迅速传到南非并在其贸易上得以实施，并于 20 世纪初期在西非达到鼎盛。在商业方面，正是在西非，法、英两国在合伙联营和市场共享方面得到了相当多的经验，且不说从殖民主义一开始到其终结，一些小公司一直都在被一些大公司一步步吞并。

正是在南部非洲，出现了最为精心设计的商业模式，如连锁董事会、控股公司以及无论在资金分配上还是在经济活动上都是多国参与的跨国大公司。像奥本海默这样的私人企业家就通过南部非洲的土地取得了巨大的财富，但南部非洲从来没有真正进入过私人和家族企业时代，而这却是欧洲和美国一直保持到 20 世纪早期的特点。大的矿业公司是非私人的专业化企业，他们的人员、生产、市场营销、广告等是有组织的，能长期履行承诺。一直以来，内部生产力大大地推动了资本主义的发展和统治，这就是制度的发展。但除此之外，人们可以看到在非洲，特别是在非洲南部，资本主义上层建筑的增强是由个人操纵，这些个人能够对下个世纪的资源开发进行规划，并着眼于一直对非洲黑人进行种族主义统治。

15 世纪以来，欧洲从战略上控制着世界贸易及各大陆间货物运输方面的法律和组织问题。欧洲的势力随着帝国主义的增强而扩张，因为帝国主义意味着投资，而投资（不管有没有殖民主义统治）让欧洲资本家在每个大陆都能控制生产。资本主义的利益相应增加了，因为欧洲为了资本主义的整体利益特别是资产阶级的利益，可以决定各种原材料输入的数量和质量。例如，西印度群岛生产的糖与殖民时期非洲生产的可可相结合，这两种产品都融入了欧洲和北美洲的巧克力行业。在冶金领域，来自瑞典、巴西和塞拉利昂的铁矿石，在添加了从"黄金海岸"开采的锰或从南罗得西亚开采的铬之后，就可以变成不同类型的钢。这样的例子有可能广泛涵盖了整个殖民时期的资本主义生产范围。

正如约翰·斯图尔特·密尔所言，18 世纪英国和西印度群岛之间的贸易就像城乡之间的贸易。在 20 世纪，这种连接更加密切，甚至更清楚地显示"城市"（欧洲）是依赖农村（非洲、亚洲和拉丁美洲）的。当人们说到殖民地应该通过原材料生产及购买成品而为宗主国继续存在时，其根本的理论是引出一种涉及所有劳动者的国际劳动力分工。也就是说，到当时为止，每个社会让其人民具有特定的生产功能——有些人狩猎，有些人做衣服，有些人建房子，等等。但是对殖民主义而言，资本家详尽地确定工人到底应该从事哪种劳动。在非洲，人们要从地底深处挖矿，种植农作物，收集天然产品并进行一些其他零碎的工作，如自行车修理。而在欧洲、北美和日本，工人将矿物和原材料进行提炼，并加工生产类似自行车的产品。

由帝国主义和殖民主义引起的国际分工保障了资本主义国家技能水平的最大提高。挖矿和种地主要是消耗体力，但是将金属从矿石中进行提取，随后在欧洲制造出成品，这些过程随着时间的推移促进了越来越多的技术和技能。例如钢铁行业，现代的钢铁制造业源于西门子的平炉系统和贝塞麦转炉炼钢法（Bessemer process），在 19 世纪下半叶就已经有了此技术。他们都经历了重大的改革，炼钢由间歇操作变成需要巨大的连续电炉的操作。在最近的几年 178
里，技术熟练的工人已被自动化和计算机化取代，但总而言之，与多年前帝国主义刚开始相比，技术技能方面的成果是巨大的。

铁矿石在殖民主义时期并不是非洲主要的出口产品之一，因此这也许是一个不太相关的例子。然而，铁在塞拉利昂、利比里亚和北非的经济中非常重要。人们可以用它来说明一种趋势，即含有技术和技能的国际分工也会在宗主国发展。而且，人们必须记住，非洲是钢铁合金所需矿物的重要来源地，特别是锰和铬。锰是贝塞迈酸性转炉炼钢过程中必不可少的成分。它在非洲好几个地方开采，在 "黄金海岸" 的诺塔矿井，仅锰的储量就是世界上最大的。美国公司拥有 "黄金海岸" 及北非的矿井，美国钢铁行业都使用那儿生产的产品。产于南非和南罗得西亚（今津巴布韦，译者注）的铬在钢铁冶金行业起着相似的作用，是不锈钢生产的至关重要的原料。

铌是另一种非洲矿物，对制造钢铁合金价值极高。它耐热性强，主要用途之一是飞机发动机所需的钢材。首先，正是欧洲工业技术的快速发展使得铌体现出其重要性。一直到 1952 年，它都被作为尼日利亚开采的锡矿的副产品而惨遭丢弃。而一旦它被利用，便使欧洲在航空发动机领域的技术更加精细。

显然，根据殖民主义下的国际分工，掌握铌铁矿技术的工人是美国、加拿大、英国和法国的工人，而不是挖出矿石的尼日利亚工人。几年后，因为某些原因，铌铁矿的需求急剧下降，但是在那段时间，它使欧洲冶金学者们的技能更加熟练，更加有经验。这种方式有助于促进自我的持续增长，并在发达和欠发达国家之间制造了显而易见的差距。

铜，也是一样，被列入分类讨论的范畴。非洲人产出的非技术含量产品若要出口就需要矿石，然后在欧洲资本家的工厂进行精炼。铜是非洲主要的矿物出口产品，它作为一种优质的电导体成为资本主义电气行业中不可或缺的一部分。它是很多物体必不可少的组成部分，如发电机、电动机、电气机车、电话、电报、灯和电线、汽车、建筑、弹药、收音机、电冰箱，等等。科技时代往往是由主要的能源界定的。当今，由于原子能显示出巨大的潜能，所以，我们说这是原子能时代。18～19世纪欧洲发生的工业革命是蒸汽时代。以此类推，殖民时代便是电气时代。因此，从刚果、北罗得西亚和其他非洲港口出口的至关重要的铜矿对欧洲技术领先非常重要。从战略角度看，其乘数效应对资本主义的发展不可胜数。

在讨论原材料的时候，必须再次特别提到军事。非洲矿业无论对常规武器还是核武器的突破都起到了决定性作用。第二次世界大战期间，美国正是从比利时统治的刚果开始采掘铀，而铀是制作第一颗原子弹的先决条件。到殖民主义末期，无论在什么情况下，殖民国家的工业和战争机器之间相互依赖、密不可分，以至于对一方的任何一份贡献，也是对另一方的贡献。因此，非洲最初以追求和平为目的所做出的巨大贡献，如铜线的制造和合金钢，可最终却是以爆炸装置、航空母舰等形式体现的。

只有当欧洲枪炮在19世纪达到一定效力后，白人才有可能开拓殖民地并统治整个世界。同样，一系列在宗主国发明的新仪器设备，无论是心理上还是实际上都制止殖民地人民重新掌权获得独立。人们很容易回想起，无论是非洲还是其他任何地方的殖民主义，其基本后盾是"炮舰政策"（Gunboat policy），这是在当地警察和武装部队似乎无法维持城市法律事务和殖民地秩序时所采取的措施。从殖民地的角度来看，欧洲列强通过殖民扩张加强军事装备具有双重危害性。它不仅加大了宗主国与殖民地之间的技术差距，还无限量地扩大了最敏感地区的差距，这些都与权力和独立性有关。

除了成千上万的白人移民和外派人员在非洲谋生外，殖民时期的国际分工也保证了欧洲就业机会的增长。农业原材料以经过加工形成副产品这样的方式，凭借自身的实力形成各种产业。从亚洲、非洲和拉丁美洲进口矿石为欧洲和北美提供了一定数量的工作岗位，这可以从钢厂、汽车厂、铝厂、铜线厂等的大量就业名单中窥见一斑。而且，这些又反过来刺激了建筑业、运输业、军火工业等。非洲的采矿在地表留下了很多的洞穴，农业生产模式让非洲的土壤贫瘠；但是，在欧洲，农业和矿产的进口使那儿建起一个庞大的工业体系。

在人类组织的最早阶段，生产既分散又个体化，也就是说，家庭保持着独立性，工作只为维持生计。随着时间的推移，生产特征有所变化，它更加社会化，相互关联也更加密切。在一个成熟的封建贸易经济中，一双鞋的制作涉及养牛人、皮革工人和鞋匠三个方面，而不像在自给自足的社群主义，一个农民杀动物，然后为自己做一双鞋。在进行生产时，社会通过分工和协调达到社会相互依赖，其依赖程度标志着社会的发展。

毫无疑问，欧洲资本主义在生产中具有越来越多的社会性。它整合了全世界；有殖民管理的经验作为重要的刺激因素，它非常密切地将其经济的每个方面——从农业到银行进行整合。然而，它的分配却缺乏社会性。人类劳动果实都流向特定的白色人种及其欧洲和北美的居民这些少数阶层，这是发达和欠发达的辩证过程中的关键，因为在整个殖民时期，它得到了发展。

联合利华公司作为剥削非洲的主要受益者的实例

正如有必要通过诸如银行和采矿公司的剥削渠道查核非洲的剩余价值，非洲向欧洲资本主义做出的非货币方面的贡献也可以从上述公司的发展经历中准确地发现。以下，我们简单介绍联合利华公司这一企业发展的相关特点，即有关该公司对非洲资源和人力的剥削。

1885 年，当非洲在柏林会议桌上被瓜分，一个叫威廉·H. 利弗（William H. Lever）的人开始在英国利物浦附近的默西赛德郡生

产肥皂。他将他的肥皂叫作"日光"，工厂所在的沼泽地发展成后
181 来的日光港镇。十年间，利弗的公司仅在英国每年销售肥皂就达
4 万吨，并且在欧洲的其他地区、美国以及英国的殖民地开展出口
业务并建立工厂。又过了十年，便有了"卫宝""力士""活力"
等品牌，利弗在英国销售 6 万吨肥皂，另外，在加拿大、美国、南
非、瑞士、德国和比利时都有工厂进行生产和销售。然而，肥皂却
在那些国家没有得到发展。制造肥皂的基本原料是从油和油脂中获
取的硬脂，除了动物脂和鲸油，理想的原料都来自热带地区，即棕
榈油、棕榈仁油、花生油和椰子油。西非正巧是世界上最大的棕榈
油生产区，也是花生的主要种植区。

　　1887 年，后来被纳入联合利华的诗斯特（Schicht）公司的奥
地利分公司在奥地利建立了第一个棕榈仁粉碎工厂，由利物浦一家
石油商人组成的公司提供原材料。这不是简单的巧合，而是帝国主
义逻辑的一部分，即把非洲作为欧洲的原料库来开发。早在 1902
年，利弗把他自己公司的"探险家"送往非洲，他们回来后做出
决策：刚果将最有可能成为获取棕榈的地方，因为比利时政府愿意
租让大量种植了棕榈树的土地。利弗在刚果获得了必要的租借地，
并引进机械从棕榈仁中提取棕榈油。

　　但主要的棕榈油专家来自刚果北部海岸地区。因此，1910 年，
利弗收购了 W. B. 麦基弗公司（W. B. McIver）——这是一家设在
尼日利亚的利物浦小公司，接下来又兼并了在塞拉利昂和利比里亚
的两家小公司。事实上，利弗（当时称为利弗兄弟）在西非各殖
民地也有立足点。第一次重大的突破是在 1920 年，利弗花 800 万
英镑购买了尼日尔公司。随后在 1929 年，他与最后一家大型的贸
易商行竞争对手非洲和东方公司结成伙伴，合并的结果就是联合非
洲公司的成立。

　　1914 至 1918 年的第一次世界大战期间，利弗已经开始制造人
造黄油。它需要与制造肥皂所需相同的原料即油和油脂。随后的几
年是欧洲此类企业通过收购和兼并不断壮大的几年。欧洲大陆的肥
皂和黄油产品的大制作商是尤根斯（Jurgens）和范得堡（Van der

Bergh）两家荷兰公司，以及奥地利的诗斯特和桑特拉（Centra）两家公司。荷兰两家公司首先取得主导地位；然后在 1929 年，它们的联合企业与利弗的公司完成了大合并，利弗当时一直忙着收购几乎所有的竞争对手。1929 年的合并使联合利华作为一个单一的 182 垄断体成立了。为方便起见，此公司被分为两家，即联合利华有限公司（在英国注册）和联合利华 N. V.（在荷兰注册）。

　　由于联合利华大量投入油和油脂，它在很大程度上依赖当年成立的联合非洲公司。联合非洲公司本身从未停止过发展，1933 年，它接管了重要的贸易公司 G. B. 奥利万特（G. B. Ollivant），并于 1936 年收购了"黄金海岸"的瑞士贸易公司。到那个时候，它不是单纯依靠刚果的野生棕榈树，还组织建立了种植园。利弗在美国的工厂主要接受来自刚果的油脂供应，1925 年（甚至在联合利华和联合非洲公司合并之前），利弗在波士顿的利润达到 25 万英镑。

　　无论战争年代还是和平年代，联合利华都蓬勃发展。只有在东欧，社会主义的出现导致国有化而造成工厂的损失。在殖民时期末期，联合利华是一种世界力量，销售传统的肥皂、洗涤剂、人造黄油、猪油、酥油、食用油、罐头食品、蜡烛、甘油、油饼以及牙膏之类的盥洗用品。这个巨型的章鱼型企业（giant octopus）到底从哪儿获得它大部分的材料呢？还是让坐落在伦敦的联合利华公司信息部提供答案吧。

　　　联合利华最引人注目的战后发展一直是联合非洲公司的发展。即使在最严重的经济萧条时期，联合利华的管理部门从未停止过对联合非洲公司的资金投入。这更多的是来自它们对非洲未来的信心，而不是特别考虑联合非洲公司的近期前景。它们的报酬来自原材料生产者的战后繁荣，这使得非洲成为各类商品的市场，从冷冻豌豆到汽车。联合利华的重心在欧洲，但显然它最大的成员（联合非洲公司）的生存（按 3 亿英镑营业额表示）几乎完全依赖于西部非洲的安宁和富裕。

189

　　在某些情况下，利弗在非洲的企业遵照严格的成本核算意识是亏损的。刚果的种植园花了好几年时间才做到自给自足并最终获利。1920 年购买的尼日尔公司花了好几年才使这一买卖行为在财政上平衡，而在乍得的古伊鲁·尼亚里商社（Société Commerciale du Kouilou Niari）从未看到有价值的货币收益。但是，即使在财政最糟糕的年度，包括联合非洲公司的下属公司都是宝贵的资产，因为它们使得联合利华的生产方可以控制重要的原材料。当然，联合非洲公司本身也有可观的红利，但在此提请关注它的目的不是联合利华和联合非洲公司的财务收益，而是剥削非洲的方式促进了欧洲多种技术和组织的发展。

　　无论是肥皂业还是人造奶油业都有自身必须解决的科技问题。科技进步是对实际需要最普遍的反应。在制作人造黄油和食用油时，其原油必须脱臭，因此制造商不得不寻求自然猪油作为替代品。当人造黄油面临与廉价黄油竞争的时候，更有必要找到有效的方法来生产添加了维生素的新型高档的人造黄油。1916 年，两位利弗公司的专家在英国的一家科学杂志发表了他们的测试结果，结果显示用维生素喂养的动物生长主要靠人造黄油。他们一直在与从事此问题研究的剑桥大学科学家保持联系。到 1927 年，富含维生素的人造黄油为人类消费做好了准备。

　　关于肥皂（以及少数人造黄油）的制作，把硬化油变为硬脂的过程必不可少，特别是鲸鱼油，还有植物油。这个过程，称为"加氢"，20 世纪初，它引起了科学家的注意。同行的竞争公司支付科学家费用，催促其研究，这包括利弗公司和其他一些欧洲公司，后来合并成立的联合利华也在其中。

　　在对殖民地原材料的加工技术方面，最引人注目的实例之一是洗涤剂领域。肥皂本身就是一种洗涤剂或"清洗剂"，但普通肥皂存在一些局限性，如肥皂在硬质水和酸性情况下有可能会分解。只有以前那种无脂肪基的肥皂，即"非皂性清洁剂"才没有这些限制。第一次帝国主义战争中，当德国来自殖民地的油脂供应被切断，德国科学家受到刺激，开始了第一次用煤焦油生产洗涤剂的试验。后来在 20 世纪 30 年代，化学公司开始更大规模地生产类似的洗涤剂，特别是在美国，联合利华和总部位于美国辛辛那提的宝洁公司立即开始洗涤剂的研究工作。

　　奇怪的是，虽然洗涤剂是普通肥皂的竞争对手，它们竟然都是由肥皂公司进行改良的。然而，这是一种垄断行业迈进新的领域以补充甚至取代陈旧业务的实践。为了避免整个资本被捆绑在过时的产品上，这是很有必要的。肥皂公司不可能把洗涤剂让给化工企业，要不然，其硬肥皂、皂片和肥皂粉就会受到损害，在市场上也就不会出现新品牌。因此，联合利华公司花大气力投入洗涤剂化工 184 领域，以保持其产品在相当大的程度上用植物油，但是用化学方法进行改造。这样的研究只能由有实力的公司进行。到 1960 年，联合利华有四个主要实验室，两个在英格兰，一个在荷兰，还有一个在美国。这四个实验室连同其他较小的研究部门一起，从业研究人员超过 3000 人，其中约三分之一是合格的科学家和技术人员。

　　联合利华及其殖民开发所体现出的乘数效应是非常准确的体现。当棕榈仁被粉碎，加工成饼的残渣对牲畜是极好的饲料。甘油是肥皂行业中的一种副产品，可用来制造爆炸物。有些欧洲人用炸药自杀，但有些人是出于和平的目的，如采矿、采石和建筑。一些产品因为共同的油脂基础与肥皂有关联，特别是化妆品、洗发水、香水、剃须膏、牙膏和染料。正如一个作家所写的，当联合利华进一步充分利用已被油脂专家掌握的知识时，这些副产品的服务扩大了它依赖的商业基础。此外，这些运作给成千上万的欧洲工人创造了额外的工作机会。

　　制作肥皂和人造黄油所需原材料的输入不只油脂。肥皂生产消耗大量的烧碱，因此，在 1911 年，利弗公司在柴郡购买了适合于碱生产的土地。资本主义巨头因为帝国主义和殖民主义可以大规模地做各种事情。当利弗需要研磨材料，该公司便在波西米亚收购了石灰岩矿；当联合利华想保证自己的包装纸的供应，他们便买了一个造纸厂。

　　运输是刺激欧洲发展的另一个关键问题。1920 年，利弗公司在购买尼日尔公司的一个月时间里，忙于在默西河岸建造设施用来接收从西非运货过来的远洋货轮。联合非洲公司第一个用专门制造的船来运输装有棕榈油的散装罐，而范德堡公司早在合并前几年就考虑购买造船厂为其公司建造船舶，但并没有实现。不过联合利华的确获得了自己的一些船只，包括按照其规格刚从造船厂新造的船舶。

联合利华实体的另一种关系是与零售分销的关系。他们的产品要卖给家庭主妇，而并入联合利华的荷兰公司觉得他们应该拥有自己的杂货店以保证销售。到 1922 年，尤根斯控制了在英国的连锁杂货店，把店名恰当地命名为"家与殖民地"（Home and Coloni- al）。范德堡（当时的竞争对手）也不示弱，他获得了以立顿茶（Lipton Tea）的好名声建立的立顿连锁店的大部分股权。所有这些商店都变成了联合利华的。杂货店生意很快就不再被认为仅仅是出售肥皂和人造黄油，而且其生意本身也成了目的。

有时，乘数效应之间似乎不相干。表面上，没有特别的理由说明利弗公司为什么应建一个名叫麦克渔业（Mac Fisheries）的巨型零售连锁店以销售鱼！肥皂、香肠和冰激凌之间也几乎没有共同点，但利弗收购制作香肠的沃尔斯公司，后来沃尔斯公司又开了一家冰淇淋制造厂。其潜在的关联就是资本追求控制。它先发展，然后扩张，然后试图控制眼前的一切。非洲开发给欧洲垄断资本充分的机会满足其扩张和统治的趋势。

在结束联合利华的论述之前，应该在结论中引起注意的是，像这样的公司是如何指出资本主义制度下变化的方向的。当诗斯特公司和欧洲中部的桑特拉公司与荷兰的尤根斯公司和范德堡人造黄油公司合并时，联合利华公司和联合利华 N. V. 这种双重结构的策略创新是首次运用，其目的是削减税收。联合利华包括两个相同的控股公司，有着相同的管理董事会，安排利润的转移和均分。从成立以来，这便是一家专业的公司。所有参与合并的企业在合理安排员工、有效利用生产工厂以及合理规划销售程序方面有着多年的经验。诗斯特公司是最早解决成本会计和财务控制系统的公司之一。

利弗使自己成为欧洲和美国竞争领域中做大众广告的开拓者。联合利华公司传承并完善了大规模生产和大众广告，因此实现了大规模的消费。

通过对联合利华复杂的国际组织与 16～17 世纪在管理账务方面有困难的特许公司进行比较得出，组织变动的意义需通过长期运作才能看清楚。资本主义企业所具有的有效的财务和经营手段是不会从天而降的。它们是历史演变的结果，非洲开发在这一演变过程中发挥了重要作用——从特许公司的时代到殖民主义时期。

殖民主义对单个殖民大国的贡献

关于殖民主义对殖民主义者所贡献的非货币利益的分析，除了刚刚在个体企业的框架里仔细讨论过之外，在各殖民地和"母国"之间建立的框架中探讨最为恰当。从传统的方法来观察，人们可以发现欧洲宗主国与殖民地的关系有着广泛的积极影响，虽然各殖民地之间的收益程度各异。葡萄牙在非洲殖民大国中地位最低，如果没有殖民地，它在欧洲什么也不是，所以它如此强烈地坚持，安哥拉、莫桑比克和几内亚就是葡萄牙不可或缺的部分，就像是一个名为葡萄牙的欧洲国家的省份。法国有时提出同样的声明，阿尔及利亚、马提尼克（Martinique）和越南按理都是"海外法国"。

无论是英国还是比利时都没有提出任何更大的英国或海外比利时这样的理论；但实际上，他们跟其他殖民大国一样坚定地确保从殖民地流向宗主国的物资供应畅通无阻。西欧国家几乎没有哪个地区的国民生活没有从几十年对寄生殖民地的剥削中受益。一位尼日利亚人在 1960 年去了布鲁塞尔后这样写道："我亲眼看到了巨大的宫殿、博物馆和其他一些公共建筑都是由刚果的象牙和橡胶建成的。"

近年来，非洲的作家和研究人员也惊奇地发现大量被掠夺的非洲财宝堆放在大英博物馆；还有同样的可能小一点的非洲艺术品收藏在巴黎、柏林和纽约。除了金钱上的财富，这些东西有助于界定

193

宗主国的发达和"文明"。

由殖民地提供给殖民主义者的最为明显和具有决定意义的是殖民地士兵做出的贡献。在 1939～1945 年的战争中，没有殖民地军队，就没有在亚洲战线作战的"英国军队"，因为"英国军队"的队伍中到处是印度人和其他殖民地的人，包括非洲和西印度群岛的人。这是殖民主义的总体特征，即宗主国利用殖民地的人力资源。罗马人用一个被征服民族的士兵去征服其他民族，也用他们抵御敌人以保卫罗马。自 19 世纪早期，英国将此应用到非洲，让西印度群岛的军团穿过大西洋去保护英国在非洲西海岸的利益。西印度群岛军团队伍中有黑人士兵、爱尔兰（殖民地居民）士官以及英国军官。到 19 世纪末，西印度群岛军团里还有很多塞拉利昂人。

187　　英国在征服西非殖民地时最重要的部队是西非边防军，其士兵是非洲人，而军官是英国人。1894 年，西非军团加入此部队，以帮助镇压在塞拉利昂发生的所谓"茅屋税战争"（Hut Fax War），这是对建立殖民主义统治进行全面反抗的表现。在中部和东部非洲，皇家非洲步枪队是英国开发非洲的战斗力部队。非洲军团补充宗主国的军事力量方面有以下几种方式。首先，他们被当作应急部队镇压各殖民地发生的民族暴动；其次，他们被用来对付在非洲的其他欧洲人，特别是在一战、二战期间；最后，他们被派往欧洲战场或非洲以外战争的其他战区。

在欧洲的军事行动中，非洲的作用在第一次世界大战期间的东非战役中得到了淋漓尽致的展示，当时英国和德国为争夺东非而战。在战争开始阶段，德军在坦噶尼喀的正规部队中有 216 名欧洲人和 2540 名非洲土著兵。战争期间，3000 名欧洲人和 11000 名非洲土著人入伍。而在英国方面，主力是皇家非洲步枪队（K. A. R.），这是一支由东非人和尼亚萨兰的士兵组成的部队。到 1918 年 11 月，该部队超过 35000 人，其中 90% 是非洲人。

早在东非战役时，英国将旁遮普人（Punjabis）和锡克人（Sikhs）组成的远征军以及西非军团带入战场，一些苏丹人和西印度群岛的人也在战场。先是一些白人定居者参加了战争，因为他们认为这是一个愉快的经历；但一年内，东部非洲的英国白人居民极不情愿加入当地的战斗队伍。所以，实际上是非洲人打非洲人，以决定哪个欧洲国家应该统治他们。德国和英国只提供军官。根据历史书籍记载，"英国"赢得了东非战役。

法国是拥有非洲士兵最多的殖民大国。1912年，法国军队大规模征召非洲士兵。在第一次世界大战期间，通过找寻奴隶这种类似办法，在法属西部非洲招募了20万名士兵，这些"法国"士兵被用作对抗在多哥和喀麦隆以及欧洲的德国人。在欧洲战场，估计有25000名"法国"非洲人失去了生命，更多的是伤残返家，因为在欧洲资本主义的战争中，他们被当作炮灰。

从殖民统治中获得的军事优势，对法国来说印象如此深刻，以至于当国际联盟把喀麦隆一部分领土委托给法国管理时，法国坚持 188
要求使用喀麦隆非洲部队的特权，这与喀麦隆国防毫无关联。当然，法国在世界大战中，也最大限度地使用非洲部队。事实上，当法国和法属非洲受到了德国和法西斯（维希）法国的打击出现最初的失败后，是非洲人救了法国。在法属赤道非洲，一个名叫费利克斯·埃布埃（Felix Eboué）的黑人证明了他对戴高乐将军领导的部队的忠诚，他动员人们反抗德国和法国法西斯。非洲提供基地和大量人力发动反攻，此举帮助戴高乐将军及其"自由法国"在法国重新掌权。

法国使用的非洲部队并没有随着战争的结束而解散。1948年，西非人被送往马达加斯加，并以最血腥的方式镇压那里的民族武装力量。直到1954年，非洲部队一直被用于镇压印度支那半岛的人民；后来，仍然是非洲部队，特别是塞内加尔军队，被用来镇压阿尔及利亚民族解放运动。

关于非洲人在各种情况下对殖民列强军队所起的作用到目前还没有专门全面的研究。然而，有迹象表明，这样的研究将揭示跟历史学家发现的模式非常相似的方面，那些历史学家仔细研究在白人控制的美国军队中黑人士兵所起的作用，即部队对黑人士兵有着极大的歧视。在美国和殖民大国白人指挥的军队取得重大胜利时，即使黑人士兵做出巨大的贡献也不被承认。关于歧视，人们可以从法规中看到，例如，禁止西非军团的非洲士兵穿鞋。事实上，欧洲战役中确实爆发了种族骚乱，就像为美国作战的黑人士兵暴动不断，直到越南战争。

许多非洲人是作为殖民地的士兵服役的，因为他们希望在军队服役能显示其勇气和非洲尊严，也许，在其过程中，让欧洲人感到高兴和感激，甚至可以取得非洲大陆的自由，可他们错了。这种希望从一开始就没有基础，因为殖民主义者通常非常有敌意地把非洲士兵作为维护殖民统治和资本主义的筹码。非常典型的实例是，1915 年，约翰·奇伦布韦（John Chilembwe）在尼亚萨兰（Nyasa-land，今马拉维）发动了非洲人民的起义。尼亚萨兰当时是英国殖 189 民地，尽管当时英国人和德国人在东非打仗，但他们立即派出一纵队的皇家非洲步枪队来镇压奇伦布韦。而且，在皇家非洲步枪队到达之前，一名德国中尉组织了尼亚萨兰的白人殖民者抗击奇伦布韦以阻止其宣称的自由。根据该证据，一位作家这样评论：

> 尽管他们欧洲的同胞在大家最熟悉的血腥战争中激战，非洲的欧洲人本能上首先是白人，然后才是德国人和英国人，（因为）约翰·奇伦布韦最终会摧毁白人所有的殖民地梦想。

殖民者用一些稀奇古怪的方式通过非洲大陆和非洲人来发展其军事优势和技术。一次偶然的机会，在隆美尔和蒙哥马利为争夺优势而战的时候，北非和撒哈拉沙漠成为装甲战技术变革的实验场。同时，埃塞俄比亚人好像豚鼠，被意大利法西斯设计成毒气的试验品。这发生在意大利于 1935 年无耻侵犯这个一直在为某种形式上的政治独立而执着坚持的非洲国家之后。当时，意大利人辩称这是绝对必要的，因为，如果意大利能拿下"阳光下它的好地方"，才能取得殖民主义的果实。值得注意的是，英、法两国已经看到非洲的阳光和产品如此之多，以至于他们很难反驳意大利的说法。

英、法两国统治着殖民非洲的大部分领土，他们也在世界其他地区拥有最大的帝国。1885 至 1960 年，英、法两国整体资本主义的存在和发展与殖民化过程息息相关，而且非洲发挥了重大作用。非洲的殖民地意味着盈余被大肆侵吞；它们使得了创新和技术的飞跃发展以及资本主义企业的组织化；它们用士兵支撑着国内外的资本主义制度。有时，这两个主要的殖民大国似乎获得了殖民地如此多的好处，以至于他们因为获取"太多的好东西"而遭罪。

　　当然，英国的情况可以被认为是殖民主义让英国工业过着一种舒适的生活，而且，英国在生产和营销一些决定性领域变得懒惰。19 世纪安装的工业设备没有翻新或更换，新产品的销售乏力。相反，德国在 1918 年被剥夺殖民地后，被迫依赖自己的资源和智慧。然而，尽管这是整个殖民地有趣的画面细节，但我们必须牢记的是殖民主义帝国主义的一个方面。殖民主义基于外国的政治统治且限于世界某些地区。而帝国主义以殖民地为基础，存在于全世界 190（除了被社会主义革命取代的地方）各个地方，它允许所有的资本主义国家参与其中。因此，没有殖民地的资本主义国家也可以享受殖民地和半殖民地的成果，因为这些殖民地和半殖民地是宗主国资本主义的后院。

作为宗主国经济支撑的殖民主义和作为体制的资本主义

　　联合利华的构成应该作为一个警示，殖民主义不仅仅是一个特定殖民地和其母国之间的关系问题，而是作为一个整体的殖民地与作为一个整体的宗主国之间的关系问题。联合利华的德国资本加入英国对非洲的开发以及荷兰对东印度群岛的开发，而收益以这种办法在整个资本主义制度扩散，以至于那些没有殖民地的资本主义国家也是战利品的受益者。设立在瑞士、新西兰、加拿大和美国的联合利华工厂参与了对非洲的剩余价值的侵占并利用这些剩余价值来发展自身。

　　德国在殖民非洲一直都有股份，即使在 1918 年其他资本主义国家使德国丧失其殖民地以后。在 20 世纪 20 年代，德国航运复苏并在东非、西非和南非地区发挥了积极作用。德国的金融机构也跟非洲有接触，最直接的接触是东非的特恩施银行。荷兰船舶公司与英、德两国一起参与了西非协商航线，斯堪的纳维亚的货主因租用"不定航线的货船"运送欧非之间的货物而出名。古老的东非贸易公司是由丹麦出资扶持的。瑞士在非洲没有殖民地，但他们在西非贸易公司有大量资金，在帝国主义银行业起到了关键作用，由于他们不参与其他资本主义国家的战争，他们仍然可以继续双方的贸易，从而获得殖民地产品。然后就是日本，它是在亚洲拥有殖民地的资本主义/帝国主义国家，非常有兴趣与非洲进行贸易。日本资本家试图低价抛售他们的产品以击败欧洲同行，但他们与非洲进行的贸易仍然是不平等的，也不利于非洲人。

191　　要充分了解殖民时期，就有必要考虑"经济瓜分非洲"的意思。不像19世纪的政治瓜分，经济瓜分没有固定或可见的界线。经济瓜分是指资本主义列强相互间瓜分非洲的货币收益和非货币收益。例如，葡萄牙在非洲南部有两大政治殖民地，但莫桑比克和安哥拉的经济在葡萄牙政府的请求下被几个资本主义大国瓜分，这是因为葡萄牙的资本家势力太弱，无法管理那些广阔的领土。

　　刚果和南非对其经济瓜分都有自己特别的安排，因为两国都有宝贵的领土。最初，刚果被称作比利时国王利奥波德二世统治下的"刚果自由邦"（Congo Free State）。这意味着它是一个自由贸易区，也是一个向各国资本家开放投资的地区。然而，利奥波德实际上用行政手段垄断了刚果的财富，这也是1908年各国资本家集体转向反对利奥波德的主要原因之一。当比利时接管了刚果政府，它保证大部分的盈余和其他福利应归于比利时。然而，非比利时的资本家利益能够通过投资采矿来进行；而且，随着殖民时期的发展，英国、法国和美国人对刚果这块蛋糕的占有份额变得更大。

　　很长一段时间里，南非是整个帝国主义最重要的原材料库。英国是盘踞在南非多年的欧洲大国，直到19世纪发现了黄金和钻石。不久，争夺战爆发，英国不得不与布尔人达成协议，布尔定居者的生计主要来自土地，他们的主要兴趣是保证对非洲人的剥削以及对

第五章　非洲对欧洲资本主义发展的贡献

非洲人和其他非白人移民的统治。因此，对非洲的经济和政治瓜分使英国对矿产财富占有最大份额，而布尔人保留了白人种族主义必需的政治权力。随着其他国家的资本家通过投资和贸易开始与南非交往，那些资本家同意加强南非的种族/法西斯社会关系。

非洲经济的分配和再分配一直都在进行，因为不同的资本主义国家对战利品的占有比例不断变化。特别值得一提的是美国，因为它对非洲的利益占有份额在整个殖民时期不断增加。

随着时间的推移，美国在宗主国和非洲殖民地之间的不平等贸易中占有了更大的份额。美国对非洲的贸易份额从 1913 年的 2800 192万美元上升到 1932 年的 1.5 亿美元，在 1948 年达到 12 亿美元，这相当于非洲对外贸易的近 15%。美国在西非的贸易份额从 1938 年的 3800 万美元上升到 1946 年的 1.63 亿美元，1954 年达到 5.17 亿美元。

然而，南非是美国在非洲最好的贸易伙伴，给美国提供黄金、钻石、锰等矿产品，反过来，南非又从美国购买重型机械。除了直接的美国—南非贸易外，南非大多数黄金在伦敦被转卖给美国买家，和大多数"黄金海岸"和尼日利亚的可可被转卖到美国一样。

洲际贸易带来了航运服务，美国没有把那些留给其他国家的资本家。美国钢铁出口公司总裁杰姆斯·法瑞尔（James Farrell）因为"对黑非洲的未来充满信念"，获得了一条通往非洲的航运线路。联合非洲公司的官员们也曾说过同样的话，显而易见，法瑞尔的意思与他们的一样，剥削非洲给宗主国资本主义以灿烂的未来。当这些人为自己说话的时候总是最好听的。美国海军中将科克兰（Cochrane）是法瑞尔运输航线的崇拜者。1959 年，他为一份对法瑞尔在非洲经营的研究写了导论。他这么写道：

> 我们读到为保证当前我国工业军事化经济战略物资的供应而进行的激烈的国际竞争。法瑞尔航线创造了美国航海历史。它清楚地显示挂着国旗的船只其实是在促进国家的贸易……展示挂着美国国旗的远洋贸易对美国健康与财富的价值。

欧洲如何使非洲欠发达

美国资本家并不把自己仅仅局限于与非洲进行贸易，还在殖民地取得了相当大的资产。众所周知，利比里亚除了其国名外，所有的东西都是美国的。美国向利比里亚政府提供贷款以给予所谓的援助，但利用这个机会接管利比里亚海关税收，掠夺上万平方英里的利比里亚土地，通常还对利比里亚脆弱的政府发号施令。在利比里亚主要的投资是由费尔斯通橡胶公司负责。费尔斯通在利比里亚橡胶方面获取了相当丰厚的利润，这成了由美国资本家赞助的一本书的主题，书中显示了美国商业在海外是如何繁荣发展的。1940 年至 1965 年，费尔斯通把价值 1.6 亿美元的橡胶运出了利比里亚；而利比里亚政府仅得到了 800 万美元的回报。早些年，利比里亚政府所获利润的比例要小得多，但是，费尔斯通平均所得的净利润最高时是利比里亚国家收入的三倍。

然而，美国资本主义经济所获得的非货币性利益价值远远超过货币的回报。在前面的话语中，当海军中将科克兰提到美帝国主义将战略原材料用于工业和军事机械运转时，便揭示了问题的实质。因为英国和荷兰已分别提高了其亚洲殖民地马来亚和荷属东印度群岛的橡胶价格，正是因为这点，费尔斯通获取了在利比里亚的种植园。在利比里亚，无论是和平年代还是战争时期，美国橡胶工业都得到了可靠的橡胶来源，它既便宜，又完全在美国的控制之下。一种与橡胶有着最直接关联的产业就是汽车工业，所以，哈维·费尔斯通（Harvey Firestone）是亨利·福特（Henry Ford）极好的朋友和亲密的商业伙伴，这一点也不奇怪。利比里亚橡胶使阿克伦城（俄亥俄州）成为一个强大的橡胶轮胎制造中心。然后，这些轮胎进入底特律更大的福特汽车制造厂。

在殖民主义的最后 15 年，虽然美国对非洲的投资在某些方面以牺牲实际的殖民大国为代价，而最终却有利于西欧资本主义的利益。对这一悖论的解释是，到第二次世界大战爆发之时，美国已经成为世界领先的资本主义/帝国主义大国。它的殖民地是波多黎各和菲律宾，但更重要的是美帝国主义投资遍布拉丁美洲，以及较小范围的亚洲和非洲。20 世纪 30 年代，美国对外投资略高于英国，

193

但远远超过法国、德国和日本。1939～1945 年的战争极大地加快了有利于美国的转变。

欧洲遭受了巨大损失，可美国本土没有发生战争，所以，其生产能力扩大。1945 年后，因为作为竞争对手的其他资本主义国家仍然躺在地上，美国带着新的攻击性和信心，将资本转移到非洲、亚洲和欧洲。1949 年，由于英、法两国的自有资本不足，两国的银行家们不得不邀请美国金融家到非洲大陆。由美国控制的国际复兴开发银行成为美国影响非洲的重要载体，也成为非洲大陆经济重新分治的工具之一。

克瓦米·恩克鲁玛博士的研究显示，在非洲，1945 年到 1958 年，美国人进行的私人直接投资从 1.1 亿美元增长到 7.89 亿美元，大部分来自利润。官方估计从 1946 年到 1959 年，美国公司在非洲创造的利润达 12.34 亿美元。在考虑经济瓜分问题时，相关性在于与英、法、比利时等相比，美国投资与利润的增长比率。例如，1951 年，美国投资 3.13 亿美元，几乎是五年前的 3 倍，在随后的五年中投资增长了 2.5 倍。与此同时，英、法两国的投资增长速度要慢得多。

然而，虽然美国超过了其他殖民主义者，但它们都可以受益于北美资本主义经济在科学、技术、组织和军事力量方面获得的发展。如前所述，当某个非洲殖民地为欧洲冶金行业或电气行业做出了贡献，这一贡献会体现在社会的其他方面，因为有关部门在资本主义经济中起着主导作用。同样，美国处于资本主义发展的地理前沿。例如，它的技术诀窍通过一系列法律手段如专利等传到西欧人手中。

此外，因为美国当时是世界领先的资本主义国家，在一切经济、政治和军事方面，它也必须主动承担起维护资本主义帝国主义结构的责任。战争结束后，美国进入了西欧和日本，不光为了建立自己的控制力，同时给那些地区的资本主义输血。这些血液肯定是来自非洲，它不仅是美国 19 世纪和 20 世纪初从非洲获取的（相对）较小的利润，最重要的是它让人想起北美是欧洲资本主义制度的一部分。欧洲资本主义制度屠杀美洲印第安人以及对非洲人进行奴役，美国都是最直接的受益者。在它自己的边界以内以及在加勒比地区和拉丁美洲对非洲民族的持续剥削，完全可以作为反对美国残忍帝国主义的证据。美国是英国相称的继承者，1945 年后，它既成了帝国主义殖民世界的领导力量，也成了帝国主义殖民世界的警察。

第二次世界大战后，根据马歇尔计划，美国资本主义帮助西欧资本主义。计划宣布美国专家从头到尾负责开发非洲的农业和矿产资源，尤其是对后者的开发。马歇尔计划的资金（通过非洲经济委员会）投入类似泽利加矿业公司（Mines de Zellidja）这样的公司，其主要开采北非的铅和锌；同时，这些资金还允许美国人购买公司的股份。因此，仅 1954 年一年，美国摩根与欧洲的罗斯柴尔德家族就一起分享了泽利加矿业公司所创造的 12.5 亿旧法郎（816 万美元）的净利润。同样，比利时政府收到了来自美国的大量援助，以实施 1950 年至 1959 年在刚果的一个十年经济计划；作为援助的代价，美国垄断、控制了刚果的一些公司。在刚果的对外贸易中，美国仅次于比利时，而且，美国资本家还被授予一系列特权。

所以悖论继续，随着美国资本家的侵入，在殖民非洲的法国、英国和比利时的资本家受到排挤，然而，若没有美国的资金，西方欧洲国家可能不会复活，也可能提高不了它们在非洲的开发，这就是它们在 1945~1960 年间所做的一切。

在殖民主义的最后几十年，殖民地是资本主义危机时期的安全阀。第一个主要时期是 1929~1934 年的经济大萧条。在那期间，非洲强迫劳动增加，农作物价格降低，工人的工资减少，进口货物的成本更大。那时的工人即使在宗主国国家也吃尽了苦头；但殖民者尽他们最大的可能将大萧条的负担从欧洲转到殖民地。

经济大萧条并没有影响到苏联，其社会主义得到了很大的发展，但衰退蔓延到整个资本主义国家。这是一个资本主义生产模式下的非理性产物。对利润的追求造成生产超出人们的购买能力，最终，生产和就业都必须大幅减少。非洲人没有资本主义固有的缺

第五章 非洲对欧洲资本主义发展的贡献

点；但是，当欧洲人一片混乱的时候，他们毫无顾忌地加强对非洲的开发。经济萧条不是英国可以从瑞典的牺牲中受益，或比利时可以从美国的牺牲中获利那么简单的情况。他们都溺水了，这就是为什么殖民地的利益不仅挽救了殖民大国，也挽救了资本主义国家。

第二个主要的时期便是第二次世界大战期间，殖民地不得不帮助宗主国摆脱困境。正如前面所提到的，非洲人被要求做出巨大的牺牲并以低成本向宗主国提供重要的原材料。非洲军事的重要性也 196 是决定性的，不仅是非洲人战死在这场战争中，而且，非洲大陆也处于一个重要的战略地位。1942 年 11 月，第三条战线在非洲开启（紧接着欧洲和亚洲战线开启之后），这条战线便是取得最后胜利的途径。

地理位置的巧合意味着非洲控制了地中海和南大西洋的交通，控制着进入印度洋的两个西边入口。正如一位军事分析家说，"谁控制了非洲，谁就是离最后的胜利不远的一方"。靠着非洲的战士和资源的援助，主要的殖民大国一直控制这块大陆，以抵抗仅仅控制着利比亚、索马里和（短暂的）埃塞俄比亚的意大利的攻击。当然，德国人那时在非洲还没有殖民地，他们不得不使用由意大利和法西斯维希政权提供的资源。

与第一次世界大战不同的是，第二次世界大战不是一场简单的资本主义列强之间的战争。意大利、德国和日本侵略国是法西斯。葡萄牙、西班牙和南非政府也认同那种意识形态，尽管机会主义的原因使葡萄牙和南非布尔人（Boers）都发现，与英、法、美及其他资产阶级民主国家结成联盟更为便捷。

法西斯主义是一种畸形的资本主义。它使帝国主义朝着固有的资本主义统治的发展趋势增强，它还为私有财产的原则提供保护。同时，法西斯主义无限量地加强种族歧视并使其制度化，它已经滋生在资本主义体制中，无论是对犹太人（正如希特勒的情况）还是对非洲人民（就像葡萄牙的萨拉查和南非领导人的观点），法西斯主义颠倒资产阶级民主制度的政治果实，如自由选举、法律面前的平等、议会等；对独裁主义以及教会与国家的反动联盟也赞不绝口。在葡萄牙和西班牙，这是指天主教；在南非，则是荷兰新教。

像其鼻祖资本主义，法西斯主义是完全反对社会主义的。德国和意大利法西斯不仅攻击了其他资本主义国家，也攻击了苏联这一到 1939 年止世界上唯一的社会主义国家。因此，战胜法西斯主义是社会主义的胜利，同时也保护了其他资本主义国家免受法西斯主义历史倒退的伤害。

第二次世界大战结束时，非洲在帮助欧洲重建方面进一步发挥作用。在那场危机中，就像刚刚提到的，美国起到了重要的作用；但殖民国家不顾资金短缺也直接向其殖民地求援。值得注意的是，197 从 20 世纪 40 年代后期起，欧洲资本主义承认在自身经济饱受战争的破坏时，非洲是它们潜在的救世主，它们公开声明这一点。

1946 年，法国内阁的殖民地部更名为法国海外部（Ministry of Overseas France），而殖民统治下的非洲人被委婉地称为"海外法国人"（overseas Frenchmen）。这时，法国教育部坦陈：

> 如果没有 7500 万海外法国人，法国只不过是一个欧洲小国。海外法国人当中的年轻力量用一种独特的方式向世界表明了自己。（指非洲在战争中的角色）

不久，当法国准备 1949～1952 年四年计划时，大家看到了以下声明：

> 摩洛哥将供应锰、钴、铅矿石、罐头食品和农产品以积极参与法国的复苏。

二战结束时，英、法两国建立机构专门负责其殖民地的"发展"。在英国，此机构被称为"殖民地发展和福利基金"（CD&W），而法国基金被称为"社会经济发展与投资基金"（FIDES）。其主要功能是提供贷款，目的是有助于殖民地帮助宗主国。换句话说，战后重建的决定性时期更应努力地使殖民地的资源得到最大化的

第五章　非洲对欧洲资本主义发展的贡献

利用。

　　20 世纪 40 至 50 年代，西欧面临的危机不是普通的战后危机。当时，社会主义已经在苏联得到证明。在一段时期内，苏联红军已经帮助一些社会主义团体在东欧执政，资产阶级却不得不重建资本主义国家。这是有史以来资产阶级面临的最大挑战，因为（不像法西斯主义）社会主义威胁到资本主义生产资料私有制这一资本主义基本原则。然而，即使是在遥远的殖民地角落，社会主义原则也让人感到了它的存在。资本主义者意识到必须让殖民地脱离社会主义思想，而且要利用殖民地的优势避免所谓的"共产主义威胁"。

　　在资本主义努力阻挡社会主义的生产竞争模式和生活方式的挑战的过程中，非洲至少起到两个关键的作用，一是为资本主义军阀做准备，另一个是为现代装备产业提供必需的大量原材料。这些原材料中最重要的是制造原子能和将来的核武器，包括氢弹所需的铀和其他放射性物质。重要性几乎能赶上铀的肯定是某些稀有矿物（如罗得西亚的锂），它们是用于制造新型航空火箭、坦克、大炮、炸弹等的特殊钢材所需的矿产。

　　殖民大国在各殖民地已经建有小型的军事设施，而且他们认为有必要加强，直到殖民时代结束。例如，1955 年的法国预算就有一项对 60 亿法郎（1680 万美元）项目的投票，此款专门用于改善殖民地的军事设施，尤其是在达喀尔和吉布提的战略基地。早些时期，比利时在刚果的卡米纳（Kamina）已经完成了一个巨型空军基地的建设。

　　除了老牌殖民地的常规基地外，帝国主义列强也在战争期间落入他们手中的非洲地区建立了军事设施。在这种情况下，美国尤其重要，在北大西洋公约组织（北约，NATO）的形式下，它已经成了资本主义防御系统的主要支撑国。因此，在协助从法西斯手中重新夺回北非后，美国能够在摩洛哥和利比亚建设主要的空军基地。美国人在意大利的厄立特里亚设立了现代雷达站；埃塞俄比亚也被迫提供了军事基地。

利比里亚虽然名义上是独立的，但它几乎没有选择，只能接受美国的大规模驻军，这也是美国对利比里亚的经济开发和统治的必然结果。1943 年，当它同意美国在蒙罗维亚建立港口时，美国也得到了特许权，即"有权在口岸位置及其周边地区建立、维护和控制海军、空军和军事设施设备，以便美国在南大西洋的战略利益有望受到保护"。在整个战争期间，利比里亚的罗伯茨国际机场对美国来说具有相当大的价值，后来它继续留作军用。为了进一步密切关系，美国于 1951 年与利比里亚签订了所谓的军事援助协定。

不用说，20 世纪 50 年代，当大多数非洲人仍然为殖民地的主体时，他们绝对控制不了其土地为军国主义所用。事实上，整个北非因为建有瞄准苏联的军事基地而变成了北约的操控范围。它们可能很容易地卷入核战争，而非洲人对此没有任何了解。实际上，20 世纪 50 年代初，殖民大国在非洲的达喀尔和内罗毕等城市召开了军事会议，邀请南非和罗得西亚的白人以及美国政府参加。一个又一个的证据表明这种对非洲无所顾忌的利用是为了支持资本主义的经济和军事，因此，实际上是迫使非洲继续被利用。

199　　　除了拯救危机时期的资本主义，殖民附属地还一直靠减少内部矛盾和冲突来延长资本主义的寿命，而这些矛盾和冲突是资本主义制度的组成部分。资本主义伊始的主要矛盾是资本家和工人的矛盾。为了使资本主义制度延续，资本家不断加大对工人的剥削。与此同时，欧洲的工人不断掌握越来越多的工厂和矿山的生产资料，并学习如何在大企业和他们自己的工会结构下集体工作。如果资产阶级继续剥夺工人的成果，在社会上和政治上继续压迫他们，那么这两个阶级间就会产生冲突。早在 19 世纪中期，马克思便已预言阶级冲突会以革命的形式发生，而工人将在革命中获得胜利。资本家都非常害怕这种可能性，他们完全知道，他们从对封建地主阶级的革命中夺取了权力。然而，帝国主义将一个新的因素引入目前这种形势，此因素延缓了宗主国工人和资本家之间的交锋。

只有在俄国爆发了一场工人革命，而且俄国处在欧洲的边缘，而不是处在资本主义中心的宗主国。这一事实本身强调了像英、

第五章　非洲对欧洲资本主义发展的贡献

法、德这样的资本主义国家，如何靠剥削殖民地和如拉丁美洲这样名义上是独立国家的半殖民地，而使它们自己的地位保持稳定。

非洲的剩余价值一部分用于给欧洲工人提供更多的福利，一部分作为收买以使工人减少革命性。收买的形式有增加工资、改善工作条件和扩大社会服务。殖民主义使整个欧洲社会通过许多方式获得好处。大多数资本主义企业向民众提供低价批量生产的消费品，因此，欧洲的家庭主妇得到一些救济。例如，速溶咖啡使普通工人能喝上这种饮料。同时，资本主义仍然靠着确保"象牙海岸"和哥伦比亚的种植者不涨价而发财。殖民主义以这种方式为西欧和其他资本主义宗主国中所有的阶层和部门服务。

欧洲工人为了这一点点物质利益付出了很大的代价，这些增加给他们的物质利益就像殖民地餐桌上的面包屑一样少得可怜。执政阶级控制着信息传播。资本家提供给宗主国工人错误的信息并误导 200 他们成为殖民剥削的盟友。欧洲工人们因为甘于像绵羊一样被领着，从而一直受资本家的奴役。他们不再寻求政治权力，并满足于为小幅度增加工资而讨价还价，而这种加薪往往伴随着生活成本的增加。他们不再有创造性，允许颓废的资产阶级文化完全压倒他们。在战争与和平这类重大问题上，他们未能行使独立的判断。结果是最终他们不仅屠宰了殖民地人民，同时也屠宰了他们自己。

法西斯主义是资本主义衍生出来的一个怪胎。主要在欧洲以外实施的资本主义的兽性、剥削、统治和种族歧视在经过几百年的发展后最终形成了法西斯主义。非常重要的是许多移居者和殖民地官员也表现出对法西斯主义的偏好。南非的种族隔离政策就是法西斯主义，自 17 世纪白人殖民统治初期，它就生根了，特别在 19 世纪，采矿业让南非完全进入资本主义的势力范围。另一个例子体现了法西斯殖民主义的潜在性，即 1940 年法国被纳粹德国蹂躏。法国的法西斯勾结希特勒在法国建立了所谓的维希政权，而在非洲的法国白人定居者支持这个维希政权。更令人震惊并具有相同效果的实例是在阿尔及利亚的白人移居者发展了法西斯思想体系，他们不仅反对在阿尔及利亚人统治下的阿尔及利亚的独立，他们还努力希望打倒更进步自由的宗主国法国政府。

在欧洲内部，在殖民主义行为与资本主义对人类发展的些许贡献被摧毁之间可以发现一些特别明显的关联性。例如，第一次世界大战中，冯·莱托上校（Colonel Von Lettow）在东非带领德国军队，返回后，他在德国军队里被晋升为将军。1918 年，冯·莱托在汉堡指挥了对德国共产党实施的大屠杀。这是德国历史上一个决定性的转折点，因为曾经最进步的工人被粉碎了，未来法西斯变形的路也就毫无障碍了。在残酷镇压坦噶尼喀的马及马及战争（Maji Maji War）以及企图灭绝纳米比亚（西南非洲）的赫雷罗人（Herero）的大屠杀中，德国统治阶级获取了经验，后来他们将此经验用于对付犹太人，对付德国的工人和进步人士。

1926 年，当法西斯独裁专制始于葡萄牙时，它从葡萄牙的殖民历史中得到启示。萨拉查（Salazar）1932 年成为独裁者后，申明他在葡萄牙建立的"新国家"将基于"劣等民族"（inferior peoples）的劳动，意思当然是指非洲人。此外，葡萄牙的农民和工人不得不屈从于警察的恐怖、低劣和人性的丧失。因此，他们对国内法西斯主义和国外殖民主义付出了（且一直在付）高昂的代价。

殖民主义使西欧统治阶级和资本主义作为一个整体得到了加强，特别是在其后期，显然给生产方式注入一种活力，否则这种生产方式只能灭亡。除了少数资本家阶层，我们无论从哪个角度来看，殖民主义都是阻碍人类自由解放的一种可怕制度。

阅读指南

这里也一样，很少有学者将资本主义和帝国主义作为一个完整系统进行研究，它涉及把资金和其他一些利益从殖民地转移到宗主国。即使意识到统一的系统，也没有进行详细的分析。这实际上是因为宗主国视角的局限性。因此，欧洲马克思主义者或美国白人的马克思主义者只能在自己的国家揭露现代资本主义的贪婪本性，通常不会将其贪婪本性与其对亚洲、非洲和拉丁美洲的剥削联系在一起，除最近有关新殖民主义时期的研究之外。

GERGE PADMORE，*Africa：How Britain Rules Africa*，London：Wishart Books Ltd. ，1936.

KWAME NKRUMAH，*Africa Must Unite*，New York：International Publishers，1970.

——*Neo-colonialism*，*the Highest Stage of Imperialism*.

W. A. HUNTON，*Decision in Africa*，New York：International Publishers，1957.

说到非洲对欧洲的贡献，最主要的言论是由这三位政治上涉及泛非主义的知识分子所表达的。

GROVER CLARK，*The Balance Sheets of Coloninlism*，New York：Russell and Russell，1967.

D. K. FIELDHOUSE，*The Colonial Empires*，New York：Delacorte Press，1966.

这两部著述宣称殖民主义本质上不是经济的，而且殖民者没有获利。第二本书是新近出版的，观点仍十分活跃。

U. S. S. R. Institute of History，*A History of Africa* 1918—1967.

PIERRE JALÉE，*The pillage of the Third World*，New York：Monthly Review Press，1970.

这些（马克思主义）著述特别关注非洲和受资本主义世界剥削的地区，的确证明了这一论点，即宗主国谋取了殖民地的大量剩余价值。

以下内容出现在第一次发来的电邮里，新版书里没有，特此说明。

目录

像弗朗兹·法农和阿米尔卡·卡布拉尔这些非洲思想家，当他们说到殖民主义让非洲成为历史研究的对象时，尽管观点多少有些差异，但都表达了同样的感情。殖民非洲人就像前殖民时期的非洲奴隶一样，被任意摆到适合欧洲利益并对非洲大陆及其人民进行破坏的位置上，而且，那种形势下更深远的社会经济意义将受到考量。

前殖民地的贸易已经开始有瓦解非洲经济以及技术贫乏的趋势，而殖民统治加速了这一趋势的进程。人们总是听说这样的事，为了从"黄金海岸"的英国殖民地阿克拉打电话到"象牙海岸"附近的法国殖民地阿比让，必须首先接通伦敦的接线员，然后再接通能向阿比让提供线路的巴黎接线员。这个事实反映"黄金海岸"经济被纳入英国的经济，同时"象牙海岸"的经济被整合到法国经济，而与邻近的非洲殖民地几乎没有或者很少有实际的经济交往。联合国非洲经济委员会在1959年得出的以下结论直入主题。非洲的运输系统最突出的特点是相对独立，这些系统在各国和各地区范围内已经得到各自的发展。这也体现出在同一地理次区域内，国与国之间和地区与地区之间缺乏联系。

第六章　作为使非洲欠发达的
资本主义制度

黑人必须为所肩负的白人的负担付出高昂的代价。　205

——乔治·帕德摩尔

（西印度群岛）泛非主义者，1936

在殖民地的社会，教育就是这样为殖民主义服务的。在一个奴役的政权里，教育就是培养奴隶的一种机构。

——摘自 1968 年莫桑比克解放阵线（Frelimo）教育和文化部的宣言

殖民主义对非洲的所谓益处

社会经济服务

面对欧洲剥削非洲的证据，许多资产阶级作家多少承认殖民主

义是一个有利于宗主国的运行良好的系统。然而，这将敦促人们来解决另一个问题，即欧洲人到底为非洲人做了多少，为此，有必要制定一张殖民主义的资产负债表。在这种资产负债表中，人们可以看到"贷方"（credits）和"借方"（debits），通常认为好处比坏处多。人们也可以很容易地质疑这种特殊的结论，但我们还应该注意到这样一个事实，即这种推理过程本身就是误导。这种推理具有感性的说服力。毕竟任何东西都有两面性，这是一种共识。论证表明，一方面，有剥削和压迫，但是，另一方面，殖民政府做了许多有利于非洲利益的事，他们开发了非洲。从我们的看法来说，这种观点是完全错误的。殖民主义只有一个方面，它就是一个武装匪徒。

殖民政府为了非洲人的利益做了什么？据称，他们建造铁路、学校、医院等。所有这些设施的规模都是非常小的。

在殖民主义的头三十年里，几乎没有做什么可以称为服务非洲人民的事。实际上只是在二战以后，才建立起社会服务。这些服务少到如此可怜的程度，真的不需要我们作进一步说明。最终，这些
206　表明今日非洲欠发达的数据代表的是当时殖民主义结束时期状况的统计。对于这个问题来说，非洲独立头十年在一些方面如健康、住房和教育的统计数字，往往要比由新独立的政府继承的数字高出几倍。如果用殖民主义时期提供的那点微薄的社会公共设施来否认剥削，并得出好处要比坏处多的结论，那将会是一种最明目张胆的欺诈行为。

资本主义的确为欧洲工人带来一些社会服务——这开始是作为提供给资产阶级和中产阶级的那些服务的某种副产品，后来便作为一种深思熟虑的政策法案。发生在非洲的事没有可以与之相比的。1934 年，远在英国的社会福利到来之前，英伦诸岛的社会服务支出每人达 6 英镑 15 先令。在加纳，这个数字是每人 7 先令 4 便士，而作为殖民地的标准来说，这已经是很高了。在尼日利亚和尼亚萨兰，这个数字是每人小于 1 先令 9 便士。其他殖民国家没有哪个做得比这好，有的状况更糟糕。

第六章　作为使非洲欠发达的资本主义制度

葡萄牙比较引人注目，因为葡萄牙在这些福利方面是雷声大雨点小。葡萄牙宣称，500 年来，他们经历着一场"文明使命"，他们一直拥有安哥拉、几内亚和莫桑比克。到了肩负着白种人使"非洲土著"文明化 500 年的负担结束时，葡萄牙都没有能够在莫桑比克培养一位非洲医生，在安哥拉东部人均寿命不超过 30 岁。在几内亚 – 比绍，葡萄牙对那里的情况有深刻的了解，他们自己承认相比安哥拉和莫桑比克来说，对于几内亚 – 比绍的状况忽视得更严重！

此外，在非洲的殖民时期那些有限的社会服务是以一种反映了统治和剥削的模式来分配的。首先，白人殖民者和外派人员要求有资产阶级的标准或宗主国的专业标准。他们都坚定地要在非洲尽享荣华富贵，因为他们中的许多人在欧洲很贫穷，他们不能指望在自己的国家里享受较好的服务。众所周知，像在阿尔及利亚、肯尼亚和南非这样的殖民地，白人为他们自己悠闲的、快乐的生活都修建了相应的基础设施。因此，这意味着，殖民地提供的所有这些设施都不能证明是非洲人从殖民主义那里所得到的。

在阿尔及利亚，白人移民的新生儿死亡率是千分之三十九。然而，在阿尔及利亚城镇里，新生儿死亡率升至千分之一百七十。实际上，这意味着医疗、生育以及卫生服务都是为增加殖民者的福利。同样，在南非，所有的社会统计数据都应该分解成至少两组：白人的和黑人的——如果我们想要对这些数据做出正确解释的话。在英属东非这些数据分成了三组：首先是获得了大头好处的欧洲人，其次是获得了大多数所余好处的印度人，最后是在自己的国家分到最后一杯羹的非洲人。

在以黑人为主的国家，大部分的社会服务都是为白人提供的，这确实是真的。尼日利亚南部是从仁慈的"母国"得到最多照顾的殖民地区域之一。伊巴丹，这个非洲人口最稠密的城市，在二战之前只有 50 个欧洲人。对于如此精选的少数，英国殖民政府却设有一家隔离医院，在优越的环境中保留了 11 张床位的服务。对于多达 50 万的黑人而言，却只有 34 个床位。同样的情况也在其他地方重复出现。虽然在 20 世纪 30 年代，这个国家有 4000 个欧洲人，却为他们备有 12 家现代医院，而至少 4000 万非洲人口却只有 52 家医院。

殖民体系有关社会服务的条款的恶毒之处在于，戏剧性地带出了具有巨大利润的经济活动，特别是在采矿行业。采矿给工人的健康造成严重的伤害，即使宗主国的矿工也只是到最近才能获得医疗及保险服务，来保障他们的生命和健康。在非洲的殖民地，对于矿工的剥削是完全不用承担任何责任的。1930 年，坏血病和其他流行病在坦噶尼喀的卢巴金矿（Lupa goldfields）暴发，数百名工人死亡。人们不应惊讶他们缺乏挽救生命的设施，因为首先他们连保证自己能吃饱的工钱都没有得到。

南非庞大的非洲工人阶级处于一种可悲的状态。根据 1912 年结核委员会的报道，在棚户区，

> 所有家庭成员中至少有一名成员或是遭受肺结核的痛苦或是死于肺结核，几乎没有一个家庭不是这种状况。医疗设施不够，导致无法治愈肺结核病，同时其他情况的病例都只能是送回家等死，从而使得感染进一步扩散。在一些地区，一个医生要为 4 万人的需要提供服务。土著人必须支付医疗费。不为贫困病人提供医疗服务。约 65% 的土著儿童死于两岁之前。

早在 1912 年，南非黄金和钻石帝国的基础就已经奠定了。从那时开始，棚户区不断增加，贫民窟的条件日益恶化，同时政府在致力于推行可恶的种族隔离政策，这种政策意味着实行种族隔离，从而更好地剥削非洲人民。

许多非洲人来到城镇，因为在城镇（虽然很糟糕）他们能比农村稍好一点。对于大多数非洲农村而言，现代的卫生、电力、供水、道路、医疗服务和学校都是为外国人服务的，在殖民地时期结束时与开始时处于一样的状态。然而，正是农村提供了经济作物成长的环境，提供了劳动力，才使这种系统保持正常的运行。那里的

第六章　作为使非洲欠发达的资本主义制度

农民很少知道殖民地的资产负债表上所谓"贷方"的含义。

因为即使是微薄的社会服务也是为了便于剥削，这些服务绝对不会提供给那些不直接为宗主国的出口创造剩余价值的非洲人。也就是说，从非洲人身上剥削来的财富一点都不可能用于帮助货币经济以外的他们自己的兄弟。

现有的多个实例可证实上面的陈述。在殖民主义的统治下，最"富有"的殖民地获得了更大的社会服务。因此，南非的兰德和刚果的加丹加必须供养庞大的工人队伍。多年来，他们对于整件事的处理十分冷淡，但是，归根结底，明智的利己主义使殖民主义者意识到，在工业环境下，从具有基本的健康状况和一定识字程度的非洲工人身上他们可以获得更多。这和以前欧洲资产阶级对待工人的推理类似，即给工人生产多一点自由，使工人能好好地活着。

非洲生产经济作物的国家同殖民地或不生产外销产品的地区有类似的情况存在，即存在减少社会经济服务的趋势。这说明在"黄金海岸"、乌干达和尼日利亚的非洲人可以被视为比在达荷美、坦噶尼喀和乍得的非洲人过得"更好"（better off）。

根据融入资本主义货币经济的程度不同，每个国家的各地区存在着相当大的差异。因此，肯尼亚的北部或苏丹的南部没有什么资源可以提供给殖民者，殖民政权也忽略了在这样的地区修建道路、学校、医院等设施。通常，殖民地因发展水平上以及对出口剩余价值的贡献，在提供社会公共设施方面也会大不同。例如，种植园和 209 公司可能都会为他们的工人建立医院，因为对于工人健康实施最基本的维护实际上是一种经济投资。通常，这样的医院是专门为资本家特殊关注的那些工人服务的，而那些生活在最低"生存"条件下的货币经济外围的非洲人都被忽略了。

《阿鲁沙宣言》（Arusha Declaration）有力而又简单地表述了非洲殖民经验最深刻的道理，当时是这样说的："我们已经遭受了极大的压迫，我们已经遭受了极大的剥削，同时我们也遭受了极大的漠视。"

值得注意的是，非洲殖民地的经济基础设施的模式——尤其是公路和铁路，就是对于这种被压迫、受剥削和遭漠视的三重组合的最佳说明。根据特定区域需要开展进出口贸易活动的程度，殖民政府掌握了一个明确的地理分布图。哪个地区没有出口，那个地方也就没有修建公路和铁路。稍微有点例外的是，某些公路和铁路的修建，是为了调兵遣将，使征服和压迫变得更容易。

在殖民时期，没有通信手段可以使非洲人登门拜访他们的朋友。然而，更重要的是，没有建设基础设施以促进非洲商品的内部贸易，也没有以考虑到非洲的需求和发展的方式来修建连接不同的殖民地和同一殖民地的不同部分的道路。所有的道路和铁路都通向海边。这些设施的修建是为了开采金矿和锰矿，或是为了获取咖啡或棉花。这些设施的建立也是为了增加木材公司、贸易公司和农业特许公司（concession tirms），以及白人殖民者经商的可能性。任何满足非洲利益的服务纯属巧合。然而在非洲，劳动力而不是资本是办成大事的主要资源。只需最低的资本投资，殖民地政府就能够调动成千上万的工人。把工资支付给警察和官员，劳工就有了，因为有殖民地的法律作保证，加上武力的威胁或武力的使用。以修建铁路为例，在欧洲和美国，铁路建设需要巨大的资金投入。在施工期间会有很大的工资支出，同时要有额外的奖金支付给工人以使修建任务能尽快完成。在非洲的大部分地区，希望看到铁路建成的欧洲人是以鞭打作为普通工资以及用更多骨灰换取额外努力。

关于从布拉柴维尔到黑角的（法国）刚果铁路，可以找到铁路修建使非洲人付出巨大代价的较早的参考文献。最不能容忍的条件是，在设备表格中没有资本这一项目来做说明。因此，土方机械、起重机等都以纯人力来代替。类似的例子还有内罗毕的恩巴卡西（Embakasi）机场的建设。因为这个机场是通过美国的贷款在殖民时期建造的（从 1953 年开始），人们习惯于将它的存在归功于帝国主义者。但我们可以更准确地说，是肯尼亚人民在欧洲人的监督下，用自己的双手建造了它。

面积为 7 平方英里、有四条跑道的恩巴卡西机场被描述为"世界上第一个手工建造的国际机场"。茅茅运动者（Mau Mau）

第六章　作为使非洲欠发达的资本主义制度

认为有数千劳动力"在武装警卫的监督下，开挖着 100 万吨的土石方、填坑、奠定 50 万吨石头的地基等，这些劳动只靠铲子、石锤和赤裸的双手完成"。

相比专为欧洲人服务的通信系统而言，殖民非洲的金融机构更是十分可耻地忽视非洲本土的利益。银行也很少为当地提供贷款。在英属东非，给予非洲人的借贷因 1931 年颁布的《土著人借贷（限制）条例》而被阻挠。保险公司几乎迎合了所有白人殖民者和资本主义企业的利益。宗主国货币储备的殖民地政策也可以被称为有损于非洲人的"服务"。实施这种服务的"货币委员会"和中央银行拒绝非洲使用由出口所获得的资金。相反，英国、法国和比利时的殖民地储备却代表着非洲对欧洲的贷款和在欧洲的资本投资。

有必要重新评估美其名曰的"欧洲资本"，即投资于非洲和亚洲殖民地的欧洲资本。在资本主义制度下可用于投资的钱本身就是从欧洲和整个世界的工人和农民身上抢劫得来的。在非洲，19 世纪商贸投资的部分资本就是来自奴隶贸易。葡萄牙政府是欧洲第一个用船只从非洲运回俘虏同时也是最后放弃奴隶交易的政府。大部分的利润从葡萄牙政府的手中流失，流到了英国和德国政府的口袋里；然而，葡萄牙的奴隶贸易帮助了葡萄牙的殖民事业，如在安哥拉和莫桑比克农业和矿业公司的合资参与。

如前所述，许多来自欧洲大港口城市的企业家们从以前从事的奴隶贸易转变为把非洲农产品进口到欧洲。美国的许多新英格兰公司也是以同样的方式来操作。在殖民时代那些赫赫有名的大 211 "名"，就是源自奴隶贸易和奴隶本身的原始资本的资本主义财团。劳埃德的巨大的海上保险和银行财产就属于这一类，他的产业得到了 17 和 18 世纪西印度群岛奴隶市场所获利润的滋养；同时也得益于无处不在的与以前奴隶贸易有关联的巴克莱银行。同样的例子是法国的沃姆斯公司。早在 18 世纪，沃姆斯公司就与法国奴隶贸易关系密切，后来，该公司成长为最强大的金融机构之一，为在非洲和亚洲的法兰西帝国处理相关事宜，重点关注的是马达加斯加和印度洋地区。

217

在前面的章节中，联合利华和联合非洲公司的例子也证实了这一点，非洲受到了由非洲劳工所生产出来的资本的剥削。1929 年，当利弗兄弟公司接手了尼日尔公司时，他们成了 19 世纪非洲最臭名昭著的剥削者的继承人。尼日尔公司是一家在 1885～1897 年间具有完全政府和警察权力的特许公司。在这期间，公司毫不留情地剥削尼日利亚人。此外，尼日尔公司本身就是一种垄断，它买下了一些资本直接来自奴隶贸易的小公司。由东方和非洲贸易公司合并而产生的联合非洲公司也是同样的情况，这家公司与根植于欧洲奴隶贸易的更多资本有关联。我们也可以以同样的方式追踪由法国大型贸易公司法属西非公司和西非贸易公司支配的资本。

在东非，资本积累和再生产的过程缺乏西非的连续性。首先，阿拉伯人和欧洲人是东非奴隶贸易的参与者。其次，德国人在 1885 年介入东非，但德国人以前没有涉足过此地，而法国人（曾在 18 和 19 世纪在东非领导了欧洲奴隶贸易）集中关注的是印度洋岛屿的殖民化，而不是东非大陆。第三，德国殖民主义时代并没有延续到 1914～1918 年战争以后。尽管如此，在英国这一边，东非公司殖民化的资本和利润又重现在史密斯·麦肯齐贸易商行。

后来投资在非洲殖民地的资本是 19 世纪殖民地资本的延续，还有来自宗主国的新资本的大量涌入。如果有人想探究什么是这个所谓的新来源，很大一部分与以前对于欧洲以外民族的剥削有非常密切的关系。然而，没有必要证明，在非洲做贸易的每一个公司都与欧洲的奴隶贸易和早期对非洲大陆的剥削有直接和间接的联系。212 我们必须记住的是，欧洲最大的原始资本积累来源于海外，同时，从非洲企业获得的利润不断胜过投资在殖民地的资本。

一位研究非洲殖民地的保守的资产阶级作家对于南非的黄金和钻石行业发表了以下评论：

> 除了认购原始的资本（钻石行业中），所有的资本支出都是来自于赢利。该行业涉及的做钻石的国际公司也取得了巨大的利润。这些都具有特殊的重要性，因为钻石公司积累的财富

第六章　作为使非洲欠发达的资本主义制度

很大一部分用于后来兰德（黄金工业）的发展。

同样，在安哥拉，金刚石（Diamang）钻石公司的投资迅速收回成本，然后就是资本的生产。1954 年和 1955 年两年合起来公司的总利润就超过了总投资资本的 40%。投资和维护成本的超出部分当然是外流到葡萄牙、比利时和美国。安哥拉钻石公司的股东就是那些国家的居民；安哥拉从而也投资于这些国家。从这个意义上来说，殖民地就是资本的产生地，而不是外国资本投入的地方。

资本处在不断的运动之中，从宗主国到某些附属国，从殖民地到其他的殖民地（通过宗主国），从一个宗主国到另一个宗主国，从殖民地到宗主国。但自从奴隶制以来，由于由非欧洲民族创造了高额的利润，所以，资金的净流量是从殖民地流到了宗主国。我们头一年称之为"利润"（profit），在第二年就变成了"资本"（capital）。即便是进步作家也制造了一个错误的印象，说资金是从欧洲到非洲的"出口"，同时，这是"外国"资本所起的作用。那些在非洲殖民地的所谓外国资本指的是资本的所有权而不是资本的最初来源。

殖民主义的辩护者很快会辩说，在非洲用于学校、医院等方面的钱是由英国、法国或比利时的纳税人提供的，事实并非如此。承认在某　年从某一个殖民地获得的利润达几百万美元，同时肯定分配给殖民地的社会服务的数千美元是欧洲纳税人的钱，这是不合逻辑的！真实的情况可以准确地描述为：非洲的工人和农民为欧洲资本主义生产货物同时提供具有一定价值的服务。他们经过努力而获 213得的成果的一小部分以工资、现金支付和极其有限的社会服务的形式留给了他们，这些都是维持殖民主义所必不可少的支出。其他的成果都为殖民体系的各种受益者享用。

以下数据的可信度可能不会存在纠纷，这些数据充分表明，殖民主义大部分旨在发展宗主国，同时，作为剥削的附带产品只允许对殖民地进行少许的开发。英国殖民时期的记录都是皇家委员会各种各样的调查报告，这些报告（很少采取行动）提供了殖民政权对非洲人的需求所表现的骇人听闻的冷漠的最好证据。20 世纪 30 年代，由于非洲后裔在奴隶制后被困在西印度群岛，他们不堪痛苦而制造了暴乱。皇家委员会对于这些不满进行了调查，发现这些不满如此令人震惊以至于在战争期间没有公开完整的研究结果，免得这些结果揭示出殖民主义几乎不比英国正与之战斗的法西斯好。正是由于那些调查报告才产生了"殖民地发展和福利基金"的主意。在 1940 年通过了一个相关法令，但直到 1944 年殖民地官员们才可以得到这一基金以作为殖民地发展和福利贷款。

法国也有对应的"殖民地发展和福利基金"，是以"社会经济发展与投资基金"的形式。该基金成立于 1946 年。对于宗主国的目的在殖民扩张的早期有两种解释。一种解释非常坦率，吸引了在欧洲城镇的各种商会。简单地说，欧洲人处在殖民地的博弈之中，因为它太赚钱了，这就是全部的目的。然而，有一些其他的观点认为有必要宣传一下有关"未开化的土著人"的福利。这是一种早期解释的延续，针对的是以将非洲异教徒带到基督教土地上为理由的奴隶制。由于近几十年来，殖民主义遭受到了严厉的批评，所以有些人有意做出努力来掩饰这些批评。"殖民地发展和福利基金"和"社会经济发展与投资基金"就是殖民主义公共关系宣传的一部分，其目的在于努力掩盖和否认殖民主义的邪恶。

首先，"社会经济发展与投资基金"和"殖民地发展和福利基金"都是在欧洲战后的情况下诞生的，当时西欧资本主义国家都拼命地回到殖民地，从社会主义甚至从美国的竞争中拯救自己。背叛了自己的阶级同时成为英国资本主义的发言人的著名工党领袖贝文（Bevin）先生观察到，"其他两个世界大国美国和苏联拥有巨大的资源。如果西欧要实现收支平衡，同时获得世界的平衡，那么，（非洲）资源的开发和利用是必要的"。任何对于"殖民地发展和福利基金"和"社会经济发展与投资基金"具体操作的仔细研究都清楚地表明，它们与非洲的发展没有任何关系，而与欧洲资本主义的福利有很大的关系。

非洲所谓的发展基金几乎只用到了经济基础设施的建设，同时

214

第六章　作为使非洲欠发达的资本主义制度

只提供一定的社会服务。1946 年和 1956 年之间的 "殖民地发展和福利基金" 的拨款只有不到 1% 被分配到了各工业行业。而在 "社会经济发展与投资基金" 从 1949 年到 1953 年的情况中，这一相应的数字不到 0.5%。农业方面的情况稍好一点，尽管这是非洲人从事的主要活动。尼日利亚殖民政府制订了一个十年计划，希望从 "殖民地发展和福利基金" 进行大量借贷。在该计划中，总额 5300 万英镑中的 182 万支持了农业。大多数的农业补助金用于建立一个农业学校和为英国 "专家" 提供薪水。

其他英国殖民地也制定了十年计划，这些计划的缺陷与尼日利亚人制订的计划的缺陷相同，事实上确实如此，对真正的经济计划来说，所有的不足，不是别的，而是由不同的政府部门就其原有活动而扩展的一系列互不相关的项目。因此，这些计划不会有任何新的进展；这些计划完全忽视了那些发展的因素，如刺激内部贸易和非洲大陆内部的贸易。

大部分的 "发展" 资金以贷款的形式用于殖民地的港口、铁路、发电厂、水工程、工程车间、仓库等，从长远的观点来看，这对于更高效的剥削是必要的。在短期内，这样的建筑工程为欧洲的钢铁、水泥、电力机械、铁路车辆提供了出口的途径。"社会经济发展与投资基金" 的五分之一用于达喀尔的有名望的公共工程，这些工程适合法国工业的要求，同时雇用了大量的外籍人士。甚至连用 "社会经济发展与投资基金" 修建的学校的每个构建部分也使用了不必要的高成本，因为这是按照给白人外派者提供必要的工作标准来修建的。顺便说一句，贷款是以这样一种方式 "捆绑" 的，即钱必须花费在购买相关宗主国生产的材料上。

"发展" 资金是由相关政府在欧洲货币市场募集的，宗主国政府为自己的银行家和金融家的资本提供确保有效盈利的出口途径。1956 年，法国政府启动了一个计划，露骨地促进他们自己的私人 215 资本家的自身利益，对非洲的发展和福利只是空头支票。该计划包括建立一个称为海外领地金融开发协会（SDOM）的机构。海外领地金融开发协会由主要对北非石油感兴趣的私人资本家组成，同

221

时，大部分活动都是通过政府资助来实现其目标。

有许多迹象表明，在那些观察敏锐的有关人士的眼中，"殖民地发展和福利基金"骗局已被揭穿。殖民大臣成立了一个委员会来帮助他进行拨款的分配，这个委员会被拥有实权的英国资产阶级的成员控制，包括巴克莱银行的董事。由于"殖民地发展和福利基金"甚至连支付殖民地无望的十年计划也颇为不足，所以，英国政府就鼓励殖民政府在开放的金融市场进行借贷补充财政不足。这是确保非洲劳动力和资源为贪婪的欧洲货币兑换商分派盈余的另一种方式。

巴克莱银行首先抓住了借贷给殖民政权以补充"殖民地发展和福利基金"的机会。该银行设立一个特别的海外发展有限公司来"协助"非洲，银行总裁确保"所有殖民帝国的发展和其居民的福祉是每一个（英国）公民要关心的问题"。这是冠冕堂皇的公关语言，完全符合白人以文明与基督教之名行杀戮和奴役之实的肮脏虚伪。

作为殖民主义虚伪的一部分，谈论欧洲如何将非洲引入 20 世纪已经成为时尚。这一观点对社会经济和政治领域均有影响，它可能不只是在一些方面而是在所有方面都是错误的。

人们经常说，殖民主义通过引入资本主义的动态特征使非洲现代化，如土地私有、其他生产手段的私有制以及金钱关系。在这里，分清资本主义元素和作为整个社会系统的资本主义是关键。殖民主义将资本主义的某些因素引入非洲。一般来说，当社群主义与货币经济发生关联时，后者将自身强加于斯。经济作物的种植和雇佣劳动逐渐远离以大家庭为基础的生产和分配。

南非有句谚语："白种人没有亲戚，他们的亲戚就是钱。"这是资本主义和前资本主义社会之间差异的根本所在；当资本主义与仍是社群主义的非洲社会发生联系时，引入金钱关系是以牺牲亲属关系为代价的。然而，与宗主国相比，殖民主义并没有将非洲转化成为一个资本主义社会。如果这样做了的话，人们可能会抱怨资本主义的残酷和不平等，但不可能说，殖民主义未能推动非洲沿着人类历史发展的路径前进。

在宗主国或核心区域，作为一个系统的资本主义有两个主要的阶级：首先，拥有工厂和银行（生产和分配财富的主要手段）的资本家或资产阶级；其次，在提到的那些资本家的工厂里工作的工人或无产阶级。殖民主义并没有在非洲人中或甚至在非洲创造拥有资本和拥有工厂的阶层；也没有创造一个具有任何意义的城市无产阶级（特别是在南非以外）。换句话说，具有资本主义形式的殖民主义未能在非洲履行它在欧洲已经完成的任务，即改变社会关系和解放生产力。

相当明显，资本家不打算创造其他将成为竞争对手的资本家。相反，从一开始，欧洲资本主义的发展趋势就是竞争、淘汰和垄断。因此，到了帝国主义阶段，宗主国的资本家决不会让竞争者出现在附属国。然而，尽管宗主国是这样想的，但是，在亚洲和拉丁美洲，一些当地的资本家的确出现了。与其他殖民地的人民相比，在某种意义上，非洲是一个特别的例外，在资本投资方面，极少的非洲人能进入资产阶级阶梯的中间层。

非洲缺乏非洲资本家的部分原因在于那些没有当地家庭关系的少数种族的到来，而这种家庭关系本可阻挡资本主义所需的无情的原始积累方式。黎巴嫩、叙利亚、希腊和印度的商人们从小商贩的队伍起家，成为小资本家，有时候则是大资本家。如拉卡（Raccah）和利文迪斯（Leventis）在西非相当有名，他们的名字就像在东非众所周知的资本家麦德瓦尼和维斯兰（Visram）。

中间商和欧洲殖民者之间存在着冲突，但后者更倾向于鼓励少数种族而不是看到非洲人自身强大起来。例如，在西非的塞拉利昂商人无论是在自己的殖民地还是在他们选择定居的英国的其他占领地都受到打击。在东非，特别是乌干达人还有点希望，他们可能开办轧棉厂同时从事一些与资本主义功能有关的棉花种植和其他活动。然而，1920年，一个促进贸易和工商的发展委员会成立，它首先是对欧洲人有利，然后是印度人。法律禁止非洲人拥有自己的 217 轧棉厂。

欧洲如何使非洲欠发达

把非洲作为一个整体，那些被允许出头露面的少数一些非洲企业家仍然处在阶梯的底部，不能被视为真正意义上的"资本家"。他们自己没有足够的资本投资于大规模的农业、贸易、采矿或工业，他们既依赖于欧洲人拥有的资本又依赖于少数种族的本地资本。

欧洲资本主义没有能创造出非洲的资本家，这与他们没能创造出一个工人阶级同时没能在整个非洲传播工业技能相比较，也许不算什么。由于殖民主义本身的性质所决定，他们对在非洲在农业、采掘业如采矿和伐木之外的领域建立工业存有偏见。每当似乎有内部力量推动非洲工业化的进程方向时，殖民主义者就会通过代表宗主国实业家利益的殖民政府来故意进行阻难。1927 年在塞内加尔成立了花生油作坊，同时开始向法国出口。因为法国油坊主的抗议，这些工厂很快就受到了限制。黎巴嫩人在尼日利亚建的油厂在欧洲也受到了打击。油还是作为工业原料送往欧洲，但欧洲的企业家连对在非洲的土地将花生油进行简单的处理阶段都不表示欢迎。

由于非工业化政策，整个非洲殖民地出现了许多不合理的矛盾现象：苏丹和乌干达种棉花，但进口棉花制成品，"象牙海岸"种植可可，但进口罐装的可可和巧克力。

非洲殖民地人数很少的工人阶级从事农业劳动和生活服务等工作。从相对严格意义上的资本主义积累的技能来说，大部分这样的工作都没有什么技术含量。一旦有了需要技术专长的项目时，欧洲人就戴着头盔和穿着白色短裤站在一边进行监督。当然，1885 年的非洲人没有什么专业技术，这种专业技术在 18 和 19 世纪期间的欧洲已逐渐演化。这种差别也部分源于前殖民地时期非洲和欧洲之间的关系。然而，更重要的是，在殖民地时期，能够获得"现代"能力的非洲人的数目少得令人难以置信。在很少一些地方，如南非和南北罗得西亚，这是特定的在就业方面的种族歧视所致，这种歧视是为了给白人保留最佳的工作岗位。然而，即使没有白人，非洲人缺乏技能也是资本主义对非洲大陆影响的一个组成部分。

第六章　作为使非洲欠发达的资本主义制度

我们已经说明了欧洲工业的存在如何培养和加强了科学技术。硬币的另一面则是非洲的情况：没有工业意味着没有具备技术的一代。即使是采矿业，那些最有价值的劳动都被安排在了非洲以外的地方。有时人们忘记了是劳动将自然物转化为商品从而增加了价值。例如，虽然珠宝钻石的价值远高于其实用性，但这种价值并不是一个简单的有关宝石稀有的问题。寻找宝石的工作必须有人去做。这种工作是地质学家熟练的工作，这种地质学家当然是欧洲人。挖掘宝石的工作也必须有人去做，这种工作主要涉及体力劳动。只有到了这一阶段，从南非、纳米比亚、安哥拉、坦噶尼喀和塞拉利昂来的非洲人才被纳入进来。接下来要做的工作就是切割和抛光珠宝钻石。一小部分这样的工作是由白人在南非进行的，同时大部分这样的工作是由在布鲁塞尔和伦敦的白人承担的。在熟练的切割工人的工作台上，粗糙的钻石变成了宝石，从而其价值飙升。在殖民时期，没有非洲人可以接近这种技术。

资本主义的活力表现为增长可以为进一步增长创造更多的机会。主要的产业都有副产品的生产，这种副产品刺激了本地原材料的使用，扩大了运输和建筑业等，联合利华的情况就是这样。用专业的经济学家的话来说，这种"落后与先进之间的联系（backward and forwand）"是有好处的。由于使用非洲原材料的行业分布在非洲以外的地方，在非洲就没有享受到这种瞻前顾后联系的好处。第二次世界大战后，几内亚开始出口铝土矿。在法国和美国的资本家手中，铝土矿变成了铝。在宗主国，人们将铝用于制作耐火材料、电导体、烟箔、厨房用具、玻璃、宝石轴承、磨料磨具、轻质结构和飞机。几内亚的铝土矿刺激了欧洲的航运和北美水电的发展。而几内亚殖民地铝土矿的开采在地面上留下的都是洞。

黄金对欧洲金融的影响是巨大的，同时非洲黄金在宗主国的货币制度的发展以及工业和农业方面发挥着自己的作用。但是，和铝土矿和其他矿产一样，黄金是一种有限的资源。一旦它被带出一国的土地，这绝对是一个无可挽回的损失。随着生产的继续，这一简单的事实往往是模糊不清的，就像在南非的情景。在殖民地时期，

225

当这种黄金矿物确实消失了的时候，才戏剧性地引起人们的注意。例如，在坦噶尼喀的南部，英国从 1933 年开始在一个叫春亚
219 （Chunya）的地方疯狂地进行黄金开采。到了 1953 年，他们吞噬所有的金矿，同时全部出口国外。在殖民时期结束时，春亚是整个坦噶尼喀最落后的地方之一，它本身被称为非洲东部可怜的"灰姑娘"。如果这就是现代化，考虑到剥削和压迫所付出的代价，那么非洲人最好还是在丛林中生活。

工业化不仅意味着工厂。农业本身在资本主义和社会主义国家里已经被工业化了，这种工业化是通过科学原理在灌溉、肥料、工具、作物选择、畜牧养殖等方面的集中运用而实现的。非洲的殖民主义最具决定性的失败在于没有改变农业生产的技术。对谈论殖民主义对非洲实施"现代化"的那种表面性的最有说服力的证据是，绝大多数非洲人是背着锄头进入了殖民主义，同时还是背着锄头走出了殖民主义。一些资本主义的种植园引入了农业机械，同时，这些奇怪的拖拉机又回到了非洲农民的手中；但锄头仍然在农业的使用中占绝对的主导地位。资本主义可以在欧洲改革农业，但它在非洲做同样的事却无能为力。

在一些地区，资本主义导致了农业技术的倒退。在南部非洲的保留地，大多非洲人都挤在贫瘠不足的土地，采用轮耕的技术进行密集性种植。实际上，这是一种技术的倒退，因为土地在所能提供的越来越少的产出过程中受到了破坏。只要非洲人在使用他们祖先的土地进行广泛轮换种植的基础受到阻碍，人们就可以发现同样的负面影响。此外，一些新的经济作物，像花生和棉花对于土壤的要求非常苛刻。在像塞内加尔、尼日尔和乍得这样的一些国家已经处于沙漠的边缘，不变的种植导致了土壤的贫瘠和沙漠化的侵蚀。

在资本主义社会里，白人种族主义的概念如此根深蒂固，以至于他们将非洲农业发展的失败归根于非洲固有的劣根性。如果说这是因为白种人的入侵会更为真实，虽然我们不能从殖民主义者的个人恶意或是从其种族起源来找到基本的解释，但是，我们可以从有组织的邪恶资本主义和殖民主义的体系中找到这种基本的解释。

第六章　作为使非洲欠发达的资本主义制度

　　未能从代表非洲农民的利益出发来改善农业工具和方法，这并不是一个殖民地的政策制定者做出的错误决定的问题。基于我们对宗主国与属国的国际分工以及在附属国的低水平的人力的理解，这 220 是作为一个整体的殖民主义所具有的不可避免的特征。这也是在非洲的劳动关系中大量使用强制力量（包括税收）的结果。人们可能会被强迫去做简单的体力劳动，除此之外别无选择。这在非洲人在西印度群岛和美国当奴隶时得以说明。奴隶们损坏工具，进行破坏，这只能通过额外的监督和保持非常基本的工具和生产过程来进行控制。奴隶的劳动不适合从事工业化的活动，因此在 1861 年的美国，北方与南方进行了结束奴隶制的战争，目的在于将真正的资本主义关系推广到整个国家。以此类推，我们就很清楚为什么在非洲强制性农业劳动的各种形式都要保持得相当简单，同时反过来，这也就意味着收入很少。

　　殖民主义制度中的资本家支付非洲人的工钱不足以养活其家人。非洲农民从经济作物所赚钱的数量就很容易地说明了这一事实。一个种植经济作物的非洲农民每年生产的产量很少能卖到 10 英镑，通常要少于这个数量的一半。除此之外，农民还得购买工具、种子和支付运费，同时在他把贷款偿还给中间商人之后，他才可以把剩余的收获部分称为自己的。生产咖啡、可可和收集棕榈油的农民往往比那些种植棉花和花生的农民要赚得多，但即使是阿克瓦皮姆的普通可可种植农或查格的咖啡种植农，也从来没有获得过足以养活他的家庭、保证基本的衣食住行所需要的钱。作为补充，农民继续种植自给的薯类或香蕉来作为辅助农业。这就是农民为了填饱肚子的活法，同时，挣来的几个先令要去纳税，还要去中间商人开的商店里购买越来越多的没有钱就不能得到的东西，如盐、布、石蜡等。如果他们非常幸运的话，他们将有机会获得锌板、收音机、自行车和缝纫机，同时能够支付得起学费。我们必须非常清楚地知道，属于这最后一类的只有极少数的非洲人。

　　非洲农民种植的农作物获得很少报酬的一个原因是因为他们的劳动没有技术含量。这不是全部的解释，但是当一个产品如棉花经

227

历了在欧洲的复杂的制造流程后其价格飙升时，这种解释确实是真的。卡尔·马克思在说明资本家是如何侵吞每个工人劳动的剩余价值部分时就运用了棉花的例子。他解释说，生产棉花的价值包括生产原棉的劳动价值，加上制作纱锭的劳动价值，加上直接进入实际制造的劳动价值。从非洲人的角度来看，可以得出的第一个结论是在非洲土地上劳动的农民一直受到那些将非洲的原材料用在欧洲或美国的企业家的剥削。其次，有必要认识到，对于非洲人为非技术劳动所做出贡献的估价远远低于对于欧洲人为技术劳动所做出的贡献的估价。

有人已经观察到，乍得一个棉农一小时的工作所得相当于不到一厘米的棉布价格，他需要工作 50 天才能在法国购买三米由他自己种植的棉花制成的棉布。然而，法国的纺织工人（使用现代纺织锭）在几分钟内就能纺出三米布！假设法国人也不是与上帝（上帝只用了六天来建造整个世界，在第七天休息）更亲近，那么，在资本主义/殖民主义制度中，肯定有一些因素允许乍得和法国劳动力的相对价值存在如此大的差距。首先，一个乍得的农民受到贸易欺骗而低价卖出、高价买进，并因此获得他用劳动创造的价值中的极小比例。这之所以成为可能，不是因为资产阶级经济学家希望我们去相信的神秘"市场力量"，而是由于政治权力完全掌握在殖民主义者的手中。无论是在经济上和政治上，这都是一种垄断统治的后果。其次，乍得农民在种植上花费的时间较长，这是因为殖民主义不允许他们获得可以缩短生产某种原棉时间的所需工具。

在非洲拥有最好的农业技术以达到增加产量和提高质量的目的，这在某种程度上一直是殖民列强的兴趣所在。所有的殖民政权都赞助了一些热带农业的科学研究。然而，研究的对象几乎完全注重于经济作物，范围也很有限，这种研究更容易适应种植庄园主，而不适应于没有资本的非洲农民。在殖民地时期用于改善非洲农业的可怜的资金与同期花在欧洲的专门研究的巨额资金形成鲜明对比，后者给宗主国的工业和农业都带来巨大的利益。

第六章　作为使非洲欠发达的资本主义制度

与有关社会经济现代化的毫无根据的主张一起，殖民地的辩护者还提出了欧洲统治带来了政治的提升和解放的观点。与之相关的一个长期的争论问题就是非洲在 19 世纪出现的混乱，一些"部落"如恩戈尼（Ngoni）、尧人（Yao people）和萨摩利的索法斯（Sofas）在屠杀左派、右派和中间派的人士。结果是非洲获得了利文斯通和斯坦利的拯救。在大多数情况下，这种狂妄言论在目前这一代研究非洲的欧洲学者的著作中没有立足之地，因为人们都知道这与现实没有相似之处。然而，一些作家仍在宣扬，"只有通过强加的（欧洲）统治，班图人才可以免于消耗性的斗争以及普遍的经济和技术的落后"。

把功劳归根于殖民者的另一种观点认为是他们在非洲发展了民族主义。这是一种肤浅的、有害的主张，它完全忽略了在殖民前夕非洲许多国家的状况以及它们的演变方向。民族主义具有从历史经验中发源出来的某种特定的形式。试图控制其环境，并维护其利益不受竞争对手侵犯的社会团体的出现，是一种统一的认同感。民族国家通常代表某个特定的阶层，在它自己的边界里维护秩序和保持稳定。19 世纪的非洲各国家都具有这些特点，其中有些国家要比由欧洲人任意定义的殖民地国家大得多。

现在的非洲民族主义采用的就是帝国主义刻画的边界这种特殊形式，确实如此。恢复非洲独立的斗争受到某些殖民地行政框架条件的限制，这也是不可避免的事实。然而，如果认为殖民主义通过民族国家使非洲政治实现了现代化，并且暗示这样一种政治组织和稳定性在其他情况下不可能实现时，这表现出对非洲过去的愚昧无知。

有一种殖民主义的观点多少说得过去，那就是资本主义和殖民统治使许多非洲人获得了更大的个人自由。挣工资的年轻人和从事经济作物农业的个人开始独立于家族团体的要求。这种现象要具体达到什么程度才适中则是一个有争议的问题，但可以说这有点类似于资本主义将欧洲的个体从封建社会的限制中解脱出来，从那些自以为是的人施加的道德束缚中解放出来一样。然而，当非洲人的确

229

从繁重的家庭琐事中解放出来时，他所获得的是什么自由？他所能选择的其他方式受到殖民主义者的严格控制，他只能"自由"参与货币经济和以最低和缺乏创造性的水平参与欧洲文化部门的活动。

有一个更富有同情心的非洲历史学派认为，彻底否定殖民主义就是低估非洲人的创造性。他们说，非洲人勇敢地进入了劳动力市场，开始了经济作物的耕作，在某些情况下还有经商，涉足了教育领域，走进了教堂。然而，这些都只是对殖民者提供的选择做出的223 反应（尽管这些反应是激烈的）。一个人或个体所具有的真正的历史的主动性需要他们有权决定他们所想要前进的方向。在这个方面，非洲需要等到 20 世纪的 60 年代。

任何社会系统内，被压迫者都能通过自己的主动性找到一些回旋余地。例如，在美国和西印度群岛的奴隶制度下，非洲人就发现获得一些小的好处的途径和方法。他们会奉承和"哄骗"那些如此傲慢和固执的奴隶主，这样后者就很容易被愚弄。同样，许多非洲人在殖民主义的制度下也玩起了能确保他们获得一些小优势的游戏。担任翻译、警察和法院官员职位的非洲人在对付欧洲人上经常有他们自己的方式。然而，这不应该被误认为是权力或政治的参与或行使个人的自由。在奴隶制下，权力掌握在奴隶主手中：在殖民主义制度下，权力掌握在殖民主义者手中。非洲不同国家权力的丧失意味着每一个人自由的减少。

殖民主义对被殖民者而言是对自由的否定。相比资本主义对封建主义的改进而实现的少量的政治上的解放，殖民主义即使在量上也不可能给非洲人带来现代政治的解放。在政治方面，宗主国的资本主义包括宪法、议会、新闻的自由等。所有这些在运用到欧洲工人阶级身上时都是有限的，但它们从美国独立战争和法国大革命起就以某种形式或时尚在宗主国存在着。然而，法国殖民部前部长朱利斯·费里却解释说，法国大革命不是为非洲的黑人而战。资产阶级的自由、平等和博爱不是为了殖民地的臣民。必须用刺刀、骚乱法和炮舰来对付非洲人。

社会、政治和经济后果的负面特点

到目前为止，争论主要是表明从殖民主义获得的好处非常少，这些好处并非殖民主义者带来的礼物，绝大部分来自于非洲人的劳动和非洲的资源。事实上，殖民主义者所称的"非洲的发展"是"为发展欧洲资本主义而对非洲殖民地剥削的加剧"的一种愤世嫉俗的简单表述。以上分析已经超出了针对许多虚假断言的分析，这些断言主张欧洲使非洲在社会秩序、民族主义与经济现代化方面得到了发展。然而，所有这些论述都不允许得出殖民主义对非洲的发展 224 有负面影响这样的结论。之所以提出殖民主义是消极的这一观点，是为了引起大家注意：以前非洲的发展是如何被弄迟钝的、如何被停止的以及如何被扭转倒退的。对于这种中断和封锁，没有引入任何补偿价值来弥补。

殖民统治在非洲的大部分地区持续了超过 70 年。这在历史发展长河中是极其短暂的。然而，正是在这些年里，世界其他地区所发生的变化比以往任何时候都大。正如我们已经说明的那样，资本主义国家彻底改变了他们的技术，走进了核时代。同时，社会主义开始形成，将俄国经济从半封建半资本主义的水平提升到持续增长高于资本主义国家曾经经历过的水平。中国和朝鲜的社会主义也是同样——确保了国家的独立和富强，同时以一种远比以前公正的方式来重新组织社会内部安排。需要与这些具有决定性的变化进行比较，我们才能衡量在非洲发生的事件。在其他人飞跃前进时原地踏步甚至缓慢行动无疑等同于倒退。当然，相对而言，与它的殖民者相比，非洲在政治、经济和军事等领域的处境更加不利。

殖民主义短期的专断以及对于非洲的负面后果归根于非洲失去权力这一事实。权力是人类社会最终的决定因素，是任何群体内部和群体之间关系的基础。这意味着捍卫个人利益的能力，如果需要

231

的话，可以不择手段地达到个人意愿的能力。在人与人之间，权力问题往往决定谈判时的灵敏性，即一个人尊重其他人利益的程度，同时，最终是作为一个物质和文化实体的人生存的程度。当一个社会发现自己被迫将权力完全放弃给另一个社会时，这本身就是一种不发达状态。

在殖民主义以前的贸易时期，尽管与欧洲人经商处于不利地位，但非洲仍然保留着对社会、政治和经济生活的控制。在殖民主义制度下，对内部事务的这种小的控制彻底消失。殖民主义比起贸易来更进了一步。这意味着欧洲人直接占用非洲社会体系的趋势。非洲人不再树立本土文化的目标和标准，同时全面丧失了训练非洲社会年轻人的指挥权。这无疑都是大倒退。

225　　突尼斯人艾伯特·梅米（Albert Memmi）提出以下命题：

> 被殖民者遭受的最严重打击是其被人从历史和社会各界抹去。殖民化篡夺了在战争或和平中自由的角色，每一个决定均为了其目的和世界，以及所有文化和社会的责任。

这一陈述乍一看上去可能以偏概全，但却完全正确。殖民主义代表着丧失权力，逻辑上随之而来的是从历史上被清除。能独立行动的权力是在历史上积极参与和受到承认的保证。除具有最被动的意义之外，被殖民化就是被清除出历史舞台。非洲作为一个被动主体的这一事实的鲜明例子是，殖民地的非洲被看作是一个吸引白人人类学家来学习的"原始社会"。殖民主义认为非洲人不再是历史的创造者，而是被看作放在显微镜下进行观察和检查具有不寻常特点的甲虫之辈。

从政治方面来看殖民主义的负面影响相当具有戏剧性。一夜之间，非洲政治国家失去了权力、独立和意义——无论是大的帝国或小的政治国家。某些传统的统治者被安放在了办公室，同时部分保留了一些王国的正式结构，但政治生活的性质也完全不同。政治权力被外国统治者掌握。当然，许多非洲国家在前几个世纪就经历了

第六章 作为使非洲欠发达的资本主义制度

生长和衰落的周期。但是殖民统治不同的是，只要这种情况持续下去，没有一个非洲国家能够得到蓬勃发展。

具体而言，我们必须注意到殖民主义用武力征服了北非尚存的封建国家；法国摧毁了西苏丹的大部分伊斯兰国家，以及达荷美和马达加斯加诸王国；英国灭亡了伟大国家如埃及、马赫迪苏丹（Mahdist Sudan）、阿散蒂、贝宁、约鲁巴王国、斯威士兰、马塔贝莱兰（Matabele land）、洛齐（Lozi）和东非大湖区诸王国。我们还应该注意到，比利时、葡萄牙、英国、法国、德国、西班牙和意大利将许多较小的和不断发展的国家从非洲的地图上抹去。最后，那些似乎是幸存的国家只不过是创造的傀儡。例如，从 1912 年开始，摩洛哥素丹名义上保留在殖民主义的统治下；突尼斯贝伊（Bey）是同样的情况；但是，摩洛哥和突尼斯就像邻近的阿尔及利亚一样，更多是在法国殖民地官员的权力控制之下，封建统治者被清走了。

有时，那些被当作外国殖民统治代理人的非洲统治者很明显只是一些傀儡。法国和葡萄牙习惯于选择他们自己的非洲"酋长"（Chiefs）；英国到了伊博兰（Iboland）后发明了"授权酋长"（Warrant chiefs）；所有的殖民统治者都发现创建"优秀的"（Superior）或"至高无上的"（Paramount）统治者很方便。通常，当地人都很憎恨和鄙视这样的殖民地傀儡。还有一些传统的统治者如索科托的素丹、布干达的卡巴卡以及阿散蒂的阿散蒂赫内，他们在非洲人眼里都留下了很高的声望，但他们不能在殖民主义统治制定的狭窄的边界之外行使权力，以免他们发现自己在塞舌尔群岛成为"英王陛下政府的客人"。

我们可以说殖民统治意味着在整个非洲大陆有效地根除非洲的政治权力，因为利比里亚和埃塞俄比亚在整个非洲大陆的殖民主义环境中难以作为独立的国家。特别是利比里亚，不得不屈从于外国的政治、经济和军事压力，那是一个真正独立的国家不能接受的；尽管埃塞俄比亚一直到 1936 年都坚持不屈服，但是大多数欧洲资本主义国家并不倾向于把埃塞俄比亚作为一个主权国家，主要是因

226

233

为它属于非洲，而非洲人应该是殖民地臣民。

非洲政治发展的停滞模式具有的一些特点，只有在将殖民主义者遮在其臣民眼睛上的眼罩取走并进行仔细推敲后才能够看清。一个有趣的例子是妇女在社会中的作用。直到今天，资本主义社会仍未能解决男女之间的不平等，这种不平等已经根植于社会主义之前的所有的生产模式之中。非洲的殖民主义者偶尔在口头上宣称要提高女性的教育和使女性获得解放，但客观上殖民主义统治使妇女的地位更趋恶化。

对于在独立的前殖民地的非洲女性作用的一个现实的评估显示了两种不同但又彼此联系的倾向。首先，女性受到了一夫多妻制下男性的剥削，这种安排设计是为了获得女性劳动力。一直以来，有剥削就会有压迫；有证据证明，女性有时被当牛作马，伊斯兰的非洲社会就有这样的例子。然而，有一个与之相反的倾向，在所有的非洲社会不论程度大小都要确保女性的尊严。母权是非洲社会的普遍特点，特别是妇女，由于她们是继承权的关键，因而她们享有各种特权。

然而，更重要的是，有些妇女掌握着真正政治意义上的权力，她们或是通过宗教或是直接通过政治—宪制的设计来行使权力。在227 莫桑比克，恩古尼国王的遗孀成为女祭司，负责她已故丈夫埋葬地点的圣殿的设置，同时，继位的君王还要向她请教所有的重要事项。在极少数的情况下，女性实际上是国家的元首。在德兰士瓦的洛维杜人（Lovedu of Transvaal）社会中，关键人物就是造雨皇后（Rain-Queen），掌握了政治和宗教的功能。女性扮演的最常见的重要角色是"母后"或"母后姊妹"（Queen Sister）。在实际中，这个职位由女性皇族担任，例如在马里、阿散蒂和布干达，她们有可能是在位国王的母亲、姐姐或姨。这种女性的影响相当大，在有些场合，"母后"掌握了实权，而男性国王只是一个傀儡。

在殖民主义制度下的非洲妇女，她们的社会、宗教、宪法和政治特权和权利均已消失，而殖民地经济剥削仍在继续，往往日益加剧。这种加剧是因为根据性别的劳动分工经常遭到破坏。传统上，

第六章　作为使非洲欠发达的资本主义制度

非洲的男人除了进行战争和狩猎，主要从事砍伐树木、开垦土地、建造房屋等繁重的劳动。当他们要外出就业，不得不离开他们的农场，女人们为了自身、孩子们甚至是男人的生存——特别是就食物方面而言——仍然要承担起每个任务。此外，由于男性比女性更容易而且更多地进入挣钱的部门，因此，在殖民主义新的价值体系中，妇女的工作比男性的工作要下等得多：男人的工作更"现代"（modern）化，而女人的工作更"传统"（traditional）和"落后"（backward）。因此，非洲妇女地位的恶化与非洲作为一个整体的社会政治权力的损失捆缚在一起，同时也与丧失设定衡量工作优劣的本土标准的权利捆缚在了一起。

非洲殖民地最重要的历史性中断和停滞的表现形式之一，通常是出现在"部落主义"（tribalism）的标题之下。这个术语，在常见的新闻背景里，被理解为非洲人对于部落而不是国家具有一种基本的忠诚度，同时，每个部落对于其他邻近的部落仍保持着一种基本的敌意。资本主义出版社和资产阶级学术界最喜欢使用的实例就是刚果和尼日利亚。他们的描述建议欧洲人尝试在刚果和尼日利亚再制造一个国家，但他们失败了，因为各个部落有着历史悠久的深仇大恨；而且，一旦殖民统治离去，当地的人们就回归到互相残杀的境地。针对这一现象，欧洲人会描述为返祖现象（atavism），用以解释非洲人返回到了原始野性的概念。即使是那些对非洲过去做过的粗略的调查也表明这样的断言正好与真理背道而驰。

有必要简单地讨论一下"部落"一词包括些什么内容，在本 228 文的分析中已经避免了这一词语，一方面是因为它通常带有贬义的内涵，另一方面是因为它的模糊性和在有关非洲的文献中所采用的一种很不准确的表达方式。按照家庭生活的原则，非洲人根据共同的祖先组织成群体。从理论上讲，"部落"就是人们从遥远的过去所共有的祖先而形成的最大的群体。通常，这样一个群体可以说是同一民族的后裔，他们的语言也有着诸多的共同点。除此之外，一个"部落"的成员很少属于相同的政治团体，同时，所有成员在如贸易和战争活动方面的社会目的也很不同。相反，非洲国家有时是完全基于某一族群（通常的情况）或是不同的民族成员融合的群体。

19 世纪所有的非洲大国都是多民族国家，这些国家的不断扩张使"部落"忠诚之类成为过去，取而代之的是国家和阶级的纽带关系。然而，世界各地用国家和阶级的关系替代纯粹的种族关系是一个漫长的历史过程；在很长一段时间里，在一定的区域，总有一些从血缘关系、语言到文化都忠诚于自己狭窄地区的人。在亚洲殖民统治之前的数个世纪中，封建国家如越南和缅甸都取得了不同程度的国家统一性。但仍然还有一些"部落"或"少数民族"保留在民族国家的有效范围和民族经济与文化之外。

首先，殖民主义阻碍了民族团结的进一步发展，因为它摧毁了一些亚洲或非洲国家，而这些国家正是对分裂的忠诚度进行成功清算的行为体。其次，归为"部落主义"名下的对族群和地域的忠诚不能在殖民国家有效地解决，因此，他们往往以不健康的形式生长。事实上，殖民列强有时意识到挑起"部落"内部嫉恨的价值，因为这可以避免被殖民者来对付他们与欧洲霸主的主要矛盾，这就是经典的分而治之的把戏。当然，比利时人有意识地在培养这种情况；南非白人种族主义者在 20 世纪 50 年代制定出了一个周密的计划，在那些受压迫的非洲人中间"发展"祖鲁人、科萨人（Xhosa people）和索托人，从而使向非洲国家和阶级团结发展的进程停下来，甚至出现倒退。

尼日利亚的内战一直被视为一种部落争端。接受这样的观点就229 意味着将部落的定义扩展到覆盖壳牌石油和海湾石油！但是，除此以外，必须指出的是，在尼日利亚前殖民主义的独立历史上，没有人可以说出由豪萨人制造的伊博人大屠杀，或有关 19 世纪以前任何种族原因引起的互相争斗的事件。当然也会有战争，但这些战争都是基于贸易竞争、宗教纷争和冲突，以及政治扩张的合理基础之上。后来在尼日利亚政治独立的新时代开始时被称为"部落主义"的现象，本身就是一个将人们聚集在殖民主义统治之下以便于剥削

第六章　作为使非洲欠发达的资本主义制度

的方式的产物。这是一种统治机构的产物，一种根深蒂固的区域隔离产物，一种特定族群进入殖民地经济和文化的不同通道的产物。

非洲东部的乌干达和肯尼亚也处在这种情况，即部落仍然被假定为首屈一指的因素。毫无疑问，巴干达王国存在于独立的乌干达之中，一定会有某些问题的出现。但是，即使将部落的定义误用到巴干达之后，事实仍然是真实的，即巴干达的问题是一个殖民地问题。它是由传教士和英国人的出现而制造的，由英国人1900年在乌干达的（梅罗）定居地而制造的，是由英国人在乌干达殖民地将巴干达统治阶级当作"次帝国主义者"制造的。

由于白人殖民者的存在，肯尼亚的殖民主义模式与乌干达的不同。任何非洲群体都不会被允许在殖民办公室具有士官的权力，因为这个角色须由白人殖民者自己承担。白人殖民者拥有最好的土地，并试图使用非洲劳动力创造出一个新世界。然而，在白人移民部门以外的非洲社区还是延续着部落关系。英国殖民统治的皇家委员会之一在1934年发表了一份有关肯尼亚的报告。一位当代肯尼亚历史学家对该报告的评论如下：

> 这一被英国政府接受的委员会的建议表明肯尼亚应被划分成两个种族区域，非洲区和欧洲区。在非洲区，所有的经济、社会和政治的发展都应该按照部落这一条线来进行。因此，种族主义已经制度化了。

在只有亲属关系连接起来（如部落）的小团体内的人类活动是一个非常短暂的阶段，所有各大洲的社群主义的阶段都是通过这种关系度过的。当这一阶段在非洲不再短暂而制度化时，这是由于殖民主义中断了非洲的发展。这也就是梅米在谈到非洲人被清除出历史时的参考含义。非洲的革命思想家如弗朗兹·法农和阿米尔卡·卡布拉尔谈到殖民主义使非洲人成为历史的对象时通过不同方式表达了同样的感慨。被殖民的非洲人就像前殖民地的非洲奴隶一

230

237

样，被推到适合欧洲人利益但有损非洲及其人民的位置。下面将继续探讨这种情况所产生的更深的社会经济影响。

前殖民地的贸易已经开始有一种非洲经济解体和技术贫困化的趋势。殖民主义统治加速了这一趋势。常常说起的一个故事是，为了从英国殖民地"黄金海岸"的阿克拉打一个电话到法国殖民地"象牙海岸"的阿比让，必须先接通伦敦的一个接线员，然后与巴黎的接线员接通，再接通阿比让。这反映的一个事实是："黄金海岸"的经济纳入英国的经济，同时"象牙海岸"的经济整合到了法国经济，而邻近的非洲殖民地几乎不存在有效的经济联系。联合国非洲经济委员会在1959年得出的以下结论直指要点。

> 非洲运输系统最突出的特点是，这些系统相对来说比较孤立，尽管它们已经在各个国家和地区的范围里得以发展。这也反映了在同一地理次区域内的国家和地区之间缺乏联系。

有些非洲贸易跨越殖民地边界存在。例如，从西非森林运到北非的可乐果和金矿，这些具有几个世纪的悠久历史的贸易从来就没有完全停止过。此外，还开发了一些非洲贸易的新形式，特别是为那些食物不足的城镇或经济作物区提供食品。这种形式的贸易完全可以在一个群体或跨越殖民地的边界来进行。然而，扩大非洲内部贸易的总能量相对出口导向型的贸易总额而言要小得多。由于非洲内部的这种贸易并没有给欧洲人带来好处，因此这种贸易得不到欧洲人的鼓励。到殖民主义后期，非洲的内部贸易只占10%。

值得一提的是，非洲被剥夺了与欧洲和北美之外的世界其他国家和地区开展健康贸易联系的权利。有些贸易持续跨越整个印度洋，但总体上我们这样来说是公平的，即非洲的道路是通向海港的，而航道是通向西欧和北美的。这种片面性是今天欠发达和依附性模式的一部分。

231　　资本主义在殖民主义时期对非洲技术的破坏性影响比早些世纪可以更清楚地衡量。尽管存在奴隶贸易和欧洲货物的进口，大多数

第六章 作为使非洲欠发达的资本主义制度

非洲手工艺行业在殖民地开始时仍然具有活力。它们没有获得技术的进步，它们也没有扩大，但它们得以幸存下来。资本主义最近阶段的大规模生产几乎消灭了非洲的布匹、食盐、肥皂、铁甚至陶器制作等。

北非的手工艺行业，从黄铜到羊毛领域，在前殖民主义时期有了很大的进步。正如在封建主义时期的欧洲的城镇一样，手工作坊在阿尔及利亚城镇如奥兰（Qran）、君士坦丁、阿尔及尔和特莱姆森（Tlemcen）等地到处兴盛。但法国殖民主义摧毁了手工艺行业同时使成千上万的工匠失去了工作。同样的事情也发生在欧洲本身，新机器的出现使兰开夏和里昂等地方的工匠失业，但在这种情况下，新机器成为占主导地位的生产方式，以前独立的工匠作为掌握不同技能的无产阶级又回到工厂，他们同时扩大了社会的生产能力。非洲出现的这种状况只是破坏而无救济。实现政治独立时，迫于求生的技术工匠已经转向吸引游客而不是为满足非洲人民的真正的需求而工作。

此外，正如欧洲奴隶贸易一样，殖民主义对技术的破坏必须与在非洲创新道路上设置的障碍联系起来。绝大多数卷入殖民地货币经济的非洲人提供的仅仅是体力劳动，这种劳动刺激的是汗水而不是科学发明。与贸易相关的非洲人有时是以一种有限的方式获得成功。西非市场上女性的足智多谋是众所周知的，但这种资源却只用在了小的方面。对欧洲资本家和工人而言，用非洲的除虫菊来生产杀虫剂体现了技术就是力量。但是对非洲市场妇女来说，问题是如何从每一个进口的沙丁鱼罐头上多得到一便士的利润，她们有时多花一点气力，有时通过一点小欺骗，有时则诉诸"符咒"（"ju-ju"）来解决。

殖民主义使非洲铁匠放弃了从土壤中提取铁的过程而集中于从欧洲进口的金属屑片的加工。这种中断的补偿应该是为铁的提取及加工提供的现代技术。然而，从帝国主义制度下的国际劳动分工的基础出发，这些技术被禁止在非洲使用。正如前面我们所看到的，非洲的非工业化并非自身获得任何机会，而是一种故意实施的对非

232

洲机械技能转移的阻止，以防止这种转移在那个时代对欧洲行业产生竞争。

在前殖民主义时期，非洲有些地区的发展速度要比别的地区快，同时这些区域为广大地区的发展提供了一个核心基础。尼日利亚北部就是其中之一；实际上，它在殖民地时期就进入了休眠状态。英国人将它与伊斯兰世界分离开来，同时使社会关系僵化，这样，农奴在以损害掌权的贵族为代价的情况下也未能获得任何改变。

在每一个大陆的民族国家里面，一些发展方面总是比其他方面更优秀，从而可以引导社会的其他方面。在欧洲的封建社会后期，城镇就扮演了这样的角色，而电力工业就是在20世纪最初几十年的宗主国资本主义社会发展中具有相似性的促进作用的例子。殖民主义没有给非洲带来真正的增长点。例如，在非洲的殖民地城镇基本上是行政中心，而不是行业中心。城镇也吸引了大量的非洲人，但给他们提供的只是基于非技术和非正规就业的不稳定的生活。欧洲城镇有贫民区，但在欠发达的国家，城镇的贫困是一种特殊的现象。这是那些城镇不能发挥扩大生产基地作用所带来的后果。幸运的是，非洲在这方面没有亚洲和拉丁美洲的情况那样糟糕。

殖民活动如采矿业和经济作物种植不是加速了增长，而是加快了"传统的"非洲生活的衰变。在非洲大陆的许多地区，文化的重要方面受到了负面影响，却没有更好的替代品，留下的只有一个没有生命的躯壳。在殖民主义背后的资本主义势力只是对剥削劳动力感兴趣。甚至有些没有直接参与货币经济的地区也出口劳动力。为了榨取这种劳动力，他们损害了那些对社会起支撑作用的因素，因为一旦非洲"传统"生活的习惯性劳动力和工作模式被剥夺，那就不再是"传统的"了。

在殖民主义时期的非洲中部和南部出现了许多人口稀少的村庄，只有妇女、儿童和老人。他们所从事的农业生产产量不足，殖民主义者将这些地区与经济作物种植区进行对比，后者相对而言比较繁荣。然而，正是殖民主义留下的影响，许多被遗弃和遭受饥饿的村庄才会存在，因为身体健全的男性劳动力到别的地方谋生去 233 了。任何被剥夺了有效劳动人口的地区都不可能得到发展。

在不同的殖民地存在着一些远离城镇和殖民管理机构的地方，他们既不种植经济作物也不提供劳力。例如，在苏丹南部，有些人继续过着与他们在过去几个世纪之前相似的生活。然而，即使是这样的传统非洲社会，发展余地也已不再存在。他们因殖民主义者对非洲大陆其他地方的控制而被孤立。他们无法与非洲的其他地区进行互动。他们日益受到货币经济增长的侵犯，他们越来越被视为历史的文物。这类历史发展遭到阻碍的典型例子可以在美国找到，那里的土著人口即遭白人屠杀而幸存的（"红色的"）印第安人被限制在保留地里并被置于停滞状态。在北美保留地生活的印第安人是活的博物馆，以供那些猎奇的白人游客参观。

在南非和罗得西亚，建立"土著保护区"（native reserves）的政策被公开遵守。在保护区里，主要的生产资料就是土地，但所划拨土地的数量和肥沃程度完全不足以满足被赶到这里的非洲人。这些保护区是廉价劳动力的储备场所，也是专门用来处理那些不能适应种族主义南部非洲的货币经济的非洲人的容纳场所。再往北，除殖民地的肯尼亚以及程度有限的坦噶尼喀外，就没有以"保护区"命名的地方，但货币经济仍在不断地将传统产业改造成同保护区一样落后。

殖民主义的货币经济是一个不断增长的部门，这是不可否认的事实。然而，我们前面已经表明，如果将大陆视为一个整体，这种增长是何等的有限。所谓的现代行业的增长对非货币部门施加的是不利影响。接下来将要强调在殖民统治下非洲增长的特点就是这种增长没有构成发展，即它并没有增强这个社会应对自然环境的能力、协调社会成员之间关系的能力以及保护人们免遭外部力量袭击的能力。这样的陈述已经隐含在对资本主义无法刺激非洲殖民地的熟练劳动力这一点里。一个妨碍技术积累的系统发展不了任何人或任何事。同时它也表明非洲被切割成相互之间没有任何关系的经济隔层，因此，即使在每个区域化的殖民地的商业活动 234

量可能增加，但与紧密联系在一起的美国各州相比，根本谈不上有什么发展。

最近，经济学家已经认识到在殖民时期和后殖时期非洲所具有的一种模式，这种模式被称为"没有发展的增长"。这个词组现在已经出现在有关利比里亚和"象牙海岸"书籍的标题上。这意味着某一类型的商品和服务都在增加。可能会有更多的橡胶和咖啡出口，接下来可能会有更多的汽车进口及其收益，同时可能会建立更多为汽车服务的加油站。但是利润流向了国外，而经济越来越依附于宗主国。在非洲殖民地没有经济的一体化，也没有任何使经济持续自给同时服务于当地自身发展目标的计划。因此，出现了所谓的"飞地"进口—出口环节的增长，但是得以发展的只是依附和欠发达。

在殖民主义统治下，没有发展的增长的进一步表现是对一种或两种出口品的依赖。术语"单一经济"（monoculture）用来形容那些只围绕单一农作物的殖民经济。利比里亚（在农业部门）就只是依赖于橡胶的单一经济，"黄金海岸"的可可、达荷美和尼日利亚东南部的棕榈、苏丹的棉花、坦噶尼喀的剑麻以及乌干达的棉花都是单一经济。在塞内加尔和冈比亚，花生占85%至90%的经济收益。实际上，这两个非洲殖民地被告知只能种植花生！

每一个农民都有自己的主食，加上各种其他的补充物。历史学家、农学家、植物学家都在努力表明前殖民时期的非洲经济具有种类繁多的食物。有大量的农作物在非洲大陆被种植，还有几种野生食物（特别是水果），同时非洲人在采用亚洲或美洲有用的食用植物方面毫不保守。多样化的农业植根于非洲的传统。单一经济是殖民主义的发明。

那些为殖民主义的劳动分工辩解的人认为这种分工是"自然"的，并对宗主国和殖民地专业化的相对能力表示尊重。欧洲、北美和日本能够专注于工业，非洲能够专注于农业。因此，这就产生了世界上一部分人生产机器的"比较优势"，而另一部分人只能从事简单的土锄文化。那种傲慢的世界分区并不是新出现的。在15世

第六章　作为使非洲欠发达的资本主义制度

纪，葡萄牙和西班牙的封建君主想将整个世界揽入囊中，他们找到了教皇，在地球上画了一条线来进行分配。但是英国、荷兰和法国却表示他们都不相信亚当会留下一个将地球分给葡萄牙和西班牙的遗嘱。以同样的方式，我们也可以质疑，是否有任何圣约表示冈比亚河应该继承花生的生长而克莱德河（苏格兰）应该成为一家造船厂。

对于单一经济来说，没有什么是"自然"形成的。这是帝国主义的要求和阴谋的结果，这种情况延伸到名义上是政治独立的区域。单一经济是帝国主义统治下的区域特征。在拉丁美洲的某些国家如哥斯达黎加和危地马拉，受迫于美国的资本主义企业，不得不大量种植香蕉，人们轻蔑地称它们为"香蕉共和国"。在非洲，这种集中在销往国外的一种或两种经济作物产生了许多有害的影响。有时，经济作物的种植排斥了粮食的生产而造成了饥荒。例如，在冈比亚，水稻种植在前殖民地时代非常盛行，但由于那么多肥沃的土地被转种花生，不得不尝试大量进口水稻，造成的事实是饥荒成为地方病。在阿散蒂，对可可的专注使那些居住在原先以薯蓣和其他食品著名的地区的人们担心起了饥荒。

然而，相比单一经济的极端脆弱性和不安全感来说，饥荒的威胁还只是一个微小的缺点。当农作物受到内部因素如疾病的影响时，就会造成压倒一切的灾难，例如，20 世纪 40 年代，"黄金海岸"的可可就受到了肿芽病的打击。此外，价格波动（这是由外部控制的因素）使非洲生产者面对资本主义的策略无能为力。

从资本主义的角度来看，单一经济最受他们自己欢迎，因为这样他们就能使殖民地经济完全依附于其产品的宗主国买家。在欧洲奴隶贸易结束时期，只有少数非洲人完全致力于资本主义的货币交换，完全依赖于欧洲的进口，同时愿意不惜一切代价来维持与欧洲的关系。殖民主义增加了非洲人的依赖性，不仅在纳入货币经济的人数方面，同时在非洲的社会经济生活中的许多方面，这些方面使其生存源于与宗主国的联系。由此，出现了荒谬的现象，欧洲的贸

236 易公司、矿业公司、船务公司、银行、保险企业和种植园都来剥削
非洲，同时非洲人认为没有这些资本主义服务就没有钱或欧洲货物
的到来，因此非洲欠了他们的剥削者的债！

人们可以在殖民地生活的方方面面感觉到依附因素的影响，
它可以被视为殖民主义在非洲留下的社会、政治和经济消极后果
中的最大恶习，它使殖民关系进入所谓的新殖民主义时代仍得以
延续。

最后，我们必须要注意殖民主义对非洲发展所造成的最重要的
后果，就是对作为一个物种的非洲人发育不良的影响。殖民主义不
仅为导致周期性的饥荒创造了条件，而且也为慢性营养不良以及非
洲人的营养失调和体质恶化创造了条件。如果这种说法听起来有点
过分，那只是因为人们已经习惯了资产阶级的宣传，这种宣传使非
洲人也认为饥饿和营养不良是非洲人自古以来就有的自然现象。一
个有着清晰可见的肋骨、巨大的头、臃肿的肚子、凸出的眼睛和像
小树枝一样细的胳膊和大腿的黑人孩子形象，是被称为乐施会
（Qxfam）的英国大型慈善行动在海报上最喜欢采用的形象。这种
海报代表的是一例夸希奥科病（kwashiorkor，蛋白质缺乏综合
征）——极端恶性营养不良。乐施会呼吁欧洲人民拯救饥饿的非
洲以及亚洲孩子，使他们免受夸希奥科病以及类似疾病。乐施会没
有良心发现地告诉欧洲人：首先是资本主义和殖民主义造成了饥
饿、痛苦和孩子们的苦难。

巴西科学家若乔舒·德卡斯特罗（Josue de Castro）曾对世界
范围内的饥饿现象作了一个极好的研究。它包含独立的非洲人在前
殖民地国家或不遭受资本主义压力的社会中大量的有关健康状况和
食品的数据；然后将这些数据与殖民时期的条件进行比较。该研究
令人信服地表明，非洲的饮食在以前是更加多样化的，因为它的基
础是比殖民主义下更多元化的一种农业。尤其从营养不足来看，在
殖民统治下那些遭受最严重的营养不足的非洲人是那些完全被带入
殖民地经济之中的人，即城市工人。

为了避免质疑，以下列出了德卡斯特罗的几个结果（偶尔有

其他的数据作补充）。

（1）研究过"原始"非洲人在热带非洲营养状况的调查人员一致认为，非洲人没有表现出饮食缺乏的临床症状。非洲土著饮食最突出的优势标志就是他们牙齿的良好状况。一位研究人员在肯尼亚的六个族群中找不到一个有蛀牙的病案，也找不到一例单一变形的牙床。但是，一旦这些人进入殖民主义的统治，吃上"文明"的饮食，他们的牙齿马上开始变坏。

237

（2）在埃及，农夫一直受周期性饥荒的困扰，但在殖民主义统治下，这种困扰恶化成为慢性饥饿。这是由于英国的干预破坏了农民饮食的平衡；而与早期数据的比较表明，农民的饮食含有更多的各种豆类和水果。

（3）随着非洲人与欧洲人接触的时间的延长，夸希奥科病（乐施会海报上的）愈发明显。殖民帝国的一个营养委员会发现在冈比亚严重缺乏动物脂肪和蛋白质。优质蛋白质的缺失是造成夸希奥科病的主要元凶之一；再与欧洲人自从 15 世纪以来看到的冈比亚的数据进行比较，结果表明白人到来之后就发生了改变。早期的冈比亚不仅拥有各种食品，它也是畜牧业国家，具有相当大的肉食品消耗量。在 17 和 18 世纪，每年有成千上万的牛皮销售给欧洲的买家，同时当地人吃牛肉。如此这般，他们如何可能遭受动物脂肪的缺乏！

（4）对赤道非洲的研究表明，当非洲人进入殖民者的服务行业时，由于新鲜食物的缺乏而引起的营养不足的迹象频繁出现。这些迹象包括脚气、佝偻病、坏血病。佝偻病是一种典型的温带气候疾病，主要是缺乏阳光造成的。在殖民主义破坏了非洲热带地区食物的消费模式以后，连太阳光都不足以让儿童的骨骼挺直。对于坏血病来说，它与一个外号叫"英国佬"的英国水手密切相关，由于他长期在海上航行，缺乏新鲜食品，因而他通过吃酸橙来预防坏血病。然而，不幸的疫情暴发在殖民主义时期坦噶尼喀中部的金矿工人之中，他们的工资和工作条件不允许他们获得新鲜的柑橘和其他的营养饮料。

（5）在南非，白人和资本主义把非洲的饮食从肉类和谷物转
238 化成只依赖于（玉米）粉状餐。直到1914年糙皮病（pellagra）或
"皮肤粗糙"才在南非出现。随后，这种病成为非洲人的一个祸
害，它的出现是由于牛奶和肉类的缺失。

（6）官方的一份有关巴苏陀兰（Basutoland，今莱索托）的
报告曾这样说："根据长期居民的生存状况，今天巴苏陀兰人的
体质与健康不如他们从前的状况好。在每一个村庄、药房、学校
和征兵办公室都可以看到营养不良。较轻的坏血病和亚坏血病的
状况并不少见；糙皮病发生得越来越频繁，人们对疾病的抵抗力
日益降低。人们普遍认为麻风病的发生就是与有缺陷的饮食
有关。"

为了就殖民主义对非洲人（包括心理）产生了有害影响达成
一致意见，有必要指出有些非洲人直到今天他们的食物仅能维持
生存。马萨伊牧民（Masai pastoralists）、盖拉人、安科利人、巴图
西人和索马里人都属于这一类。他们的体质一般都很出色，他们的
抵抗力和耐力都很好，他们因此而成为科学研究的对象，以找出他
们比那些死于心脏病的"吃饱喝足"的资本家的身体好得多的
原因。

按照流行的资产负债表来解释殖民统治的概念，仍然有必要关
注欧洲在非洲的创新如现代医学、临床手术和免疫等。尽管在运用
上受到量的限制，但否认这些客观的积极特点是荒谬的。然而，必
须将这些与殖民主义给非洲所有领域带来的诸多挫折进行比较，也
应与非洲对欧洲做出的贡献进行比较。欧洲的科学满足自身社会的
需求，特别是那些资产阶级的需求。资产阶级没有遭受过饥饿。因
此，资产阶级的科学没有把这些东西当成需求来考虑和克服——他
们连自己工人的需求也不考虑，更不用说来考虑非洲人的需求。这
只是一般原则中的一个特例，即对于非洲的剥削是为了在非洲和资
本主义的欧洲之间创建更大的差距。剥削和比较劣势是欠发达的组
成成分。

教育的欠发达

在任何类型的社会，教育对其社会成员的生存和社会结构的维护至关重要。在某些情况下，教育也促进了社会的改变。大部分的 239 教育是非正规的，即年轻人从老人的例子和行为中获得。在正常情况下，教育的发展源于环境；学习过程与社会工作方式直接相关。在当时的北罗得西亚的奔巴人中间，六岁的孩子可以毫不迟疑地说出五十到六十种树木的名称，但他们对于观赏的花卉则知之甚少。解释这种现象的原因很简单，树木的知识在"砍伐和燃烧"的农业环境中是必要的。同时，他们生活在一种许多家庭必需品都来自树上的环境下。然而，花卉与他们的生存并不相关。

事实上，非洲的前殖民地教育最重要的方面是与非洲人的相关性，与后来所引入的东西形成了鲜明的对比。我们认为非洲本土教育的以下特点是非常杰出的：与社会生活在物质和精神上的密切联系，它的集体性，它的多面性，及与孩子的身体、情绪和心理发展阶段的连续一致性。教育和生产活动或体力和脑力教育之间的任何部分都不可分离。总之，主要是通过非正规的方式，前殖民地的非洲教育与前殖民地的非洲社会现实相匹配，从而产生了能够完全适应这个社会的全面的个性。

非洲教育在有些方面是正规的：也就是说，有一个具体方案以及教师和学生之间的区分。前殖民非洲的正规教育直接与该社会的目的有关系，正如非正式教育。教学计划限制在每个人生活的一定时期，特别是入门或"成年期"。许多非洲国家有男性或两性割包皮的礼仪习俗，在举行仪式的前一段时间会安排一个相关的教学计划。涉及的时间长度可能会从几周到几年不等。有关后者的一个著名的例子是塞拉利昂波罗兄弟会（Poro brotherhood）的启蒙学校。人们在人生的后期也会享受正规教育，如有时从一个年龄等级到另一个年龄等级或是加入一个新的兄弟会等。有些特殊的技能，如狩猎、举办宗教仪式以及医学实践肯定要参与家庭或氏族的正规教育。这样的教育实践可以追溯到非洲的社群时代，但在更发达的非洲封建和前封建社会里仍然存在，在殖民主义的前夕，我们也能找到这种教育的踪迹。

随着非洲的生产方式走向封建主义，教育模式也出现了新的功能。例如，有了更正规的专业化的教育，这是因为随着科技的进步，非正规教育向正规教育转化的比例在增加。除了打猎和宗教，劳动的分工为那些需要传承的技术如铸铁、皮革制作、织布、陶瓷成型、专业贸易等创建了相应的行会。正如前面引用的达荷美、卢旺达和祖鲁的例子，对军事力量的强调也导致了该领域的正规教育。一个统治阶级掌握的国家总是通过修史来美化统治者的权力。因此，在 19 世纪克图（Ketu）的约鲁巴王国，就有一个教历史的学校，一位老师训练他的学生牢记一长串克图国王的名字以及他们取得的成就。当然，这种教育的方式严重受到个人记忆限制的影响，这就是有书写传统的非洲国家的教育更为先进的原因。

在尼罗河沿岸、北非、埃塞俄比亚、西苏丹以及非洲东海岸，只有少数的非洲人具有读写能力，这种情形可以与 19 世纪后半期之前的亚洲和欧洲相比。正如世界的其他地方，非洲的读写能力与宗教有关，在伊斯兰国家有可兰经教育，同时，埃塞俄比亚基督教教育的目的是培养教士和僧侣。伊斯兰教育在基层得到了特别广泛的普及，在中学和大学的水平也进行这种教育。埃及的爱兹哈尔大学、摩洛哥的非斯大学以及马里的廷巴克图大学，这些都见证了非洲在殖民入侵之前教育所达到的水准。

殖民者没有把教育引进非洲：他们只是引进了一套新的正规教育机构，这些机构部分补充部分替代了那些原来已有的机构。殖民体系也刺激了相当于一种新的非正规教育的价值观念和做法。

殖民地学校系统的主要目的是训练非洲人成为在当地政府的行政管理中最低级的管理者，以及成为欧洲人开设的私人资本主义公司里的员工。实际上，这意味着选择少数一些非洲人参与把非洲大

240

第六章 作为使非洲欠发达的资本主义制度

陆作为一个整体来进行的统治和剥削。这不是一种考虑非洲环境发展的教育体系，或是为了促进物质和社会资源最合理使用的教育。这种教育没有给年轻人带来作为非洲社会成员的自信心和自豪感，而是一种试图给人们灌输要尊重所有欧洲和资本主义事物的教育体系。欧洲的教育都是被资产阶级统治。同样的阶级偏见自动地转移到了非洲。更糟的是，受资本主义青睐的种族主义和文化鼓吹者也包含在殖民教育中。殖民地时期所受的教育是接受压迫和剥削的教育，以及导致精神错乱和导致欠发达状态的发展的教育。 241

欧洲式的学校教育体系在殖民统治的前四十年里是难以进行操作的。在这期间，传教士将他们自己基督化的目的赋予教育。在20世纪20年代，殖民列强对于在非洲进行教育的可能性展开了一系列的调查。此后，殖民教育具有系统性和可衡量性，这种殖民教育直到二战以后才达到最优化。

殖民教育存在着一系列的局限性。第一个具体限制就是政治金融性，这意味着政治政策主导着财政开支而不是由实际的可用资金来主导。宗主国政府及其在非洲的政府声称没有足够的钱用于教育。直到1958年，英国殖民部的官员是这样来描述北罗得西亚的：

> 有了更多的钱才可以为学校建设提供可能性，否则，不可能期望教育会有迅速的进展，同时为所有儿童提供完整的小学教育这一实际前景仍然遥遥无期。

令人惊讶的是，北罗得西亚具有巨大的铜矿财富，却没有足够的钱让非洲人享受教育！人们无法确定是殖民主义者试图欺骗他人，还是他们已经成功地欺骗了他们自己；但生活在罗得西亚的大多数有同样困惑的白人定居者可能是属于后者，他们坚持认为，非洲人没有像欧洲人一样按人头缴纳那么多的税款，因此非洲人不能期望从白人殖民者缴纳的税款中享受教育和得到其他的服务。这种认为一国的财富不是来自生产而是来自税收的想法是一种根本性的错误。

在北罗得西亚，非洲的土地和非洲的劳工生产了巨大的财富，但在殖民主义统治下的非洲儿童却很难以这些财富完成他们的学业。

正如前面所指出的，非洲大部分的剩余价值都外流了；同时留下的小部分作为政府的收入，投入到教育的部分所剩无几。与大量花在欧洲资本主义本身的费用相比，每一个殖民地的教育预算都非常少。1935 年，法属西非的税收总收入中，只有 4.03% 用于教育。在英国殖民地尼日利亚，只有 3.4%。截至 1946 年底，在肯尼亚的总收入中，只有 2.26% 用于非洲人的教育。到 1960 年，这些比例都涨了两倍、三倍或四倍；但是，由于起点是如此低，因此这些涨幅仍然都是微不足道的。

既然教育经费是这样少，接踵而来的是在数量上的限制，在这个意义上，很少有非洲人能到学校上学。在整个法属赤道非洲［乍得、中非共和国、加蓬和刚果（布）］，1938 年只有 22000 名学生能上学，这个数据还大大超过了过去五年的数据。1938 年法国为法属西非这个至少有 1500 万人口的地区的 77000 名学生提供了教育机会。应该指出的一个非常明显的事实是，1945 年，在法属西非有超过 80000 名学生上了独立的伊斯兰学校——比当时上法国人修建的学校的学生人数少不了多少。换句话说，直到殖民主义的最后阶段，欧洲的统治力量才开始为西非以前的伊斯兰国家的非洲人提供教育机构，并招收了比以前正规教育更多的非洲人上学。

偶尔，在西非和北非，法国政府会为读可兰经的小学和麦德雷萨（Medresas）（或伊斯兰教中学）提供经费支持。然而，总体上，前殖民地的非洲学校系统简直就是被忽略并呈现下降的趋势。在阿尔及利亚，阿拉伯语/伊斯兰教的学习机构在法国的征服战争中遭受了严重的创伤，而其他的教育机构在法国人获胜时也受到了有意的压制。在整个法属北非，旧有的伊斯兰大学遭受了困境，因为殖民主义剥夺了对于他们曾经拥有的经济基础的支持。至于非洲生活的其他方面，应该将殖民主义者的投入方面与其实际或潜在的终止和摧毁的方面进行比较。

就教育活动方面来说，英国殖民地平均而言显得要比法国殖民地做得稍微好一些，主要还是因为传教士的主动性，而不是英国政府本身的行为。就殖民地的教育而言，加纳、尼日利亚和乌干达已经发展得不错了。当然，这纯粹只是从相对意义上而言，而其所涉及的绝对数量还是很小。塞拉利昂的教育比法属西非的教育要好一些，因为在二战前每一百个孩子中就有七个孩子能上学，相比之下，在法属西非每一百个孩子中只有五个孩子能上学。就英国而言，它在一些殖民地的略为好一点的记录却被肯尼亚、坦噶尼喀、中部非洲以及长期以来处于英国责任下的南非的非洲人很差的教育设施抵销。

243

非洲殖民地教育系统被统计平均值所掩盖的局限是同一殖民地的不同地区之间的巨大差异。在许多殖民地，只有居住在主要城镇之中或居住在附近的非洲人才有享受教育的机会。例如，在马达加斯加，首都塔那那利佛才拥有最多的学校设施；在冈比亚，住在巴瑟斯特镇（Bathurst town）的人的文化水平高于住在镇外的人们的文化水平；在乌干达，城市化的布干达地区几乎垄断了教育。一般来说，教育水平的不均反映了经济剥削的不均匀性以及殖民地不同部分进入货币经济的不同程度。因此，在"黄金海岸"，北方领土被教育忽视了，因为他们没有为殖民者提供任何出口产品。在苏丹广大的南部地区，同样存在着类似的问题。在坦噶尼喀，地图上显示的主要的棉花和咖啡生产区，几乎就是地图上显示的有殖民教育的地区。这意味着，那些殖民者不能进行剥削的地区，甚至得不到任何教育的施舍。

人们越是从数量方面来仔细审视殖民主义对于教育的贡献，越可以看出这种贡献可以缩减为无足轻重。例如，我们要注意的是，这期间有很高的辍学率。大部分招收入学的学生都没有完成学业。在像美国这样的大资本主义国家，许多学生在学院或大学阶段辍学；在非洲殖民地，在小学就出现了辍学，辍学比率高达50%。那些接受小学教育的学生有一半人要半途而废。小学辍学，是因为几乎没有其他类型的学校，即缺乏其他中等的、专业性和大学教育，这也是当时存在的另一种绊脚石。

欧洲如何使非洲欠发达

在殖民地的学校接受教育的非洲人成了初级职员和邮递员。对于职员和邮递员而言，过多的知识是多余且危险的。因此，在殖民主义的大部分时期，中等教育和其他高等教育的形式几乎不存在。这方面的教育主要提供给了那些不是非洲人的人。直到 1959 年，乌干达花在每个非洲小学生身上的费用大约是 11 英镑，每个印度孩子是 38 英镑，每个欧洲孩子是 186 英镑——这种差异主要由于中等教育是为资本家和中间商的孩子们提供的。肯尼亚的歧视更严重，欧洲儿童的入学数量是最高的。1960 年，11000 多个欧洲儿童就读于肯尼亚学校，其中 3000 多人接受中等教育。阿尔及利亚殖民地也表现出相似的特征。1954 年，只有 20% 的中学生标明具有"穆斯林"特征，这实际上意味着从欧洲人群体中来区别"阿尔及利亚人"。其他少数民族的小孩也要比当地人的教育更好。例如，在北非的犹太人，尤其是那些在突尼斯充当中间商角色的犹太人，他们的孩子都受到过中等教育。

在那些没有很多白人移民的非洲国家里，也存在着在各种教育机会特别是高等教育机会方面具有种族主义的教育结构。1946 年，塞内加尔有 723 名高中学生，其中只有 174 名学生是非洲人。后来，在达喀尔建立了一个大学（为所有法属西非地区提供高等教育服务）；然而到 20 世纪 50 年代独立前夕，超过一半的大学生是法国人。

到目前为止，我们还没有提起葡萄牙，这是因为在其殖民地几乎没有任何教育可以进行谈论。多年来，根本就没有什么统计数据可言，即使是到殖民地时期结束时所发布的那些数据也往往是虚夸的。不可否认的是，在葡萄牙殖民地成长的非洲儿童，能够有百分之一的机会获得二年级或三年级以上的教育机会。当时设立的初中都是为欧洲人和印度人服务的，印度人主要来自果阿（Goa）。西班牙和意大利是在非洲占有小块领地的殖民主义列强。和葡萄牙一样，从欧洲资本主义的角度来看，他们也都很落后，他们为其殖民地的人民提供了少量的小学教育，而没有提供中等教育的机会。

就殖民地教育而言，比利时有些特殊。比利时虽然国家小，但

244

第六章　作为使非洲欠发达的资本主义制度

它是一个相对发达的工业化国家，它统治了非洲最富有的地区之一，即刚果。根据殖民地的标准，刚果人和卢旺达－布隆迪人可以获得一些初等教育的机会，但除了这种初级的教育之外，其他教育水平的机会他们几乎不可能获得。这是比利时政府和天主教堂所奉行的经过精心策划的政策所造成的后果。非洲的"土著人"应该逐步被开化，让他们接受初中教育与要一个正处于应该喂粥时期的孩子去咀嚼肉是一样的道理。此外，比利时人对于非洲人民群众的福利如此"关心"，以至于他们认为接受过良好教育的非洲人不能为自己的人民很好地服务！因此，直到1948年，比利时委员会才提议在殖民地为非洲人创办初中。不足为奇的是，当重新获得政治 245 独立时，在超过1300万刚果人口中只有16名毕业生。

　　教育工作者通常指的是"金字塔"式的教育，包括以初级教育为基础，向上经过中等教育、教师培训、高等技术以及大学——最后提到的范围太小，它可以用金字塔的顶端点来表示。在整个非洲，初级教育的基础面不宽，因而金字塔有些倾斜，因为接受过初级教育的学生很少可以再接受超过这一教育水平的教育。只有在某些英国的殖民地，金字塔中的明显的更高水平的大学教育才能真正完成。西非除了具有大学水平的福拉湾学院，还有阿奇莫塔和亚巴学院（Achimota and Yaba Colleges）。在殖民政权结束的前几年，伊巴丹大学和加纳大学也建立了。在苏丹，有戈登学院，后来发展为喀土穆大学，在东非有麦克雷雷（Makerere）大学。

　　以下为1958年的数据，可以用来说明南罗得西亚的教育金字塔，那里的非洲人教育做得不是很好。幼儿园的招生总量为22.7万人。在小学有7.7万人进入一年级，1万人进入六年级。开始有3000名学生进入中等教育，其中只有13人读到十二年级。在这一年里，没有一名非洲学生从建立不久的索尔兹伯里大学毕业，到1960年，有三位非洲毕业生。

　　最后，在有关欧洲提供给非洲的教育数量方面，我们可以用非洲国家新政权开始时的数据来说话。一些学者制定了一个有关教育的统计指数，用0到100的数字来评估从最落后到最先进的教育设施。在这个指标中，大部分非洲国家都低于10。发达的剥削者国家和社会主义国家通常都高于80。联合国教科文组织有一份关于在独立的撒哈拉以南非洲教育情况的出版物是这样描述的：

> 在这些人口（约17000万）中，有超过2500万的人达到了上学的年龄，而其中有将近1300万的人没有上学的机会——那些获得"特权"的1200万名学生中，只有不到一半的学生能够完成小学教育。每100名儿童中只有三名可以进入初中，然而在非洲本身只有不到千分之二的人有机会接受一些高等教育。估计总文盲率高达80%～85%，几乎是世界平均数的两倍。

白人帝国主义者使用上述证据将非洲人嘲笑为"土著文盲"，246 他们认为文盲是"贫困的恶性循环"的一部分。然而，同样就是这些人吹嘘他们教育了非洲。这很难让人明白他们如何能使两种说法都说得通。如果独立的非洲仍然没有享受到现代教育的好处（实际上就是这样），那么，75年的殖民剥削无疑与这种状态有关。当人们想想在这段时期内非洲生产了多少东西，而生产的这些东西又有多少用于发展欧洲资本主义社会的方方面面包括其教育机构时，这种荒诞性就更大了。因为利用非洲和非洲人发了财，塞西尔·罗得斯为在牛津大学学习的白人学生设立了一个巨额奖学金。

那些已经获得教育的非洲人面临着某些质量方面的问题。按照欧洲的标准来衡量，质量是很差的。书籍、教学方法和学科都是在19世纪引入非洲；同时，总体而言，殖民地学校一直墨守成规，对20世纪的发展漠不关心。被纳入到资本主义宗主国的新思路从未影响到殖民地。特别是，非洲的课堂没有涉及科学的巨大变化，因为没有几所学校给学生开设有关科学学科的科目。同样，高等职业技术教育的发展也没有在非洲殖民地有相应的变化。

将欧洲的教育移植到非洲的过程中出现了许多荒谬之处。当我们前面提到的奔巴人的孩子去学校时，他们根本没有接受过有关植

第六章　作为使非洲欠发达的资本主义制度

物生命的教学指导，否则他们会自己去熟悉。相反，他们获得的教育有关花和欧洲的玫瑰。几年前科菲·布西亚博士（Dr. Kofi Busia）坦诚地描述了以下的事实：

> 当我在初中（姆凡齐皮姆中学，加纳海岸角）一年级期末的时候，我回到我在文奇的家中过圣诞假期。我已经四年没回家了，同时就是那一次，我痛苦地意识到了我的孤独。我对我们的社区的了解比起很多与我同龄的那些从来没上过学的男孩要少得多。多年来，我读完学院进了大学，我越来越感觉到，我受到更多的是关于欧洲方面的教育，而有关我自己社会的教育越来越少。

最终的结果是，布西亚不太了解非洲社会，他提出独立的非洲人应该与那些在南非坚持种族隔离政策的少数法西斯/种族主义的白人进行"对话"。

殖民教育的内容和非洲现实之间的一些矛盾的确不协调。一个炎热的下午，一些处在热带的非洲学校里，一群乌黑发亮面孔的学生在听老师讲解春、夏、秋、冬一年四季变化的地理课。他们会了 247 解阿尔卑斯山和莱茵河，而对北非的阿特拉斯山脉或赞比西河一无所知。如果这些学生属于英国殖民地，他们会认真地写道，"1588 年我们打败了西班牙的无敌舰队"——正是在这一时期霍金斯盗窃了非洲人而女王伊丽莎白一世将他封为爵士。如果这些学生处在法国的殖民地，他们会了解"高卢人，是我们的祖先，他们的眼睛是蓝色的"，而且他们会相信"拿破仑是我们最伟大的将军"——就是这位拿破仑在瓜德罗普（Guadeloupe）的加勒比岛重新建立了奴隶制，而同样的事情却在海地受到了阻止，因为他的军队被一个更伟大的战略家和战术家，杜桑·卢维图尔（Toussaint L'Ouverture）的非洲人打败了。

在某种程度上，欧洲人没有考虑到非洲的现状而不假思索地将他们自己编写的课程应用到非洲；但他们经常故意这样做，旨在制造混淆和引起迷惑。1949 年底，坦噶尼喀的一个首席教育官员精心勾勒出一个教育纲领：对于这个殖民地的非洲人应该从小学开始就要对他们进行有关英国王室方面的大肆宣传。他说："（英国的）国王作为父亲的主题应该贯穿于整个教学大纲，在每一节课上都要强调。"他还敦促要展示给非洲儿童更多的英国公主和他们的小马在桑德灵厄姆和温莎城堡的照片。

殖民学校所谈论的有关非洲过去的状况都是欧洲在非洲的活动。这种趋势现在已经完全逆转了，当代的非洲学生会对于那些抱有是欧洲人"发现了"肯尼亚山脉和尼日尔河等想法的人一笑置之。但在殖民地时期，自相矛盾的是，有机会受教育的人都会被误导，自认为是幸运的，因为由欧洲资本家在非洲和为了非洲所创建的结构中，教育是个人进步的一种手段。

法国、葡萄牙和比利时人明确表示，任何水平的教育设计都是为了"开化非洲土著人"，当然只有文明的土著人才有希望获得殖民者提供的有价值的就业和认同。法国人认为，接受法国教育后的非洲人有可能有机会成为一个"被同化者"（*assimilée*）——这种人可以被法国的高级文化所吸收或同化。葡萄牙人使用了"同化民"（*assimilado*）一词，意义完全相同；葡萄牙的殖民法对于土著人和同化民有明确的区分。后者有时被称为"开化者"（*civilisado*），因为他们能阅读和书写葡萄牙语。这种类型的非洲人还能获得某些特权。最具有讽刺意味的是，一直到 1960 年，葡萄牙有将近一半的人口是文盲，因此，如果让他们也参与相同的测试，人们也会认为他们是未被开化的！同时，比利时人也在炫耀同一系统。他们称其在刚果那些"受过教育的班图人"为"进化者"（*évolués*）（那些已经"从野蛮进化到文明的人"，多亏比利时人）。

然而，英国避免对受过教育和未受过教育的非洲人进行硬性的法律上的区分，但他们鼓励文化模仿。20 世纪 20 年代，坦噶尼喀的卡梅伦总督被称为一位"进步的"总督。但是，当他被攻击试图在教育系统中维护非洲人的人格时，他否认指控并宣称他的意图是非洲人应该停止作为一个非洲人来思考，而应该成为一个"公正的英国人"。由于有苏格兰传教士的努力，那些从马拉维的李文斯顿尼亚（Livingstonia）或布兰太尔传教团（Blantyre Mission）出来的学生们都以黑色的苏格兰人（Black Scotsmen）著称。在塞拉利昂，白人文化的影响要回溯到 18 世纪，塞拉利昂的克里奥人甚至从那些受过错误教育的黑人行列中脱颖而出。克里奥人并不满足于只有一个英国教名或甚至只用一个欧洲人的姓氏：他们要选择两个欧洲的姓氏并将其用一个连字符连接。当然，在实际应用中，教育价值扭曲体现在受过教育的少数人可以进入殖民主义允许非洲人担任的公务员岗位或被私人资本家的企业所雇佣。

在殖民地时期以及之后，批评针对的是殖民地教育体系，这种体系没有能够培养出更多的中学生和更多的大学毕业生。然而，可以说，那些受过最多教育的都是那些最疏远非洲大陆的非洲人。这些人就是被进化和同化了的人。每上一个教育的台阶，他们都要受到白人资本主义制度价值观的打击并屈服于这种价值观；同时，得到工资之后，他们就可以负担得起保持从国外传入的进口的生活方式。使用刀叉，穿三套西装，还有弹奏钢琴，然后进一步转变自己的心态。有一个著名的西印度群岛即兴小调歌唱家，他讽刺他在殖民地学校度过的日子，他说他如果是一个聪明的学生，他就会学到更多东西，而最终变成一个傻瓜。不幸的是，殖民地学校体系教育出了太多的傻瓜和小丑，痴迷于欧洲资产阶级的生活方式和理念。有些人达到了与非洲现状和非洲生活方式完全有隔阂的阶段，就像塞内加尔的布莱斯·迪亚涅（Blaise Diagne）那样，他们愉快地说着，他们已经是而且将永远是"欧洲人"。

人们无法逃避由非洲教育家阿卜杜·穆米尼（Abdou Moumini）所做出的结论，"殖民教育毁坏了非洲人的思维和情感，灌之以异常的错综复杂的组合"。这意味着那些被欧化了的人，由于殖民教育和殖民地的生活气氛，他们在一定程度上是被非非洲化了的人。在现今非洲所引用的许多殖民时期有关侮辱非洲文化方面的不恭实例，都是建立在文化帝国主义和白人种族主义的基础之上。很少谈及的是这样的事实，许多非洲人是葡萄牙和西班牙手中的法西斯主义，20 世纪 30 年代末一个短暂时期的意大利人和维希法国政权手中的法西斯主义，20 世纪 40 年代初英国人控制的法西斯主义，以及整个世纪都受南非布尔人控制的法西斯主义的牺牲品。法西斯殖民列强都是发展缓慢的资本主义国家，那里的政府警察职能部门联合天主教教会和资本家一起镇压葡萄牙和西班牙的工人和农民，以使他们无知。可以理解的是，法西斯殖民者想用同样的方式对待非洲工人，除此之外，正如希特勒对待犹太人那样，他们将其种族歧视发泄给非洲人。

正如大多数的殖民地政府，在利比亚的意大利殖民地政府也无视非洲文化。然而，在墨索里尼的法西斯执政之后，开始了更多的漠视和敌意，特别是对阿拉伯语和伊斯兰教。葡萄牙和西班牙一直就表现出对非洲语言和宗教的蔑视。葡萄牙殖民地的非洲人幼儿园和小学只是传播葡萄牙语的机构。大多数学校都是由教会控制，这是法西斯葡萄牙国内教会和国家统一的反映。在鲜为人知的西班牙的几内亚殖民地（里约穆尼，Rio Muni），给非洲人的一丁点儿教育是为了消除学生使用本地语言，同时在他们心中灌输对上帝"神圣的畏惧"。在非洲殖民地的学校通常都有幸得到圣徒的名字或被赋予殖民政权的统治者、探险家和总督的名字。西属几内亚也践行了同样的规则，导致的结果是木尼河孩子们要从何塞·安东尼奥（José Antonio）学校经过——这等同于说如果该地区是德国的，就必须从阿道夫·希特勒学校经过一样，因为学校是用何塞·安东尼奥的名字命名的，他是西班牙法西斯党的创始人。

殖民地教育和文化模式另一个需要调查的方面是，欧洲种族歧视和轻蔑所表达的方式不仅表现为对非洲文化的敌意，而且表现为250 家长作风的方式以及对消极静态的社会特征加以赞美。许多殖民者都希望永久保存所有非洲的那些离奇的或有趣的事物。这些人只是成功地将非洲人的生活与国际社会潜在有益的方面相隔绝。艾伯特·施韦策（Albert Schweitzer）在加蓬所做的工作就是一个很好的例子，他负责的是一个肮脏的不卫生的医院，里面到处跑的是狗、猫、山羊和鸡，还美其名曰这是使之适合非洲的文化和环境。

第六章　作为使非洲欠发达的资本主义制度

直到 1959 年，艾伯特·施韦策的一个朋友和同事以下面的话语对他未消毒的话语医院进行了辩解：

> 关于医院内的家禽/畜问题。人们对于人与动物混合在一起的状况感到震惊，虽然这也许不常是卫生理由的辩解，但是这种人和动物的混合的确大大增加了这个地方的魅力。

本文作者是一位来自纽约的牙科医生，如果山羊或鸡走进了他在纽约的手术室，他显然会大吃一惊。他完全知道在施韦策的医院里，"羊、狗和猫的造访使医院病房充满了最骇人听闻的各种微生物"，但他却为这些动物与非洲人一起居住进行辩解，因为这是必须保留的文化和魅力的一部分！

在教育领域，比利时人采用的语言政策可能会吸引当代的民族主义者，因为他们坚持认为，小学教育使用指定五种主要非洲语言中的一种。然而，在实践中，他们那种表面上看来进步的决定导致的结果是将一个刚果民族与另一个民族隔离开来，同时也将受过教育的人与一个更广阔的知识世界分离开来，因为传教士只把那些他们认为可用的内容翻译成当地语言。在南非 1953 年臭名昭著的《班图教育法案》中，对于非洲文化的虚假尊重达到了极点，其目的在于强化祖鲁人、索托人、科萨人及文达人（Venda）之间的差异——这些差异是早期发展阶段的一部分，如果没有欧洲的干预或如果没有在白人统治下用具体步骤来保持过时的"部落"状态，这些差异应该早就缩小了。

并非所有的殖民教育者和管理者都有意主张对非洲人实施更好的教育以便于他们能更好地被奴役。相反，他们大都认为他们为非洲人做了好事；还有少数聪明的人能够意识到不要脱离非洲现实来设计学校计划。1928 年，当了解到教育非洲人那些蓝色眼睛的高卢人是他们的祖先时，甚至连法国教育部长都感到震惊。从 20 世纪 20 年代开始，英国和法国产生了殖民教育工作者和教育委员会，这些人敦促在非洲进行的教学计划应与非洲更加相关。他们也提出了一些建议，如在小学使用当地语言，给女孩提供更多的教育，最终给予白领所需的学校教育。然而，这些建议看似具有进步性，但不能改变这样的事实，即殖民教育是欧洲资产阶级剥削非洲的一个工具。无论殖民教育者怎么想或怎么做还是不能改变这一基本的事实。

建议非洲女孩应该上学远不只是一种教育政策。这种政策具有巨大的社会意义，它预先假设社会将雇用受过教育的妇女。宗主国的资本主义社会本身就没有解放妇女，没有为她们提供平等的教育机会，或为她们提供与男人一样同工同酬的工作。在这种情况下，认为殖民地教育体系会对非洲妇女进行认真的考虑，尤其是在这件事上殖民主义者还必须改变这些封建的、前封建社会的意识特征时，这都是一厢情愿的想法。经济作物或矿石出口部门都未给受过教育的妇女预作安排。因为在资本主义的宗主国，人们都认为公务员应该是男人。因此，殖民地的极为有限的就业部门根本就没有什么职位可以提供给受过教育的女性，同时现代教育仍然是一种只有少数几位非洲女性可以接触到的奢华。

一些殖民地教育者提出的另一个具有建设性意义的提议是要加强更多的农业和技术性的教育。但是，真正的技术教育被排除了，因为殖民地经济的根本目的就是不允许在非洲发展工业和技能。只有极少的情况下，例如在刚果，存在对于受过技术培训的非洲人的客观需求。在刚果殖民统治的后期，矿产开发已经发展到这样一个阶段，实际需要具有全面基本技能的非洲工人。一些加丹加人和其他刚果人也受到了相当于初中程度的技术培训。在这种情况下，值得注意的是私人公司采取了主动方式，因为这与它们的利益息息相关，这种技术学校是它们生产过程的延伸。然而，在大部分情况下，在那些受到严格限制的非洲采矿和工业领域里，无论是哪种熟练工种都要由输入的欧洲人来完成。

农业没有被当作一项科学产业来进行，就像在斯堪的纳维亚和252 新西兰一样，那里的白人在一种密集型的资本主义基础上耕作。如前所述，鼓励非洲种植经济作物这样欧洲人的投入小且同时不需要

260

什么新技术。因此，当教育顾问建议实施与非洲需求有关的农业教育时，这意味着不会增加非洲人的知识。在许多殖民地的学校，农业成为一个临时凑合的主题。这是学校工作苦差事的一部分。教师没有接受过农业教育，因此，他们不可能教授有关科学的内容。孩子们获得只是对香巴（shamba）工作繁重劳动的厌恶，而事实上它被当成了一种惩罚。

早期教育委员会对于宗教以及那些在欧洲本身消失的道德教育给予了高度的重视。基督教教会在教育过程中的作用显然需要特别注意。基督教传教士与探险家、商人和士兵一样是殖民势力组成的一大部分。对于在某个殖民地的传教士是否带来了其他殖民势力或反之亦然的问题，也许还有争论的余地，但毫无疑问，传教士在实际意义上是殖民主义的代理人，不管他们是否自己认为是这样的角色。帝国主义的冒险家亨利·约翰斯顿爵士（Sir Henry Johnston）不喜欢传教士，但他承认他们的作用，同时赞扬他们"每一个传教站都是殖民化的一次实践"。

在欧洲，从封建时代进入资本主义时代，教会都一直垄断着教育。到了19世纪末，这种情况在欧洲发生了变化；但是，对欧洲殖民者而言，教会可以自由实施非洲的殖民地教育体系。这种教育的优势和弱点在很大程度上归因于教会。

殖民地时期在教堂和学校内外，教会人员有助于价值的设定。他们所教授的人际关系伦理本身就可以吸引非洲人本能的兴趣，就像它以前也激发起其他欧洲人那样。当然，在欧洲人的行为和与它们相关联的基督教原则之间有着巨大的差距；并且，就非洲人而言，接受基督教的动机常常与宗教的内容没有任何的联系。事实上，对于众多皈依者而言，教会作为一种教育资源可能要比教会作为一种宗教政治更具有吸引力。

无论教会教导什么内容，我们都可以认为这是对非洲殖民地正规和非正规教育的贡献，同时，它的这种教育必须放在一个社会背景之中来考察。教会的作用主要是保护殖民主义的社会关系，作为这种角色的延伸，在欧洲资本主义的社会关系中也发挥了作用。因 253

此，基督教教会强调谦逊、顺从和接受。从西印度群岛奴隶制时代开始，教会就是在一定的条件下被引进殖民地的，即不应该激发非洲奴隶使用在上帝面前人人平等的原则。在那些日子里，他们教奴隶唱歌，教育他们所有的东西都是明亮和美丽的，同时教育他们，他们那些住在城堡的主人为神工作，就像奴隶生活在一个悲惨的小屋里在皮鞭下每天工作 20 小时一样。同样，在殖民地非洲，依靠教堂传道以使人们在接受剥削时忍气吞声，教堂传达的信息是在未来的世界中一切都会好起来。只有南非的荷兰改革教会是公开的种族主义者，但所有其他的教士都是种族主义者，他们的欧洲教士与其他白人没有什么不同，这些人吸收了作为欧洲人与世界其他地方建立几个世纪联系而产生的种族主义和文化帝国主义。

为服务于殖民主义，教会经常承担起判断什么是正确文化的仲裁者的作用。非洲祖先的信仰等同于魔鬼（反正他们是黑色的），同时，花了很长时间才使一些欧洲的教士接受了盛行的构成宗教的非洲信仰而不是作为单纯的巫术和魔法的信仰。然而，尽管对非洲文化和宗教表达持有敌意，基督教教会还是进行了一些具有进步作用的工作。例如，欧洲的传教士不赞成杀害双胞胎和神裁的做法，这些做法反映出那些植根于非洲早期发展阶段的迷信思想，例如当时有些事如生了双胞胎无法得到科学解释，从而引起了对宗教的恐惧。

值得注意的是，在早在殖民瓜分以前的西非，社会上有许多无家可归的人，他们受到宗教和社会的偏见，他们是基督教的第一批皈依者。一部分人支持的东西往往遭到另一部分人的反对，20 世纪教会的文化帝国主义激起了强烈的反对。当时非洲盛行的风俗如一夫多妻制在没有考虑到其社会经济功能的情况下遭受到攻击。在一夫一妻制的问题上，基督教传教士引入的不是宗教原则而是欧洲资本主义社会的一个方面。由于欧洲人的宣传取得成功，他们必须努力转变非洲社会存在的大家庭模式。这种变化发生得很慢，同时，许多非洲人一方面接受了宗教的影响，另一方面又拒绝文化附属物和欧洲传教士。

第六章　作为使非洲欠发达的资本主义制度

有很多关于非洲殖民地发展趋势即称为独立教会运动的报道。这是由成千上万的非洲基督徒参与的脱离欧洲教会（特别是新教教会）的一种趋势，同时在基督教非洲人的领导下建立了他们自己进行宗教活动的场所。这种教会活动的动机各不相同。有些独立的教会具有高度的民族主义精神，就像约翰·奇伦布韦那样，他1917年在尼亚萨兰（马拉维）领导民族武装起义。有些运动是一些希望成为神父或牧师的非洲人为了反对白人传教士表现出来的种族歧视所为，常常要抗争的一个事实就是欧洲人强迫非洲人去认同欧洲人。为了反对这一概念，祖鲁人独立教会询问当地人："你是犹太人还是祖鲁人？他们钉死了他们的主时，你在场吗？"然而，许多非洲人都接受了自我非人化（dehumanizing）的异化原则。非洲人对欧洲人的认同（他们是非犹太人还是犹太人）是殖民时代非正式教育的支柱。

归根结底，也许殖民教育最重要的原则是资产阶级的个人主义。从历史的观点看，就像社会中上层建筑信仰的许多方面，既有积极因素也有消极影响。欧洲资产阶级在反对家庭中父亲过度的控制并捍卫个人权利，同时反对教会和封建社会的集体规定等方面表现出进步性。然而，资本主义制度进一步为捍卫和保护个人财产所有者的权利而反对广大被剥削的工人和农民群众的权利。在殖民主义时期，当资本主义对非洲产生影响时，个人主义的理念已经处于其反动阶段。这种理念不再为解放大多数人服务而是为了惠及少数人的利益而奴役大众。

当个人主义应用到土地方面时，这就意味着私有制，同时通过销售进行的土地转让在非洲大陆的一些地区开始流行。更为普遍的是，对于这种观点的新认识，即个人劳动应该有益于那个相关的人，而不是为了那些更广泛的集体如氏族或族群。因此，集体劳动的实践和社会分配的平等让位于累积的倾向。从表面上看，个人主义似乎带来了进步。有些人拥有大量的咖啡、可可或棉花，而其他一些人通过教育在殖民地政府中成名。作为个人来说，他们已经取得了很大的进步，他们在社会中成为成功的模式。任何成功的模式

255 都是一种教育的模式，同时指导着该社会男女老少的思想和行动。殖民主义统治下的个人成功模式实际上是以非洲社会瓦解和欠发达为背景的。

在资本家看来这是一种常见的神话，即个人通过努力和奋斗可以成为资本家。在美国，通常以约翰·D. 洛克菲勒（John D. Rockefeller）作为白手起家的榜样。要实现洛克菲勒的成功梦想，就必须去剥削数百万的人才能使一个男人成为千万富翁。财富的获得不仅是因为一个人的努力工作，否则，在美国和西印度群岛作为奴隶工作的非洲人将成为世界上最富有的群体。资本家个人主义应与大众努力却未获报偿的工作联系起来看。

个人主义的观念在非洲殖民地比在宗主国的资本主义社会更具破坏性。在后者中，可以说资产阶级的兴起通过促进技术和提高生活水平使工人阶级间接受益。但是，在非洲的殖民主义并没有带来这些好处，他们只是加剧了对于非洲劳动力的剥削速度，不断地出口剩余价值。在欧洲，个人主义产生了企业家和冒险者，他们引领了欧洲对于世界其他地区的征服斗争。在非洲，无论是正规的学校制度还是殖民主义的非正式价值体系都破坏了社会团结，同时促进了没有社会责任感的、个人主义最严重的异化形式。这就延迟了社会试图通过它恢复其独立性的政治进程。在这一点上，人们一直认为，发展以物质环境为基础，以生产技术和源于人们工作的社会关系为基础。所谓"历史的阴谋论"，认为整个时代事件的发生，是以一组接一组的秘密策划来呈现的。我们不建议将这种方法运用到非洲与欧洲关系的研究之中。然而，就殖民教育政策而言，人们可以就近发现一群欧洲人有意谋划的元素，他们计划在相当长的一段时间内控制数百万非洲人的命运并将这种控制延伸到未来。征服非洲的殖民教育规划，法国人展示得最充分，因为法国政治家和官员们有公开表达他们对非洲想法的习惯。因此，这里我们将要引用法国殖民者的话来说明，为什么殖民地教育体系没有将重要的政治事

256 务顺其自然，而是有意识地实施反对非洲人民重新获得自由的政策。

第六章 作为使非洲欠发达的资本主义制度

自帝国主义争夺非洲开始，法国领导人意识到在法属非洲建立一些学校势在必行，这样，法国的语言和文化就可能会为一些非洲人接受，他们就会认同法国而不是英国和葡萄牙或欧洲其他的竞争对手。这在有争议的边境地区尤其是这样。法国部长尤金·艾蒂安（Eugène Etienne）在殖民地时代开始时就说，作为"国防的一种手段"，法国语言的扩展是必要的。早在1884年，在法国政府的认可和支持下建立了法兰西联盟（Alliance Fransaise），作为教育与文化帝国主义的一种工具。法兰西联盟的报告清楚地表明，他们认为自己就是法国帝国主义的手臂，进行战斗，这样可以帮助法国站稳脚跟。例如，法兰西联盟这样描写19世纪后期上几内亚的法语学校：

> 他们必须战胜在这一地区的塞拉利昂英国学校可怕的影响。越往南方的地区，这两种语言之间的斗争越激烈，这些地区受到了母语为英语的人以及他们卫理公会牧师的侵略。

正如我们在前面看到的葡萄牙和西班牙的情况，人们认为欧洲殖民权力语言的传播是非常重要的。此外，比利时鼓励当地语言作为一种分裂和延迟发展的方法。只有在德国统治的坦噶尼喀，对于作为一种教学语言的斯瓦希里语的潜力有正面反应，因此，这种早已通过贸易、政治关系和个人联系到处传播的语言获得了进一步的发展。

除语言之外，大多数殖民地的文化帝国主义的精神支柱就是宗教。在法国殖民地，教会的作用不如天主教国家地区发挥的作用重要，同时英国殖民地的新教教会也比法属非洲教会的作用更重要。原因是18世纪法国资产阶级革命在反教权主义方面要比任何其他的资产阶级革命更彻底，同时，到了1905年，法国的天主教教会在经过多年的不良的关系之后，已经完全从政府中分离出来。然而，当法国人看到教会学校帮助英国在巩固其在非洲的地位时，法国政府也要求自己国家的天主教发挥作用来帮助保护国家的利益。

从殖民者的角度来看，一旦殖民地的边界确定下来后，留下来 257

的主要问题是确保非洲人服从和执行那些有利于宗主国的政策。为了达到这一目的，人们总是可以使用武力，但是赤裸裸的武力最好还是保留，而不是用于日常的事务之中。只有教育才能奠定保持平稳运转的殖民统治的基础。首先，欧洲人与非洲人沟通存在着基本的语言问题。大多数的时间，欧洲人使用翻译者来下达命令，但众所周知，非洲的翻译者抓住这种机会来推销他们自己，修改甚至破坏命令。在法属非洲殖民地有一种说法，"翻译等于叛国"，而唯一解决的办法就是教人民大众讲法语。

接下来就是如何教育非洲人成为更好的工人的实际操作方面，就像在欧洲的工人接受了教育，他们将会更有效地为资本家生产额外的剩余价值一样。在非洲殖民地，欧洲资产阶级意识到一些教育会使劳动价值最大化。法国殖民部长艾伯特·萨罗（Albert Sarraut）在 1914 年曾强调他所谓的"教育（非洲）群众的经济实用性"。更早些年前，法国对马达加斯加产生的同样效果做出了具体的声明。1899 年的条例指出，教育的目的是

> ……让年轻的马达加斯加人成为忠诚和顺从的法国臣民，同时提供工业、农业和商业方面的教育，从而确保殖民者和殖民地的各项公共服务能够满足他们的人力需要。

在实践中，没有必要教育所有大众，因为只有少数非洲人进入到殖民地经济之中，可以通过教育这样一种方式来提高他们。事实上，法国人集中精力选择了少数人，使他们彻底地受到法国文化帝国主义的影响，同时，他们也能帮助法国人管理其庞大的非洲殖民地。一位早期的法属西非总督威廉·庞蒂（William Ponty）谈起要形成"为帮助我们自己而努力的年轻人精英队伍"。1919 年，亨利·西蒙（Henry Simmon）（当时的殖民地大臣）在非洲中学教育计划中提出，"将最好的本地人变成完整的法国人"。

在 20 世纪 30 年代，出现了有关法国殖民教育政策的政治意义的最好表达方式；同时，也是在那个时候，一些行动开始付诸实

施。1930 年，法属西非的总督布雷维（Brevié）敦促要将对非洲人的小学教育扩展到更高层次从而"来帮助我们殖民化的工作"。[258]布雷维受到的鼓励来自这样的事实，当时"一批土生土长的精英表现出来的满腔热情和彻底且排他的法国文化的迹象已经清晰可见"。在教育总监的支持下，这位总督接着制定了非洲学生进入中学并成为殖民地干部的计划。任何社会的政治体制都需要干部。恰卡的军队中最年轻的兵团发挥了这样的作用，苏联的共青团员也发挥了这样的作用。作为一名干部来说，涉及的不仅仅是实际工作的培训，还包括作为制度中的主导因素的政治取向。法国人和其他殖民者都非常明白这一点。以下就是布雷维表明的观点：

> 这些本地干部的作用绝不只是根据具体的需求培训学徒、人员和官员的事情。他们所起的作用要广泛得多。

只有在非洲北部，由于存在很多的白人移民，法国人发现的确没有必要鼓励地方精英在宗主国和总督的指导下管理事务；虽然在阿尔及利亚也出现了一些称之为"*Beni-Oui Oui*"的臣民，字面意思是"唯唯诺诺的人"，他们总是同意执行法国人的指令去反对他们大部分兄弟们的利益。法国政治政策在教育领域的另一个有远见的方面是他们迫使酋长的儿子接受教育的方式。这是蓄意获取曾经在独立的非洲掌握政权的那些人的忠诚，同时也是使前殖民地阶段保持连续性的企图。就像法国人自己所说的那样，通过教育传统统治者的儿子，"由我们塑造的本地干部和那些受到当地社会承认的人之间建立了一种联系"。

1935 年，一群英国教育家参观了法属非洲，他们承认自己有一种嫉妒和羡慕的混合感，因为法国人已成功地按照法国人的意象创立了非洲人的精英——这种精英有助于法国人的殖民统治。在一定程度上，所有殖民列强都培养出类似的干部来管理和支持它们在非洲和其他地方的殖民帝国。

欧洲如何使非洲欠发达

第二次世界大战后，殖民统治明显不可能永远在非洲保持相同的形式；亚洲已经支离破碎，非洲日趋不安。当意识到末日即将来临时，宗主国将权力交给了它们在殖民地的干部，让他们掌管在政治上独立的非洲的政策。这里要强调的是，非洲应该自由这一选择不是由殖民列强做出而是由非洲人民决定的。然而，从殖民主义到被称为新殖民主义的转换的确存在着阴谋的成分。1960 年，当时的英国首相哈罗德·麦克米兰（Harold Macmillan）发表了一句经常被引用的说法，"变化的风吹遍了非洲"。这是用资产阶级的方式来表达中国总理周恩来随后不久的断言，即"非洲已经为革命做好了准备"。为了延缓或劫持非洲革命，殖民列强又转向了为不同的目的而培养的一组人物——殖民地受过教育的非洲人精英，从中尽可能选择那些最适合于提拔做政治领袖的人物，同时行政和军事组织也都留在了类似的值得信赖的干部手中。

还有一些有远见的欧洲人认为如果非洲恢复了政治独立，那么殖民地教育体系将为他们服务。例如，法兰西联盟的创始人皮埃尔·芳欣（Pierre Foncin）在 20 世纪初就表示，"有必要采用一个非常坚实的心理契约将殖民地与宗主国联系在一起，以免有一天他们的逐步解放可能以联邦的形式来结束——而他们还保留着法国语言、思想和精神"。然而，英国首先认识到他们应该给非洲的独立开绿灯。法国将一些非洲代表引进到了他们自己在法国的议会，以尽量保持非洲领土与法国的联系，英国则开始准备移交给某些选定的非洲人。

在作为宗主国的资本主义国家，原来有（现在仍然）提供大部分政治人物和其他领袖的精英学校。英国公立学校伊顿、哈罗、拉格比和温彻斯特都是著名的英国统治阶级的培训基地，许多权威人士都认为这些学校远比大学更重要，因为这些中学的学生都会去上大学。在法国的中学阶段，过去和现在仍然可以发现，在路易大帝中学和乌尔姆街的高等师范学校里的学生，有的是未来的内阁部长和那个国家的高管。在美国，除了人人都能实现梦想的神话外，大部分的统治阶级都上了私立的高级学校，如格罗顿、圣保罗、圣马克和菲利浦·埃克塞特男校。

　　在非洲，能够在殖民时期上学的人几乎就进入精英阶层，因为这种即使能享受特权上小学的人都很少。此外，每个殖民地至少有一个中等或高等学院在非洲政治上的独立时代为培养政治行政人员发挥着作用。各个非洲国家的内阁部长和常任秘书长的名字可以在戈登大学（苏丹）、联盟高中（肯尼亚）、布多山国王学院（乌干达）、塔博拉中学（坦桑尼亚）、利文斯敦尼亚（马拉维）、威廉·庞蒂（塞内加尔）、塞拉利昂文法学校、姆凡齐皮姆（加纳）、加利艾尼公立中学（马达加斯加）和其他几个学校的花名册中找到。此外，还有麦克雷雷、福拉湾和阿奇莫塔作为存在已久的大学或类似于大学的机构。

　　回顾历史，现在很清楚，殖民地教育体系的一个最重要的方面是提供了军队和警察。殖民军队如国王的非洲步枪队、法国自由军和刚果公安军培养出来的军士后来都成了独立非洲的少校和将军，有些甚至成了国家元首。虽然警察的政治地位比起军队本身要弱一点，但他们也取得了类似的快速提升。就像文职人员一样，在一段时间里，对于未来警察和军队的精英的培训只是为殖民统治者提供低级助理；但是一旦独立在即，他们马上被殖民主义者按殖民地干部必备素质的要求来选择——适宜作为新殖民主义非洲的统治阶级的一部分。在少数情况下，殖民列强在殖民主义后半期急忙将一些非洲人送往宗主国军事高等院校进行培养，尤其是英国的桑德赫斯特军事学院、亨顿警察学校和在法国的圣西尔军校。那些被选定为接受这种培训的人成为军事精英中的佼佼者，与那些能在非洲或是国外上大学的非洲人一样。

　　殖民地的大部分教育体系没有什么特别之处。教育体系的设计是使其所具功能服务于特定的社会，使受教育者将他们从小获得的价值观在他们长大后为社会做决定时可以运用。在非洲，殖民主义者为了保存殖民关系，培训了低水平的管理员、教师、军士、铁路订票员等，而这些人会将殖民地的价值观带到非洲独立以后，这一点并不奇怪。同时，殖民主义者也采取行动以尽可能确保这些人拥

261 有最有利的位置，继续管理非洲政府和履行新的政治和国家警察的权力。这样论述可能会被许多欧洲人和非洲人称为片面。从某种意义上而言，的确如此，这种片面性是有意而为。这表明殖民教育体系实现了它自身准备实现的目标。事情另一好的方面并不能归功于殖民教育工作者，而是出现于殖民主义者的意图和努力之外，同时也是由于非洲人民的斗争才出现了。

发展的矛盾

殖民主义时期唯一的积极发展就在于它的结束。本节的目的是简要描述这种发展是如何产生的，特别要谈谈那些受教育者的作用。

与主观地一方面解释殖民主义的好处和另一方面解释其坏处的方法相反，还有一种方法就是紧密跟踪殖民主义者的目标和成就以及相对应的非洲人民的目标和成就。有时，非洲人仅仅限于尽他们所能来巧妙地控制殖民制度；然而，除此之外，殖民地社会会出现一些基本的矛盾，这些矛盾的解决有赖于非洲人重新获得人民主权后才能实现。

基于矛盾认知的分析是马克思主义的特色。因此，苏联历史学家以下面的方式研究了殖民主义的解体：

> 殖民主义束缚了被奴役人民的发展。为了便于殖民主义者的剥削，帝国主义故意阻碍了殖民地经济和文化的进步，保存和恢复了过时的社会关系形式，同时煽动民族和部落之间的不和。然而，受超级利润的驱动，发展了采掘业、种植园和资本家农场，同时还在殖民地建有港口、铁路和公路。结果，在殖民地发生了不以殖民主义者意志为转移的社会变化。出现了新的社会力量——工业和农业无产阶级，民族资产阶级和知识分子。

第六章　作为使非洲欠发达的资本主义制度

在由资本家活动产生的称为"现代"人群的非洲人口的不同组成部分中，经济作物农民占的比例是最大的。非洲种植经济作物的农民对于殖民主义者积怨甚深，这种不满主要集中在低价收购非洲产品以及不时发生的土地让渡。农业工薪阶层和城市工人肯定已经失去了他们的土地，同时他们抵制工资奴隶制。他们像欧洲无产阶级自形成以来就一直做的那样组织起来进行抗争；通过坚定的组织，非洲工人团结起来远比他们单个的力量更强大。最后，在数量上占绝对优势的农民和那些曾在"自给自足"部门的人都加入了群众性政党。但是，尽管农民依靠的是零星的反抗和抵制来表达他们的不满，挣工资者参与的是谈判、请愿和罢工等更具连续性的行动过程。

最小的社会团体是那些受过教育的精英和知识分子。如前所述，在殖民地时期受过教育的非洲人如此之少，以至于谁上过学校就享有特权且属于精英。只有少数的律师和医生，他们主要集中在非洲的北部和西部。一般来说，知识分子就是学生、职员和老师。受过教育的人群也与那些有组织的劳工领袖、传统的非洲统治阶层、退役军人和警察以及商人和独立工匠有所重合。

总之，受过教育的人在非洲独立斗争中所发挥的作用，比其所占的人口比例要大得多，因为他们把这种斗争当成自己的事业，同时说出了所有非洲人的心声。人们也要求他们提供政治组织，这将整合殖民主义的所有矛盾，同时集中在主要的矛盾方面，这就是殖民地和宗主国之间的矛盾。

最深刻的矛盾并不是在受过教育的人和殖民主义者之间。最终，殖民主义者可能做到不以任何方式减轻多数农民和工人的负担来满足绝大多数非洲知识分子的愿望，工人和农民是受压迫剥削最厉害的最大群体。然而，这些差异在殖民主义者和非洲受教育者之间持续多年，这些差异具有了决定性意义。

前文已详尽地论证，很少一部分非洲人受到过殖民教育，这种教育被限制在小学基础水平，同时教育以及思想的内容是为欧洲人的利益而不是非洲人的利益服务的。即便如此，如果不是非洲人自己的努力，入学注册的数字还会小得多。如果非洲人民群众的活动不总是与欧洲殖民者的目的相抗争的话，入读中学的机会会更加少，同时思想内容会更具负面性。总之，持续性的奴化教育从来没有完全达到其目的；相反，不同层次矛盾出现并最终导致独立。在某些情况下，殖民主义的终结预示着一个新的社会主义时代的开始。

263 　　如果说非洲殖民教育史有任何辉煌成分的话，这种辉煌不存在于欧洲的剥削者掉下来的面包屑里，而是由非洲人在掌握曾经控制着他们的这一系统的原理过程中显示出来的巨大活力。在大多数殖民地，一开始人们都会对学校教育表现出冷漠，但一旦人们了解了学校教育代表着殖民地社会前进的不多的几个途径之一时，学校教育就成了非洲人进一步要求和推动殖民主义者的问题，这种要求和推动比殖民主义者预期的要多得多。

　　当非洲人辛辛苦苦进入以经济作物为特点的现代经济时，这通常与欧洲资本主义的目的相适应。但是，非洲在教育领域的行动却至少对一些殖民地掠夺的目的产生了对立的效果。

　　法属非洲殖民地教育在法国的政策报告中多次被提到。非洲人的努力超出了法国人想用非洲税收来资助的有限的干部数量，法国政府官员也曾就这种情况做出过评论。1930 年，法属西非总督的报告如下：

　　　　每开一所新学校，学生立即爆满。到处都是很多土著人叫嚷着要上学。这里的首领希望有他自己的学校，所以他就建造了一个；或者，其他一些村庄或其他人愿意分担建立一个学校的成本。在"象牙海岸"的某些地方，村民们自己掏腰包支付老师的费用。我们的学生往往是从离学校20 到50 公里的地方赶来上学。

　　非洲人寻求更多教育和更高教育的热情并不局限于非洲大陆；虽然这种热情在一些地区表现得较早，在一些地方表现得更深入。例如，回溯到17 世纪，"黄金海岸"和塞拉利昂就有欧洲教育的传统。因此，1824 年《泰晤士报·教育副刊》（*Times Educational Supplement*）评论说，在"黄金海岸"有对教育更多更好的普遍需求，这不足为奇。就目前为止正规教育而言，正是"黄金海岸"培养了 J. E. K. 阿格雷（J. E. K. Aggrey）这位优秀的非洲教育家和民族主义者；他激励了非洲人的想象，使之远远超出了"黄金海岸"。

殖民剥削程度与提供社会服务之间的相关性明确。这尤其适用于教育方面，这就是为何城市、采矿和经济作物区里存在着对学校的垄断。一部分原因是因为资本主义希望提高工人劳动力的政策，另一部分原因是在现金经济领域里的非洲人努力的结果。他们对殖民地政府提出要求，他们付出了很多，以获得更多上学的机会。因此，人们发现，从棕榈油获取收入的伊博人（Ibos）拿出他们微薄 264 收入的大部分用于学校建设，这通常会与教会联合起来做。顺便说一句，这里要注意的是所谓的教堂学校或教会学校往往完全由非洲人资助。他们支付教堂费，为教会收集捐款，有时会筹集特殊教育基金，他们通常支付学费。这种模式在伊博人地区非常普遍，在非洲殖民地的其他部分也很寻常。学校的存在应该通过教堂追溯到棕榈油的生产和人民的劳动。事实上，人们不应忘记，传教士、管理员、白人殖民者——所有这一切都是依靠非洲的劳动力和资源。

英属非洲的经济作物地区也开始实践尝试和使用农业董事会和类似机构来资助教育。毕竟，农业董事会是为了农民生产者的利益而建立的。他们集中以美元储备的形式为英国出口剩余价值；但是，在殖民统治的自治时期结束时，为了避免太多的不让非洲人享有自己劳动的丁点好处这种丑闻，有人说服董事会拿出一些资金用于教育。例如，在1953年乌干达立法会议投票决定从棉花价格的稳定基金中拨出1100万英镑用于福利计划，其中农业教育获得了一大部分的资助。

在非洲人中间，有的在经济上比他们的兄弟们要好一些，一些慈善活动也帮助非洲孩子进入学校。殖民统治下的非洲教育的历史记录揭示了某些精选例子。例如，1949 年在索马里成立的第一所中学就不是由殖民政府修建的，也不是由教会提议的，而是由一位索马里商人出资赞助的。当然，在非洲，人们仍在期望那些已受过教育和获得薪金的人应该反过来帮助教育他家族中至少一个成员，因为正是他家人和村庄社区经常付出的牺牲，才可以让他首先成为受过教育的人。在毛里塔尼亚和在南非的保留地这种现象普遍存在，任何非洲人都会以身作则，毫无困难地这样做。

现在可以找到在殖民时期，通常在恢复非洲独立运动时期，许多非洲人取得突出成绩的传记。在阅读这些传记中，人们发现在殖民主义时期接受教育要经过多少斗争。同样的结论可以通过阅读现代非洲小说获得，因为小说家（在写所谓的"虚构"内容时）关注的是捕捉现实。一些为殖民主义辩护的人谈起教育来好像是送给非洲人的一顿大餐。其实不然。教育的机会很少，以至于人们都去争抢。他们从微薄所得中节省了令人难以置信的资金来送孩子上学；非洲的孩子为了上学，可以义无反顾地走好几英里的路。

但是，除了物质上和经济上的付出外，一些殖民地的非洲人还要发动政治斗争使非洲人受教育的原则获得批准。这些殖民地都是那些白人移民的居住地。

在肯尼亚，白人殖民者明确表示，他们认为，一个没有受过教育的非洲人要比一个受过教育的非洲人好，一个只受过一点教育的人至少要比受过几年学校教育的人受欢迎。有关肯尼亚教育的比彻报告（Beecher report）（1949年）受到白人殖民者的严重影响，报告坦言：

> 对体力劳动持正确态度的文盲，也比那些不愿意参加体力劳动的学生在就业市场中更受欢迎。

由于白人移民在殖民体系中接近政治权力中心，他们在肯尼亚能够运用他们的教育原则；而非洲人却受到很少的教育。实际上，这意味着更多的剥削带来更多的社会设施这一条规则的例外。但是，基库尤人（他们在肯尼亚是受剥削最深的人群）并不是被动地接受这种现状。一种方法是向殖民地政府不断地提出要求，即使是非洲人相对白人定居者而言所处的位置更为不利，但他们还是这样做。提出的要求有部分获得成功。比彻报告勉强承认了一些非洲人可就读小学和初中的学校，建议 40% 的非洲儿童上小学低年级，10% 上小学中、高年级，1% 上初中。但是，到了 1960 年，小学的数量是白人认为应该在此时达到数量的两倍，初中的数量是白人定居者曾经推荐数量的三倍。

此外，在地方政府不愿意修建学校或不愿意使用非洲人所纳税款资助传教士修建学校的地方，人们具有更强烈的动机来直接处理教育事务。肯尼亚有许多后来被称为独立学校的机构，相当于独立 266 教会，事实上，这些学校大部分来自独立教会。肯尼亚的独立学校组成了两大协会，即"基库尤民族独立学校协会"和成立于 1929 年的"基库尤卡林加教育协会"。

在实践中，正如欧洲基督教的任务是使用学校吸引皈依者一样，独立教会对教育非常重视。在雇佣的来自美国的非洲后裔兄弟的支持下，约翰·奇伦布韦在这方面竭尽全力。

在殖民时期，伊斯兰教也激发了教育的推进。在北非，穆斯林经常感觉有必要将他们的努力引入学校，而不只是殖民者建造的学校。1936 年，阿尔及利亚的改革派乌里玛（Ulema）协会启动了一个大型的小学教育课程。1955 年，阿尔及利亚的小学招收了 45000 名孩子；1947 年，这一协会也创办了大型的初中。同样，在突尼斯盛行自主资助的现代可兰经小学，为 35000 个孩子提供了学习的场所——相当于有四分之一的孩子可以上小学。

在摩洛哥，通过大众努力建立的穆斯林学校，具有针对妇女解放的特殊特点，吸收女孩子的比例远远高出政府的学校。法国殖民政府有意在其官方报告中不提及这样的学校，他们试图使这种学校的存在不为访问者所知。

另一个有关非洲自助教育的突出例子是由苏丹的"毕业生大会"资助的项目。1937 年由学生、商人和公务员成立的毕业生大会开始了学校建设的计划。在四年里，通过自愿捐款的帮助，开设了 100 所学校。有一个规模不大但同样令人兴奋的实验是在 1947 年由两个坦噶尼喀的男生在姆万扎成立的"布加博团结学生协会"。其主要针对的是成人教育，并在短时间内吸引了 1000 多名不同年龄段的人的青睐。组织者还建立了一个营地，在那里他们为来访者提供食宿，同时教他们识字的基础知识。

当基库尤人的农民、加人（Ga）市场的妇女或卡比尔（Kabyle）的牧羊人省吃俭用修建学校和教育他们的孩子时，这种做法不完全符合殖民主义者的目的，他们需要非洲人通过购买消费品将经济作物所得收入和其他钱作为利润流通到宗主国。因此，非洲人通过这种小的方式，建立了不同于殖民者的轻重缓急次序。这种情 267 况在殖民主义后期有所加剧，当时人们认识到教育将在自治时代具有政治意义。

二战以后，在非洲殖民地受过较高等教育的法属非洲人在巴黎能得到法国议会的职位，而在英属殖民地的非洲人则可能成为选举或提名的地方议会成员。这些职位都完全没有权力，只是极少数人可能得到的机会；然而，它们是兴奋剂，给非洲人的概念是，教育会伴随着相当大的垂直迁升。20 世纪 40 年代后期，在法属赤道非洲，非洲人总督费利克斯·埃布埃率先提出了为非洲人争取更多教育机会的要求，他在一定程度上成功地迫使法国海外部的头头们接受了他的观点。随后，在同一时期，正是非洲人在立法议会的努力使教育问题得以解决。英国人精选了少数受过教育的非洲人和一些"酋长"向立法议会的总督进言。一般来说，他们就像是总督头盔上的羽毛。但是，在教育问题上，非洲人不可能回避，他们至少对于不好的状态表达自己的不满。

最终，单纯从定量的角度来看，非洲人推动殖民主义者特别是英国人给予比殖民体系内允许的更多的教育，这是一个重要的且具有爆炸力的矛盾，它帮助非洲人重新获得政治独立。

人们已经注意到，英国殖民地创造的受教育者往往要大于其殖民地经济能够吸收的程度。对这一现象的解释是因为有非洲人民的努力，尽管法国人在拒绝非洲人要求方面更严格，同时始终保持他们既定的安排，即只培训少量的干部精英来为法国利益服务。事实上，在像"黄金海岸"这样的殖民地，非洲人的努力使教育毫无疑问地超越了服务经济所需的数字。"黄金海岸"是第一个经历了"小学毕业生危机"或"中学瓶颈"的殖民地。也就是说，许多小学毕业的人都感到沮丧，因为他们找不到上中学的地方，无法找到与他们在学校所学价值观相适应的工作，也不能与资本主义制度所造成的非洲社会内部分层相适应。

　　有人提到过克瓦米·恩克鲁玛在人民大会党里组织的是文盲。这是由那些保守的受过教育的加纳人提出的轻蔑指责，他们认为恩克鲁玛走得太远太快了。事实上，恩克鲁玛的青年旅突击队并非文 268 盲。他们都上过小学，能够阅读宣言和非洲民族主义革命文学。但是，他们还是非常不满（包括其他事情），他们在"黄金海岸"接受教育相对较晚，在受限制的非洲可可单一经济里没有他们的发展空间。

　　殖民列强的目的在于实施一定量的教育来确保殖民主义的运作；非洲人则通过各种方式在较低的水平获取了比"补贴"（allowance）更多的教育，这是造成深度危机的因素之一，从而使英国人被迫考虑从"黄金海岸"撤回他们殖民机构的想法。独立时刻表也加快了反对英国人意愿的步伐。众所周知，加纳恢复独立绝不仅仅是一个地方事件，对于作为一个整体的非洲而言具有非常重要的意义。因此，这至少强调了教育在为非洲带来政治独立上的重要性。

　　因为教育金字塔缺乏根基，"黄金海岸"殖民地并非唯一一个出现瓶颈问题的地方。在曾经是罗得西亚和尼亚萨兰殖民地联邦的这一地区，20世纪50年代的教育者对小学毕业生的危机提出了评论。他们声称已经有了多余的六年级小学毕业生。教育了极少量非洲学龄儿童的殖民地竟然出现了多余的小学毕业生！这意味着，殖民主义发展到如此破产的地步，使得非洲如此欠发达，以至于它都用不上少数几个受过教育的人。此外，殖民者曾经向每一个奋斗的非洲人承诺，如果他接受了教会教育，他将得到一个白领的职位和通向文明的护照；但是，离开学校后，非洲的青年们发现这些都是虚假的承诺。1960 年，一个中非联邦的标准六年级毕业生写给杂志下面这封信：

> 当我通过六年级的考试后，我花了整整一年时间在家待着，因为我找不到地方接受进一步教育。今年年初，从一月到现在，我出去找工作，但却找不到工作。如果我知道我受过的教育也没用的话，我会告诉我爸爸从一开始到六年级都不要把钱浪费在让我受教育的过程之中。

有理由假设这封信的作者反对中非联邦的白人定居者。无论他是否有意识地将这件事情理性化，他必定会以作为殖民主义势力深层次矛盾力量——他生活方面的承诺和履行之间的差异的力量——的产物而行动。

偶尔，失意的毕业生可能会以非建设性的方式来发泄自己的情绪。例如，1958 年在"象牙海岸"的有关教育和就业瓶颈问题的出现；在非洲领导混乱的背景下，"象牙海岸"的年轻人认定他们的敌人是那群受雇于"象牙海岸"的达荷美人和塞内加尔人。然而，总体上，挫折的情境帮助非洲人更清晰地认识到，敌人就是殖民主义列强，因此这为增强非洲独立的运动又添加了一个平台。

非洲与殖民结构的冲突不仅在于教育数量方面，而且在其质量方面。分歧的关键问题之一就是我们已经提到了的有关殖民地农业教育的问题。殖民主义者似乎很惊讶，一个农学家的大陆会拒绝接受为了提高他们农业水平的教育。事实上，一些非洲人起来反对农业教育和其他"非洲化"课程的改革，似乎有其自私的精英的原因。例如，一个几内亚人要求，用于法国宗主国的教学计划不应该有一种单一的变化。他声明，"我们想要一个宗主国的课程表以及与法国一样的文凭，因为我们和法国宗主国的法国人一样"。在德国人统治的坦噶尼喀，也有人反对正规的识字教育计划的改变，因

第六章　作为使非洲欠发达的资本主义制度

为它们从头到脚都是从欧洲引进过来的。一位坦噶尼喀有名的非洲人马丁·卡扬巴（Matin Kayamba）断言："那些认为文化教育不适合非洲人的人忽视了教育的重要性和必要性的事实，因此也否认了非洲人进步的重要手段。"

以上陈述需要放在正确的背景中来理解，非洲人的反应是完全有道理的。殖民主义的价值系统给体力劳动配以低价值，而给白领官僚工作配以高价值。更重要的是，殖民地经济为那些与手工技能不同的文化的或"书卷气"的教育提供了歧视性的补偿。因此，很难说服明智的非洲人，让他挖土的教育使他每年可以得到 100 先令，这比让他获得从事公务员服务资格且每月获得 100 先令的教育更合适。当欧洲人鼓吹这种品牌智慧时，非洲人表现出了怀疑。

非洲人很怀疑殖民时代的税制。他们不想被税制所算计，他们 270 也不希望他们养的鸡被税制所算计，因为痛苦的经验已经表明，殖民主义者就是根据这些来估税的。同样，教育中也存在着问题，人们不相信殖民计划能提供不同形式的教育，因为这样的计划几乎总是意味着一个更不良的教育，同时导致一个更明显的欠发达的教育目的。殖民地教育体系旨在培养非洲人填补其体力劳动的"自然"角色的最极端例子发生在南非 1953 年《班图教育法》出台后。然而，由英国人和法国人在更早时期建立的他们称为"农业学校"或"启蒙学校"的尝试就是相同的思路，后来被南非种族主义者无情地予以继承。非识字教育在表面上似乎与非洲更相关，但这种教育确实是一种低人一等的教育，是教育那些被认为是低人一等的人接受剥削和压迫。正如阿卜杜·穆米尼所指出的，"殖民教育是'减价的'教育"。它根据欧洲标准来提供低质量的替代品，以适应被描述为知识能力有限的非洲人。在法属非洲殖民地，相同水平的文凭很少能与宗主国的文凭相比。在英属东非，一个官员要求教育者牢记自己与那些英国人试图教化的"肮脏的野蛮人"的差距。正是在这样的背景下，强调进行农业教育尤其显得是一种欺骗行为。

因此，反对农业学校或农村学校的斗争是非洲民族主义者发起

279

的一场最激烈的斗争，它有助于提高非洲社会各阶层对殖民主义剥削和种族主义性质的了解。例如，在法属西非，最后的战争结束之后，农场学校遭到了坚决反对，法国殖民政府不得不取消这些学校。在坦噶尼喀和尼亚萨，殖民主义者和非洲人民的冲突更大，因为反对农业教育与反对殖民主义强行实施的农业创新（如梯田）密切相关，而这些创新根本没有咨询过当地人，同时也没有考虑当地人民的不同条件。

在东非，英国对他们视为有关的农业教育做出了一些努力。在坦噶尼喀的尼亚卡托（Nyakato）有一个试点方案，即 1930 年将一个中学改造为一个农业学校。这种改造持续了九年，还有从英国和南非招募来的老师，但最后这种尝试因为遭到学生和该地区人民的抗议以失败告终。虽然学校声称要提供新的农业技术，但是人们很容易认识到这个项目就是要定义欧洲人认为适合土著的"正确的态度"和"自然的场所"。

271 在 20 世纪 40 年代，非洲人试图改变教育系统的特点，他们很自然地发出了要求议会制定教育政策的声音。这本身就是一种革命的需求，因为殖民地的人似乎被认为应该受统治而不能参与决策。此外，关于教育政策制定的问题，非洲人不仅惊动了政府官员，同时他们也涉及了传教士的利益，因为传教士普遍认为他们在被瓜分的非洲继承了教育。所有这些冲突都指向殖民地人民自由的方向，因为所处的背景总是带有政治权力的问题。

如果认为受过教育的非洲人是带有前瞻性地为了恢复非洲独立的意图而前进，这种推测不正确。的确很少有人早在 1939 年就能像卡拉巴尔（Calabar）的埃辛酋长（Chief Essien）所断言：

> 没有教育，我们就不可能到达我们的目的地，这就是尼日利亚的经济独立和尼日利亚的政治独立。

然而，教育（包括正规的和非正规的）是一种强大的力量，以至于在二十年内即以为大多数非洲殖民地带来政治独立的这样一

第六章 作为使非洲欠发达的资本主义制度

种方式，改变了战后非洲的现状。

也有少数欧洲人预见到了给非洲人现代教育的所谓"危险"性：它具有通向自由的可能性。当然，欧洲人不满意任何学校都是欧洲式的学校，特别是这些学校并没有直接在殖民主义的控制下。例如，在肯尼亚殖民地的白人移民和肯尼亚之外的其他欧洲人都不喜欢肯尼亚的独立学校。1933年，一个位于附近的坦噶尼喀的天主教传教团发出报告，警告并反对让坦噶尼喀的非洲人设置由自己控制的学校。报告指出："在肯尼亚，独立学校造成了困难。这样的学校很可能会成为叛乱的温床。"

当为了土地和争取解放的茅茅战争在肯尼亚爆发时，英国政府所做的首要事情之一就是关闭基库尤人独立学校协会的149所学校，基库尤卡林加教育协会的21所学校以及其他14所独立学校。它们被认为是"叛乱的训练基地"——这是在刚才引用的天主教传教团的报告中表示担心的术语。欧洲人也知道得很清楚，如果他们不能控制非洲人的心灵，他们很快就会失去对他们身体和政治上的控制。 272

同样，在北非，法国殖民统治和白人移民或定居者也没有友善地对待被殖民的阿尔及利亚和突尼斯的自助学校。由阿尔及利亚改革派乌里玛协会设定的学校目标是，学校应该是现代的、科学的，同时还要学习阿拉伯和阿尔及利亚的文化。乌里玛学校的学生在开始上课时，一起引吭高歌："阿拉伯语是我的语言，阿尔及利亚是我的国家，伊斯兰教是我的信仰。"因此，无怪乎殖民主义者要欺骗学生和家长，同时以这些学校是煽动叛乱的温床为借口采取镇压措施。

传教士要求控制学校，因为那是教会最能吸引人的地方之一，同时他们认为自己是文化帝国主义的专家（他们称之为"文明"）。然而，也有其他的在殖民地和没在殖民地的欧洲人完全反对学校——不管它们是基督教学校、独立学校、政府学校或伊斯兰学校。从种族主义立场出发，他们声称为非洲人提供教育就像对牛弹琴。种族主义一些最具暴力的表达方式就是直接针对受过教育的非洲人。从像卢加德勋爵（Lord Lugard）这样的个人一直到像艾伦·伯恩斯爵士（Sir Alan Burns）一样的最后的殖民地官员，许多殖民主义者对受过教育的非洲人都表现出敌意。受过教育的非洲人使殖民主义者感到非常不安，因为他们不符合欧洲人喜欢的"未受破坏的非洲野蛮人"的形象。

但是，如果人们了解了事件的核心，就可以断定白人种族主义者并不是真的相信非洲人不能掌握当时欧洲人所掌握的知识。相反，受过教育的非洲人的表现就在他们眼前。同时，白人移民尤其担心，如果给一个机会，太多的非洲人会彻底掌握白人中产阶级的所有知识。由此，这些非洲人会拒绝去从事每月12先令的农业劳动者的工作；他们会在半熟练和熟练的工作类型中与欧洲人竞争；总之，他们想自己管理自己。

在殖民主义的记录中，经常能遇到以下的说法："是否有必要教育土著？你会给他们摧毁你的武器！"

在某种意义上，这些欧洲人只是梦想家，因为教育非洲人并不是一种可以避免的选择，而是为了保持殖民主义运作的一种客观必然性。后来成为乌干达总督的 P. E. 米切尔（P. E. Mitchell）在 1928 年指出："不管他是否可以后悔，当时没有任何的教育局长可以抵制对于职员、木匠、鞋匠等人员的需求——按照欧洲的训练方法来培养以满足欧洲人的需要。这些人的训练不是为了去适应他们本国人民生活的地方，而是为了满足一个外国种族的经济需要。"同时，现有的教育也是非洲人民抵抗行动的后果，他们希望在这一外来系统里向前推进。因此，那些坚决反对给非洲人教育的欧洲人是不能理解他们自己殖民地社会的矛盾的。但从另一方面说，他们在保卫殖民主义的利益。首先，不管殖民者做出多少尝试，他们都不能成功地塑造他们在学校教育的所有的非洲人。有些例外的情况则是那些证明对殖民主义、资本主义和帝国主义最具危险的人。其次，那些受过教育的最胆小的、被彻底洗脑的非洲人与殖民主义者存在某种形式的分歧；同时，这些受过教育的精英，为了追求他们自己团体或个人的利益，帮助揭露和破坏了殖民统治结构。

第六章　作为使非洲欠发达的资本主义制度

牢记上述差别，人们可以将产生于殖民者和受过教育的非洲人之间的这些矛盾作为一个整体来考虑，同时要考虑殖民者和受过教育的非洲人中特殊人群之间产生的矛盾。

正如已经指出的，教育设施的不足和找不到工作都是那些在非洲殖民主义时期受过教育的属于低下阶层的人抱怨的内容。那些进入中学或较高等教育机构的人没有机会找到有合适报酬和能承担一点责任的职位，因为他们注定要填补的只是公务和企业管理中的低等职位。工作了二十年之后，非洲人如果能在公务员中成为"主管"，或在警察队伍中成为一名中士就已经是非常幸运了。同时，雪上加霜的情况是，任何做同样工作的欧洲人都要比非洲人获得更高的工资；那些不合格的和经验不足的白人的职位都被安置在非洲人的上面，非洲人做的是他们的上司应该来做的工作。要在殖民地从事公务员的工作，只要是一个欧洲人就足够了。不管这个白人是无知和愚蠢，都没有关系，他仍然可以获得丰厚的高薪和享受很多的特权。阿米尔卡·卡布拉尔（Amilcar Cabral），几内亚—比绍领导人，给出了这种类型的一个实例：

> 我是一个农学家，在一个几内亚人谁都知道的最大的欧洲人傻瓜手下工作；我可以闭上眼睛教他工作，但他是老板。这很重要，这种对抗真的很重要。

有关薪酬、晋升、休假、津贴等问题，都是非洲公务员协会和 274 福利或"改进"协会最关心的、涉及大部分非洲人利益的重要问题。对于自我利益的因素不应该有太多的幻想。但是，在他们的生活标准和那些白人侨民或定居者的生活标准之间的差异以及那些使非洲殖民化的资产阶级的意识形态方面，他们的抱怨是正当的。教育的过程武装了一些非洲人，使他们了解了国际社会和资产阶级民主，以及在资产阶级民主的理想和作为否定了自由的殖民主义系统的现实之间存在着的最令人不满意的可信度差距。不可避免的是，受过教育的人开始为要求民族独立的方向所吸引，就像以前受过教育的印度人在印度次大陆所做过的那样。

根据西班牙官方消息来源，据说在西属几内亚的学校系统实现了殖民者所有预期的目标。培养出来的非洲人喜欢西班牙人更胜于西班牙人喜爱他们自己，而且没有产生殖民政权的反对者。人们难以相信这种断言的真实性；西班牙人照顾得很好了，外面没有人风闻到像西班牙的非洲小殖民地的什么事情。然而，如果这是真的话，那么在西属几内亚的殖民地教育体系只是按计划创造了粉饰过的非洲人，这是一般规律中的一个突出的例外。无论证据是否充足，这表明了殖民教育的文化帝国主义在很大程度上是成功的，但从来没有获得完全的成功。它按计划培养了许多"忠实的基库尤人"、"可靠的人"（原文为 Capicornists，疑为 "Capricorn"摩羯座之误，属该星座的人都比较可靠）、"亲英派"（Anglophiles）、"亲法派"（Francophiles）等；除此之外，同时它也培养了那些殖民主义者称为暴发户、不满分子、煽动者、共产主义者、恐怖分子的非洲人。

从殖民主义者的角度来看，麻烦问题往往从那些还没有完成学业的非洲学生开始。例如，苏丹就有民族主义学生抗议的历史；在这方面马达加斯加更是表现突出。从 20 世纪初，尽管两位法国总督都采取了具体措施，但是还是在马达加斯加出现了一场学生的政治运动。1816 年，马尔加什学生组织了维·瓦托会社（Vy Vato souety），目的在于将法国赶出去。当维·瓦托会社被发现后，学生们遭到了残酷的镇压。然而，正如经常发生的事件一样，学生们从同伴的殉难中获得启示，他们又重新出现在后来的民族主义运动中。

进入宗主国上大学的学生都是白人殖民主义统治者从非洲人中选择的最受青睐和宠爱的欧化非洲人；然而，他们也是首先发出争275 取自由、平等、博爱这种声音的人，认为他们所受教育的这些内容应该运用于非洲。战后，法国的非洲学生被小心翼翼地安放在当时保守的法国国家学生的行列，但他们很快就反叛了，形成了"黑非洲学生联合会"（FEANF），成为共产国际学生联盟的附属组织。

第六章　作为使非洲欠发达的资本主义制度

在英国，非洲学生形成多种族群和民族主义组织，并参加了泛非主义运动。毕竟，他们中的大多数人都在那里学习英国宪法和宪法法律，而（物有所值的是）"自由"一词经常出现在这些语境中！

在殖民时期的某个阶段，统治非洲人的法西斯分子试图完全避免资产阶级的民主理想。例如，在1922年和1941年之间，意大利法西斯统治索马里时，他们从历史教科书中抹去提马志尼（Mazzini）和加里波第（Garibaldi）这两位19世纪意大利民族解放运动领袖的章节。然而，接受过这种教育的职员和士官加入了"索马里青年联盟"，作为民间力量的领袖为独立而战。

重要的事实是，真的没有必要从欧洲的书中得到自由的观念。受过教育的非洲人从欧洲的教育中获得的是一个对政治自由概念的特别构想。但是，从他们自己对自由的本能倾向中做出回应并不需太多的努力，正如刚刚提到的索马里的实例中指出的那样。尽管有最周密策划的步骤力图将这种倾向消灭，但追求自由的普遍倾向却在非洲人身上表现出来。

在殖民地，受过教育的非洲人都没有表现并保持对殖民主义者的全面忠诚。教师可以说是已完全沉浸在统治文化之中，进而将这种文化传播给其他的非洲人。但是，在最后，他们中的许多人成为民族独立运动的先锋。非洲牧师被认为是上帝的忠实仆人和欧洲人的助手，但早在第一次世界大战，教会就在尼亚萨兰孕育出了约翰·奇伦布韦。不久之后，在刚果，西蒙·基班古（Simmon Kimbangu）就开创了自己的独立教会，实际上他还威胁殖民主义者要引进布尔什维克主义！

注意到殖民主义者不能确定其非洲军队的忠诚度这一点特别有趣。人们一般认为军队和警察是延续殖民主义和资本主义力量及其价值观的教育和社会化机构。他们如何成功地完成了这一任务可以 276 从回到大陆的缅甸和印度支那退伍军人数目来看，他们回来是为了忠实地履行英国和法国的政策。中非共和国的博卡萨上校（Colonel Bokassa）和上沃尔特的拉米扎纳上校（Colonel Lamizana）就是两个突出的例子，他们两人都完成了在越南的战斗，正准备与南非种族隔离的法西斯国家对话。然而，在两次战争之后，返回的士兵在国家独立的斗争中也发挥了十分积极的作用。并且，在殖民地的统治即将结束时，非洲的军队和警察偶尔也有哗变，如 1959 年在尼亚萨兰所发生的那样。

非洲工会会员也进了殖民主义统治下的"学校"。刚开始，非洲那些挣小钱的行业的组织和活动深深地困扰了殖民主义者。他们最初是希望对工人的不满进行镇压，后来（当这种情况不可能成功时）他们就拉拢并将这些工人的不满引导到"可接受"的渠道。

英国工会理事会赞助了一些非洲的工会，并试图让他们接受将企业事务（如工资和工作时间）和政治问题严格区分开来。但是，工会理事会代表的是英国资产阶级的利益，他们在非洲并没有成功地阻止工人阶级。非洲工人能够明白，私人雇主和殖民地政府之间没有区别。事实上，殖民地政府本身就是最大的雇主之一，工人针对他们有很多的指控。因此，在 20 世纪 40 年代和 50 年代，人们经常见到与争取独立斗争有关联的罢工，特别是在"黄金海岸"、尼日利亚和苏丹等地。

在法国殖民地，法国工人和非洲工人之间的矛盾表现为一种非常尖锐的形式。法国工会运动（特别是共产主义联合会，CGT）坚持认为，非洲人不应该有单独的工会，而应该是法国工会的成员——就像其他任何法国工人一样。这一安排为那种认为达荷美和科摩罗群岛等地方不是法国殖民地而只是其海外领土的司法政治虚构说法提供了支持。几内亚的塞古·杜尔是同法国工会决裂并建立独立的非洲工会的先驱者之一。在这样做时，塞古·杜尔明确指出，殖民主义形势下的主要矛盾是以殖民地人民为一方，以殖民国家为另一方的矛盾。只要非洲工人还是被殖民者，他们应该首先将自己看成是非洲的工人，而不是国际无产阶级的成员。这种解释完全符合实际，从而使工会运动在法属西非发挥了高度政治化和民族主义的作用。这一成就击败了法国白人工人的沙文主义（chauvinism）以及法国资产阶级的阶级利益。

大城市白人工人阶级对待他们非洲同行的态度受到资本主义社

会中占主导地位的种族主义价值观念的影响。事实上，种族因素加剧了殖民者与殖民地人民之间的主要矛盾。每一个殖民地都存在开放性或虚伪性不同的种族主义。有时，白人种族主义是邪恶的，有时又是家长式作风。它也不一定必须反映欧洲从经济上剥削非洲的愿望。在南罗得西亚，种族歧视与白人定居者力图保持他们的工作和偷来的土地紧密相连；但是当一个半文盲的白人检察官侮辱了一个受过教育的塞拉利昂人时，这可能被称为"无必要的"行为。在这种背景下的种族主义实际上危及经济剥削，这只是延续了几个世纪的种族偏见的表现。

由于奴隶贸易历史的驱动，种族矛盾远远超出了非洲海岸。毫不奇怪，泛非主义思想由西印度群岛的人如加维（Garvey）和帕德莫尔（Padmore）、北美人如 W. E. B. 杜波伊斯和阿尔斐俄斯·亨顿（Alpheus Hunton）等进行了最有力的表达。这些人都是在以阶级和种族为基础进行剥削的国际资本主义结构里接受的教育。当意识到他们在美国社会地位低下是受到自己是黑人以及非洲的羸弱这一事实的制约之后，泛非主义者被迫来应付欧洲对非洲大陆的剥削和压迫这个中心问题。不用说，宗主国的统治者们从未想到过他们对新世界数以百万计的非洲人施加的耻辱最终会激发起来帮助非洲人解放自己。

非洲产生二十多个主权国家的过程是一个极其复杂的过程，特点在于各种力量的相互作用，既有不同群体的非洲人的深思熟虑，也有殖民列强的精心谋划，还有宗主国内各种利益集团的悉心算计。非洲独立受到国际事件的影响，如第二次世界大战、苏联的崛起、中国和印度的独立、印度支那人民的解放运动和万隆会议。在非洲大陆本身，有了"多米诺骨牌理论"的效应，所以有了纳赛尔（Nasser）领导下的埃及的重新崛起，有了加纳、苏丹和几内亚早期的独立，以及肯尼亚和阿尔及利亚的民族主义战争，所有这些 278 都有助于推翻当时仍然存在的殖民主义统治。但是，必须强调的是，恢复独立的运动是由人民发起的；而且，无论那个目的实现到何种程度，我们必须考虑人民的驱动力。

欧洲如何使非洲欠发达

1948 年，法国人在布拉柴维尔举行的会议上（由戴高乐将军主持）明确提出，"即使在遥远的未来，也要避免在殖民地建立自治政府"。众所周知，法国人在受到阿尔及利亚人民的有益教训之后，终于考虑承认非洲人民独立的想法。更有甚者，当 1958 年几内亚选择独立而不是接受永久当法国人的脚凳时，法国的政府官员在驶离几内亚之前，其行为的的确确就像疯了的野猪一样。他们实在不能面对非洲独立的思想。

除了葡萄牙人，比利时人是最不情愿在非洲民族主义面前撤退的殖民主义者。1955 年，一位比利时教授提出三十年后刚果独立，他却被视为是一个激进分子！当然，刚果成了被帝国主义成功劫持了非洲革命的地方之一。但是，我们必须要考虑事件发生的先后顺序。首先，就比利时人而言，刚果人和非洲人的强烈要求使独立具有了可能性；其次，正是在卢蒙巴（Lumumba）领导下的民族主义运动的这种强度和潜力，迫使帝国主义只能采取谋杀和入侵的行动。

英国人反复强调的事实是他们在第二次世界大战结束后立刻承认政府自治的观念；但政府自治是来自独立的长期要求，而为独立培训人的概念只不过是一个政治噱头。马杰里·佩勒姆夫人（Lady Margery Perham）代表了一种家长式的殖民主义者的真实声音，她也承认殖民部有关独立的时间表在已经动员起来的非洲人民面前只能放弃。就此事而言，直到群众政党开始像岩石滚下山式的行动开始之前，甚至连非洲领导人也从未希望如此迅速地实现国家主权的目标。

事实是，这种对独立运动中受过教育的非洲人所起作用的集中分析，并不是贬低广大非洲人民群众进行的重要活动，包括其巨大牺牲。总之，完全可以说，作为一个集体的非洲人民破坏了殖民主义者的计划并获得了自由。这样的立场似乎仅仅是非洲独立某种美好浪漫的观点的复兴，这种观点在 20 世纪 60 年代初很流行；然而，恰恰相反，它是对于非洲新殖民破旧现实的充分认识。这种观点需要被肯定（从革命的、社会主义的和以人为本的角度出

279

第六章　作为使非洲欠发达的资本主义制度

发），甚至"标榜独立"也代表着摆脱殖民主义的一种积极发展。

确保主权属性是恢复非洲独立过程中的一个阶段。1885 年，当非洲在政治和法律上被瓜分时，人民和政体就已经从根本上失去了自由。从 15 世纪开始，非洲在它与外部世界的关系方面已失去了对自己经济的许多控制。然而，在瓜分时期丧失政治主权具有决定性意义。根据同样的推论，20 世纪 60 年代政治主权的恢复显然构成了恢复最大限度的自由以及在各领域进行选择和发展的不可避免的第一步。

此外，在民族革命时期产生了某些少数意识形态的发展趋势，代表着未来非洲发展的根源。大多数非洲知识分子的领导人甚至是劳工运动的领导人，坦率地说都是资本主义者，并充分分享他们资产阶级主人们的思想。乌弗埃－博瓦尼（Houphouet-Boigny）曾一度被法国殖民主义者称为"共产党人"！他在 1948 年竭力为自己辩护并抨击对他的虚假指控：

> 我们与（法国）共产党有良好的关系，这是真的。但很显然，这并不意味着我们自己就是共产党人。难道可以说我，乌弗埃－博瓦尼——一个传统酋长，一个医学博士，一个大的财产所有者，一个天主教徒——是一个共产党员吗？

在独立的时代，乌弗埃－博瓦尼的推理应用于许多非洲的领导人。有些人是例外，他们要么完全拒绝了资本主义的世界观，要么至少诚实地坚持那些资产阶级思想的理想主义原则如个人自由，他们通过体验而最终意识到，在人剥削人制度的社会中那些理想只能保留在神话之中。显然，所有非顺从型的领导人与正式的和非正式的殖民教育的目标发生了直接的矛盾；同时他们与殖民者的分歧太深，不可能仅仅通过"标榜独立"来解决。

迎接非洲独立的盛况，有隆重的仪式和传统的非洲音乐和舞蹈。"新的一天已经到来"，"我们正在跨入一个新的时代"，"我们

现在已经进入了政治王国"——这些都是那一天说的话，人们不
280 断地重复直到它们成为陈词滥调。然而，所有的来来往往，从科特
努（Contonou）到巴黎，从伦敦到卢萨卡（Lusaka），以及所有的
国旗的升降不能说已经失去了意义。在提出任何有关诗意般的组
织、社会结构、经济发展的新的选择之前，殖民主义者所直接控制
的军事和司法设施的撤离是必要的。

上述问题被少数非洲领导人非常严肃地提出来，他们以自己的
思维模式单独走上了非资本主义发展道路；存在的问题不仅放在非
洲和欧洲之间同时还有非洲内部的不平等和矛盾之背景下进行思
考，作为对四个世纪的奴役和一个世纪的殖民主义的反思。对农民
和工人大众而言，摒除公开的外国统治实际上为对剥削和帝国主义
进行更基本的评估扫清了道路。即使在喀麦隆，这里帝国主义者残
酷镇压农民和工人并任命了傀儡政权，人民大众已经在参与尽力决
定自己的命运方面取得了进步。这就是自觉行动的元素，意味着通
过掌握客观物质条件和社会关系的遗产来创造历史的能力。

阅读指南

殖民主义统治留下了大量的文字资料，可以作为再现历史的基
础之一。即使是对于那些在非洲历史方面是非专业的人士来说都应
该看一些原始资料，如黑利勋爵（Lord Hailey）编撰的数据。我们
还可以非常谨慎地从一些人类学文献中获得关于非洲社会结构详细
变化的信息和见解。

然而，首先，遭受过殖民主义统治的这一代人仍然是非洲大陆
历史的活见证。从非洲人民的经验中得到的集体知识是殖民主义统
治时期历史上最真实的依据。不幸的是，大部分经验没有被记录下
来，但从一些著名的非洲人传记中可以大致了解一些情况，如纳姆
迪·阿齐克韦（Nnamdi Azikiwe）、克瓦米·恩克鲁玛、奥津加·
奥丁加（Oginga Qdinga）和卡尼思·卡翁达（Kenneth Kaunda），
同时可以找到这些人和其他领导人特别是姆瓦利姆·尼雷尔

（Mwalimu Nyerere）和塞古·杜尔的政治著作。在第五章文献中提到的帕德莫尔和亨顿的著作就与这方面的内容很有关系。

Jack WODDIS, *Africa*, *the Roots of Revolt*, London：Lawrence and Wishant, 1960.

——*Africa*, *the Lion Awakes*.

GANN, L., and DUIGNAN, PETER, *The Burden of Empire*, New York：Praeger, 1967.

第一位作者及其作品是众所周知的支持非洲反殖民主义立场的。第二个例子是殖民主义者的解释，这提供了一个鲜明的对比。

SLOAN and Kitchen, *The Educated African*.

ABDOU MOUMINI, *Education in Africa*, New Yock：Praeger, 1968.

从数据的角度来说，第一本书是有用的。从分析的观点来看，姆米尼的书属于一流。

RANTZ FANON, *Black Skins*, *White Masks*, New York：Grove Press, 1967.

——*The Wretched of the Earth*, New York：Grove Press, 1963.

——*Towards the African Revolution*, New York：Monthly Review Press, 1967.

这些研究具有其独特性，主要体现在对涉及美洲或非洲大陆上的非洲人的奴役和殖民的心理的揭示方面。法农在对非洲殖民主义的最后阶段和新殖民主义的出现方面的分析无人可比。

跋

A. M. 巴布

对于经济不发达的经济体而言，是否存在捷径？这个问题在过去十年里已引起了多方感兴趣者的关注，包括大学教师、国际经济学家、联合国及其代理机构、非洲统一组织、计划机构及众多的经济部长。十年来，举行了许多由各方资助的国际会议，也出版了各种决议、指南、学习文件及论文。最终结果是否定的。发展中国家继续保持着欠发达，与发达国家相比，情况甚至更糟。

总体而言，这个问题仍然没有答案。在现在这十年，我们是否重复同样的实践？从表面上看，似乎我们仍然在重复。联合国已经怀着与第一个十年相同的热情和炫耀发起了"第二个经济十年"。同样的呼吁已经发给了发达国家，希望它们慷慨解囊，捐出国民收入的百分之一来帮助发展中国家，好像世界人口可以继续纵容贫困，从而可以使富人表示慈善！如果凭借过去的经验来判断，七十年代将经历同样的失望，这种失望在六十年代末达到高潮。

我们可以问，究竟是哪里出了问题？是否某种欠发达的内在实质本身使得发展成为一种不可能的任务？提供的众多处方包括文化、社会、心理甚至经济等方面，但无一具有鼓励作用。事实上，这些办法具有负面效应，使不好的局势更加糟糕。我们是否应该牺牲大众的利益来进行同样的实验？我们必须承认，正是他们在过去的十年里承担了这些实验的全部责任。这是所有的发展中国家，尤其是非洲，必须自己解决的问题。越快越好，因为剩下的时间不多了，否则我们的经济将永久变形，并可能因为过度受损而在未来无法进行有意义的重建。

在这本非常有教育意义的书中，沃尔特·罗德尼博士的抛砖引 284 玉使人重新振奋，可能很好地引导我们找到正确的解决方案。他针对欠发达和经济落后的性质提出了最基本和最重要的问题。很多相同性质的著作用一种类似形而上学的观点（经过粉饰且实用的科学术语）来探讨这一问题。与此不同的是，罗德尼博士遵循的是历史唯物主义的方法，这实际上是说："要知道现在我们必须了解过去，要知道未来我们必须了解过去和现在。"这是一种科学的方法。我们至少可以肯定，结论将不会被主观歪曲而遭到破坏。

很清楚——特别是读了罗德尼的论述之后——我们在过去十年里就经济落后问题提出的是错误的问题。我们没有为了知道现在去回顾过去，我们被告知并已接受：我们的贫困是由我们的贫困造成，即现今著名的"贫困的恶性循环"理论。我们围着这个循环转圈以求找到打破这个循环的方法。如果我们问了罗德尼博士在这一著作中提出的问题，我们就不会像恶性循环理论的说教者力劝我们去做的——将自己的经济暴露给带来无情掠夺的"外来投资"。因为很显然，外国投资是我们经济落后的原因，而不是一种解决办法。

我们不是因为在过去被殖民而成为欠发达吗？没有其他的解释，事实上整个欠发达世界都直接或间接地被西方列强殖民过。如果殖民主义不是一种由宗主国列强进行"外来投资"的制度，那它又是什么呢？如果它有助于我们在过去的欠发达，即使政治控制在我们的手中，是不是它也有可能致使我们现在的欠发达？如果以这样的方式，欠发达的问题立即会变得更加清晰，甚至对于外行来说也会如此。这就是罗德尼博士指导我们如何提出我们的问题。

必然的结论是：外商投资不仅通过提取巨额利润破坏了我们的经济，它还扭曲我们的经济并造成不平衡性，进而给经济带来更严重的破坏。如果这个过程不被及时制止，扭曲可能是永久性的。只要我们继续为所谓的"世界市场"生产——这是建立在奴隶制和殖民主义坚实基础上的市场而我们已经这样干了好几个世纪——我285们的经济将保持在殖民地的水平。发展将完全变成偶然，所有的人完全不参与经济活动。我们越是更多地投资到出口部门以获得"世界市场"，我们就会更多地背离为人民的发展而投资。结果是，我们为发展所付出的努力没有丝毫效果。

由于这种投资类型对我们内部的物质和技术基础的发展没有多大的贡献，致使我们的经济体总是对西方世界准备买和卖的需求做出反应，而不是满足我们内部发展的需要。这就是为什么尽管我们的发展计划为"农村项目"进行详尽的资源分配，但这些资源总是以自己的方式回到城市项目，结果加深了城乡的差距。贫民窟、失业、社会不良适应以及最后的政治不稳定是我们最突出的特点。

几乎没有例外，所有的前殖民地国家都忽略了基本的发展需求；即要想做到真正有效，在发展过程中就必须首先将经济从殖民地的对外部反应的结构转变为对其内部反应的结构。我们错就错在我们盲目地遵循我们的剥削者传给我们的假设。这些假设可以简述如下：欠发达国家的经济增长受到出口增长不足和财力不足的阻碍，同时这些国家的"人口爆炸"使之更加恶化。解决的办法描述如下：加大出口，从发达国家增加援助和贷款以及控制人口的增长。

在过去的十年里我们一直努力虔诚地遵循上述方法，即使我们自己的经验不断地证明这是错误的，我们仍然更狂热地坚持着。最大的需要似乎是一种精神的非殖民化过程。因为在这方面，我们找不到基本常识，也没有健全的经济学，甚至连我们自己的经验，在这一点上也不在我们这边。

这里最有教育意义的是选择了不同道路的其他国家的经验，即经济重建的路径。以朝鲜和阿尔巴尼亚为例。这两个国家到了20世纪50年代后期都还处于欠发达状态。他们之所以能够取得经济进步，在于他们已决定退出为所谓的世界市场生产，而将他们的资源转到发展内部的物质和技术的基础。

皮尔森委员会（Pearson Commission）的报告《发展中的伙伴》（*Partners in Development*）甚至受到了来自发展中国家的赞誉，即认为这开创了国际发展合作的一个新时代，一个类似的转折点。即使它的建议被全部采纳和实施，它是否会对贫富差距不断拉大的发达国家和发展中国家产生任何影响仍值得怀疑。这是因为它避免了解决最根本的问题，即"当我们的生产战略完全受到世界市场需 286 求的影响，而这种市场几乎只是由欧洲和美国的资本主义生产和消费模式来确定的话，发展还有可能吗？"换句话说，扭曲我们的经济以满足世界市场的需求，而这些需求并不总是与我们自身的发展要求相适应，难道我们不是处于我们经济的自我持续的发展能力被剥夺这样一个过程之中吗？而这种能力正是发展的前提。

以这种方式提出问题，有可能识破国际上那些不切实际的社会改良家的烟幕，从而开始了解我们欠发达的真正原因。当然，如果期望皮尔森和与他一样的那些具有自由主义倾向的人提出这样的问题，那是不实际的。因为他们的训练和观点会使他们认为以这种方式提问几乎是道德上有罪而经济上具有破坏性。

然而，作为发展中国家的领导人，我们不得不采取这种方式提出问题，因为我们自己已经承担起了在发展历程中掌舵的责任，其成功或失败都会以一种或另一种方式影响数以亿万计人的幸福，他们超过了人类总数的三分之二。很长一段时间以来，我们将他们的命运交由这样一种生产方式来决定，这一生产方式不是基于满足他们的需求，而是服务于所谓的世界市场的供求法则来满足外部的利益。我们已经扭曲了对他们的教育方式，我们指导开发他们的服务"技能"，面向的是世界市场的同样目的，而不是针对内部物质基础的发展。其结果是，从技术上而言与发达国家相比，我们后退了而不是向前进。我们已经代表我们的劳动群众驯服地接受了所谓的国际分工，同时我们这样做，是在迫使他们专门从事初级产品的生产，而这对技术技能的发展和先进机械的发明都没有好处，而二者都是经济真正发展的前提。

　　罗德尼博士的书的意义在于它合适地面向群众而不是领导，同时人们希望这能有益于引起一些大规模的人民行动。由于缺乏有效的领导力，许多非洲国家已经沦为军事剥削的牺牲品，以至于今天的将军们构成了非洲峰会的大部分。这是理所当然的，因为一旦政治领导人失去了内部方向的判断力，当出现困惑时，他放弃了寻找可以解决人民问题的方案的各种努力，开始为自己个人目的积累财富，政治领导人在其国家运行上日益变成"命令主义者"。逻辑和理性变得具有颠覆性。当政客变成"命令主义者"时，他们也变得多余，因为还有谁比军队的人更适合于发号施令呢？

287　　可悲的是，除了极少数的例外，我们不得不承认，非洲的众多领导人皆平庸之辈。亚洲和拉丁美洲出现了伟人，如毛（泽东）、胡（志明）、切（格瓦拉），他们不仅在自己的国家启发和鼓舞了他们同胞的想象力，同时也鼓舞和启发了世界上的其他国家，包括发达国家。非洲只产生了一个尼雷尔并维持了他的权力，但我们却谋杀了卢蒙巴，同时逮捕或流放了像本·贝拉和恩克鲁玛这样的领导人，以迎合帝国主义者的愿望，因为这些帝国主义者是我们的捐赠者、我们的债主、我们的保护人、我们的主人、我们的贸易伙伴。

　　无意冒犯，很难想象，除了一个或两个特例，现在还有任何领导人能够坚持其人民真正权利，知道这些权利是直接反对帝国主义利益所必需的。然而，这样的立场是必要的，如果我们要真正履行我们作为领导应尽的义务。否则，我们无权强迫人民接受我们的领导。然而，这个大陆的大部分领导人没有解决人民苦难问题的紧迫感，因为他们自己没有承受这种痛苦的打击，而那些受苦的人民群众却不能再等待。这就是为什么人们希望罗德尼博士的书能被尽可能多的人阅读，因为它出现在行动最需要的时候。

　　读完了有关残忍的奴役、征服、剥夺和羞辱的悲惨描述，当为了西方帝国主义的利益而摧毁了整个文明时；当安定的社会因为帝国主义的武力而解体，从而使"新世界"的种植园主能够将被赶出去的人变成永久劳动力并建立现在最先进的资本主义经济时，非

跋

常清楚，我们从目前僵局解脱的唯一途径是革命，即完全打破使我们过去和现在遭受所有痛苦的这种体系。

我们必须以辩证的方式来指导未来的进程。如果回顾过去我们已经知道了现在，那么了解未来我们必须看看过去和现在。我们的行动必须以具体经验为基础，我们不能有形而上学的愿望或希望，寄希望于那些已经在我们的历史上跟随着我们的怪物有一天会变成一只羔羊；他不会的。正如恩格斯所说："自由不在于幻想中摆脱自然规律而独立，而在于认识这些规律……因此，意志自由只是借助于对事物的认识来作出决定的能力。"（引自恩格斯《反杜林论》——译者注）我们太了解这个对象了，他就是个怪物。既然罗德尼博士已经为我们提供了对对象的认识，那么我们有做出决定的能力了吗？人们必须做出回答。

达累斯萨拉姆，坦桑尼亚
1971 年 12 月

索　引

A. Baumann (company), 157
Abeokuta (state), 116–118, 139
Abidjan, Ivory Coast, 27, 230
Abomey, Dahomey, 139
Accra, Ghana, 27, 99, 110, 230
Achimota College, 245, 260
Adamawa, Cameroon, 59
Adandozan, King of Dahomey, 108
Afganistan, 35
Africa
　feudalism in, 6, 38, 46–47, 78, 133
　neo-colonial, 27, 260
　as original home of man, 4–5
African achievements, 34–35
African agriculture, 38, 40, 56, 124,
　153–154, 180, 234
African ancestral religions, 35, 253
African art, 35, 120–122, 132, 186
African barkcloth, 42, 62–63, 124
African cloth, 42–44, 57, 103–104,
　107, 110, 117, 121–122, see also
　African barkcloth; African Kente
　cloth; African palm cloth
African cultures, 34–35, 47
African dance, 35
African economy, 23, 25, 27, 43,
　103–113
　development of, 41–43
African gold, 57–59, 66, 77, 83–84,
　99, 109–110, 112, 152–153,
　191–192, 207, 212, 218, see also
　Gold mining in Africa; Gold trade
African history, 8, 56, 69–71, 240
African independence, 261, 268,
　276–279
African Kente cloth, 107
African labor, 23, 93, 149–158,
　160–163, 165, 261
African languages, 249–251, 256–257
African Mercantile, 157

African military development, 113–135
African nationalism, 56, 113, 222
African palm cloth, 42, 111
African peasants, 8, 10, 154–161
African political development, 47,
　113–135
African potential, 20, 52
African religions, 35, 64
African resources, 25, 27, 149, 153, see
　also Natural resources
African scholarship, 70
African slave labor, 82–92
African slave trade, 59–60, 105–106,
　116–119
African slave traders, 80–81, 99–100,
　105–106
African societies, 14, 34, 36–38,
　40–41, 44, 46, 79, 98, 113–135,
　173, 253
African technology, 52, 104, 108, 231
African trade
　external, 23, 66, 86, 104–105, 192,
　230
　internal, 43, 46, 57, 59, 110–112,
　124, 230
　with Europe, 23, 101–113
　see also Trans-Saharan trade
African trade goods, 20, 42–43, 58,
　76–77, 84, 97, 101, 103–104,
　110–113, 117, 141–142
African trade networks, 109–113, 124
African traders, 58–59, 144
African Trading Company, 211
African wage labor, 149–163, 165, 261
African wealth, 14, 22–23, 27
Afro-Portuguese middlemen, 105
Age-grades, 37, 39, 132–133
Age of Electricity, 173, 179
Age of Steam, 179
Aggrey, J. E. K., 263

图书在版编目（CIP）数据

欧洲如何使非洲欠发达 /（圭亚那）沃尔特·罗德尼
（Walter Rodney）著；李安山译. -- 北京：社会科学
文献出版社，2017.8
（亚非译丛）
书名原文：How Europe Underdeveloped Africa
ISBN 978 - 7 - 5097 - 9331 - 2

Ⅰ.①欧…　Ⅱ.①沃…②李…　Ⅲ.①欧洲 - 影响 -
经济发展 - 研究 - 非洲　Ⅳ.①F140.9

中国版本图书馆 CIP 数据核字（2016）第 135122 号

亚非译丛
欧洲如何使非洲欠发达

著　　者／〔圭亚那〕沃尔特·罗德尼
译　　著／李安山

出 版 人／谢寿光
项目统筹／高明秀
责任编辑／刘　娟　徐成志

出　　版／社会科学文献出版社·当代世界出版分社（010）59367004
　　　　　地址：北京市北三环中路甲 29 号院华龙大厦　邮编：100029
　　　　　网址：www. ssap. com. cn
发　　行／市场营销中心（010）59367081　59367018
印　　装／三河市尚艺印装有限公司

规　　格／开 本：787mm × 1092mm　1/16
　　　　　印 张：21　字 数：299 千字
版　　次／2017 年 8 月第 1 版　2017 年 8 月第 1 次印刷
书　　号／ISBN 978 - 7 - 5097 - 9331 - 2
著作权合同
登 记 号／图字 01 - 2013 - 3848 号
定　　价／79.00 元